D1357472

COLLECTION
FOLIO/ESSAIS

Jean-Jacques Rousseau

Essai sur l'origine des langues

où il est parlé de la mélodie et de l'imitation musicale

Texte établi
et présenté
par Jean Starobinski

Gallimard

Jean-Jacques Rousseau (Genève, 1712-Ermenonville, 1778), dont la mère mourut à la naissance, est issu d'une famille d'origine française et fut élevé dans la tradition protestante. Il prit goût aux ouvrages romanesques et à la lecture de Plutarque. Après des années d'apprentissage, il rencontra Mme de Warens et rejoignit sa protectrice à Chambéry, enfin aux Charmettes (1732-1741). Il s'y livra avec passion aux études musicales et à la lecture. À Paris (1742-1749), il se lia avec Diderot et collabora à l'*Encyclopédie*. Une première célébrité littéraire lui vint avec la thèse paradoxale soutenue dans le *Discours sur les sciences et les arts* (1750). Bientôt le *Discours sur l'origine de l'inégalité* (1755) exerça une influence considérable sur la pensée politique et fonda la réputation de l'auteur. Fidèle à son système, Rousseau rejeta les raffinements de la civilisation en condamnant le théâtre, école de mauvaises mœurs, dans la *lettre à d'Alembert sur les spectacles* (1758), qui lui aliéna l'amitié des philosophes, déjà hostiles après sa brouille avec Diderot et Mme d'Épinay. Recueilli par M. et Mme de Luxembourg, il acheva *Julie ou la Nouvelle Héloïse* (1761), roman épistolaire d'un retour à la vie naturelle, qui connut un immense succès. Puis, soucieux de préciser son idéal politique lié à ses conceptions de l'éducation, il publia *Du Contrat Social* et l'*Émile* (1762), ouvrage pédagogique dont les idées religieuses furent condamnées, ce qui l'obligea à des années d'errance. Vivant dès lors dans la hantise d'un complot dirigé contre lui et désirant, grâce à l'aveu de ses fautes, se justifier devant la postérité, il rédigea (1765 à 1770) *Les Confessions* (posthumes, 1782 et 1789) et évoqua ses souvenirs dans *Les Rêveries du promeneur solitaire,* composées de 1776 à sa mort. (On se reportera à l'ouvrage de Jean Starobinski, *Jean-Jacques Rousseau. La transparence et l'obstacle,* Paris, Gallimard, 1971.)

PRÉSENTATION

Il convient de tenir le plus grand compte du groupement des textes que Rousseau propose dans une lettre à Du Peyrou du 24 janvier 1765, pour le sixième volume de ses œuvres. L'*Essai sur l'origine des langues* y est mentionné à la suite de la *Lettre sur la musique française* et de la « Réponse à M. Rameau » (qui portera le titre *Examen de deux principes avancés par M. Rameau* [...]). La place que Rousseau assigne à l'*Essai* oblige à examiner les ouvrages désignés comme ses antécédents.

La *Lettre sur la musique française* avait paru en novembre 1753, alors même que le *Mercure* annonçait le sujet mis au concours par l'Académie de Dijon, sur « l'inégalité parmi les hommes ». Rousseau a donc entrepris d'écrire le *Discours sur l'inégalité* au moment des réactions tumultueuses suscitées par son attaque contre la musique française.

Pour Rousseau, comme pour tant de ses contemporains, seule comptait la musique vocale. Pourquoi la musique française est-elle si mauvaise ? La faute s'en trouve dans la langue elle-même. Une bonne musique ne peut s'inventer que sur une langue « propre à la musique ». Dans la *Lettre*, Rousseau commence, sur le mode hypothétique, par la description d'une langue particulièrement défavorable. Il est aisé de reconnaître le français :

> Telle en pourroit être une qui ne seroit composée que de sons mixtes, de syllabes muettes, sourdes ou nasales, peu de voyelles sonores, beaucoup de consonnes et d'articulations [...] Le défaut d'éclat dans le son des voyelles obligeroit d'en donner beaucoup à celui des notes ; et, parce que la langue seroit sourde, la musique seroit criarde. En second lieu, la dureté et la fréquence des consonnes forceroient à exclure beaucoup de mots, à ne procéder sur les autres que par des intonations élémentaires ; et la musique seroit insipide et monotone : sa marche seroit encore lente et ennuyeuse. [...] Comme une telle musique seroit dénuée de toute mélodie agréable, on tâcheroit d'y suppléer par des beautés factices et peu naturelles ; on la chargeroit de modulations fréquentes et régulières, mais froides, sans grâces et sans expression [...] La musique, avec toute cette maussade parure, resteroit languissante et sans expression ; et ses images, dénuées de force et d'énergie, peindroient peu d'objets en beaucoup de notes [...] L'impossibilité d'inventer des chants agréables obligeroit les compositeurs à tourner tous leurs soins du côté de l'harmonie ; et, fautes de beautés réelles, ils y introduiroient des beautés de convention, qui n'auroient presque d'autre mérite que la difficulté vaincue : au lieu d'une bonne musique, ils imagineroient une musique savante ; pour suppléer au chant, ils multiplieroient les accompagnements ; il leur en coûteroit moins de placer beaucoup de mauvaises parties les unes au-dessus des autres, que d'en faire une qui soit bonne. Pour ôter l'insipidité, ils augmenteroient la confusion ; ils croiroient faire de la musique, et ils ne feroient que du bruit.

S'y ajoutent : des considérations sur la prosodie du français, sur la barbarie des compositions polyphoniques (« *musique écrite* par excellence »), sur la regrettable division de la « musique d'une telle nation » en « musique vocale et musique instrumentale ». Cette description accusatrice, presque tout entière exposée au commencement de la *Lettre sur la musique française,* correspond à l'image de la musique « dégénérée » présentée par Rousseau, à la fin de l'*Essai sur l'origine des langues.* Dans la *Lettre,* selon le style antinomique si souvent adopté par Rousseau, la musique italienne est dotée de toutes les qualités qui font défaut à la musique française : car la langue italienne est « douce, sonore, harmonieuse et accentuée »... L'opposition, on le voit, se construit, selon l'esprit de la querelle des bouffons, entre deux langages musicaux contemporains. Plus tard, dans l'*Essai,* le rôle précédemment joué par la musique italienne sera attribué, dans la même tension antinomique, à la musique proche de ses origines, essentiellement à la musique grecque. (Marie-Elisabeth Duchez en a fait très justement la remarque dans son introduction au *Principe de la mélodie.*) L'écart, la différence devront dès lors s'expliquer par ce que Rousseau nomme un « progrès », c'est-à-dire par une série de transformations et de détériorations historiques. On peut aller jusqu'à dire que l'*Essai sur l'origine des langues,* par rapport à la *Lettre sur la musique française,* ressemble à ce qu'est le *Discours sur l'inégalité* par rapport au premier *Discours* : une explicitation qui justifie un premier acte d'accusation, en montrant que les raisons en sont prises au vu des origines, des principes, de « l'essence des choses ». Le geste initial, qui dénonce et met à découvert le mal, appelle une plus systématique réflexion, qui remonte aux causes et qui retrace la genèse de ce mal, en évoquant la perte d'un bonheur indivis.

La *Lettre sur la musique française* vise, avec quelque apparent ménagement, un adversaire personnel : Rameau. Il est nommé, quand Rousseau parle du peu d'effet du chant français essayé à Venise sur un auditeur arménien : la théorie ramiste est implicitement attaquée quand Rousseau s'en prend aux « accords pleins » de l'accompagnement français, et surtout quand il s'applique à ridiculiser le monologue d'*Armide* : Rameau, dans son *Nouveau système de musique théorique* (1726), en avait fait le grand exemple sur lequel, au chapitre XX, il démontrait « les moyens de trouver sous tous les chants possibles la même basse fondamentale qui les a suggérés ». Rameau ne pouvait laisser sans réponse une agression aussi vive. A soixante-dix ans, il était le maître incontesté de la musique française. En avril 1754, il répliqua à Rousseau par des *Observations sur notre instinct pour la musique* : Rameau prend la défense de Lulli et de son fameux monologue ; il s'efforce de mettre Rousseau en contradiction avec lui-même, pour avoir loué les chœurs dans son article de l'*Encyclopédie,* et en avoir parlé avec mépris dans sa *Lettre*. Le ressentiment de Rameau reste vivace. Il se manifestera surtout dans les *Erreurs sur la musique dans l'Encyclopédie* (dont le privilège date du 4 août 1755) qui s'applique à réfuter les articles *accompagnement, accord, cadence, chœur, chromatique* et *dissonance,* rédigés par Rousseau pour la plupart. Rousseau s'y trouve malmené. Rameau ne s'en tiendra pas là. Il publie encore : la *Suite des Erreurs sur la musique dans l'Encyclopédie* (1756) ; une *Réponse à MM. les éditeurs de l'Encyclopédie sur leur dernier avertissement* (1757) ; une *Réponse à la lettre de M. d'Alembert* (1761) qui rassemble plusieurs écrits parus dans le *Mercure de France*. Rousseau n'y est jamais oublié, ni ménagé.

*

Puisque Rousseau, en 1761, dans sa lettre à Malesherbes disait vouloir publier l'*Essai* « à cause de Rameau qui continue à me tarabuster vilainement », il n'est pas sans importance de rappeler la naissance de cette inimitié.

A Chambéry, aux Charmettes, durant les années de sa formation autodidacte, Rousseau avait lu avec passion les tragédies de Voltaire au point de vouloir les imiter ; en musique, il prit pour guide le *Traité de l'harmonie*, qu'il « dévora », non sans difficulté.

A Paris, en 1745, Rousseau entre en rapport avec Rameau et Voltaire, c'est-à-dire avec les hommes dont les talents, le prestige, l'autorité lui désignent ce qu'il doit devenir pour satisfaire son désir de « se faire un nom ». C'est à eux qu'il doit s'égaler, c'est par eux qu'il doit être accepté. Mais les déceptions les plus amères l'attendent. Lorsque des extraits de l'opéra qu'il a composé, *Les Muses galantes*, sont exécutés devant Rameau, celui-ci l'apostrophe avec « brutalité », devant tout le salon de M. de la Pouplinière. (La scène, retracée dans les *Confessions*, est également évoquée par Rameau, dans les *Erreurs* de 1755, sous un autre jour assurément : Rousseau y est évoqué comme un impudent « particulier », plagiaire de surcroît.) Peu après, l'occasion néanmoins s'offrira, grâce à la protection du duc de Richelieu, de remanier pour une fête de cour un opéra de Voltaire mis en musique par Rameau. Pour le jeune compositeur-poète (il a trente-trois ans), c'était approcher du but : être accueilli et reconnu par les deux génies qu'il admirait le plus. Ecrivant à Voltaire, il se présente en zélateur : « Il y a quinze ans que je travaille pour me rendre digne de vos regards, et des soins dont vous favorisez les jeunes Muses en qui vous découvrez quelque talent. » Rousseau souhaite que Voltaire prête attention aux changements, et notamment aux récitatifs, qu'il a introduits de son chef pour transformer la *Princesse de Navarre* en *Fêtes de Ramire.* Voltaire répond par des compliments distants. C'est bien pis de la part de Rameau. Il convient de relire le récit des *Confessions :*

> ... Il me fut signifié [par Mme de la Pouplinière] qu'il y avait à refaire à mon travail plusieurs choses sur lesquelles il y avait à consulter M. Rameau. Navré d'une conclusion pareille au lieu des éloges que j'attendais, et qui certainement m'étaient dus, je rentrai chez moi la mort dans le cœur. J'y tombai malade, épuisé de fatigue, dévoré de chagrin, et de six semaines je ne fus en état de sortir (livre VII, *O.C.,* Pléiade, t. I, p. 337).

Dans cette maladie — dans cette *mort* symbolique — il n'y a pas que le dépit et la blessure d'orgueil. La maladie de Rousseau est interprétable comme la mise à mort du couple des grands aînés Rameau-Voltaire, objets d'amour intériorisé, devenus dorénavant objets de haine. Dans le souvenir qu'en garde l'écrivain des

Confessions, le résultat du travail pour les auteurs dont il attendait sa consécration fut l'étouffement de son propre nom :

> Sur les livres qu'on distribue aux spectateurs, et où les auteurs sont toujours nommés, il n'y eut de nommé que Voltaire, et Rameau aima mieux que son nom fût supprimé que d'y voir associé le mien. (*op. cit.*, p. 338)

En réalité, sur ces livrets, le nom de Voltaire ne figurait pas plus que ceux de Rameau et de Rousseau. On peut mesurer l'humiliation aux traces déformantes qu'elle a laissées dans le souvenir. Rousseau révèle toute l'étendue de l'anéantissement qu'il avait ressenti :

> J'ai perdu l'honneur que méritait mon ouvrage, l'honoraire qu'il devait me produire ; et mon temps, mon travail, mon chagrin, ma maladie et l'argent qu'elle me coûta, tout cela fut à mes frais, sans me rendre un sol de bénéfice ou plutôt de dédommagement. (*ibid.*)

Rousseau fait ses comptes : il a été volé. On aura remarqué la singulière juxtaposition, sous sa plume, de l'honneur et des honoraires. Il a été amputé dans son nom, sa chair, ses biens. Si Voltaire et Rameau ont pu être investis, pendant un certain temps, d'un rôle paternel, ils apparaissent conjurés (sous le nom synthétique de *Ramire !*) dans une aventure « castratrice », infligeant à Rousseau diminution et perte sur tous les tableaux.

On comprend le retournement de Rousseau contre ceux qui l'avaient maltraité. S'il n'avait pu se faire un nom en se rangeant de leur côté, il lui restait à tenter de se faire remarquer en prenant le parti adverse. Et des motifs esthétiques et philosophiques parfaitement cohérents pouvaient s'ajouter au dépit, et permettre à Rousseau de se dédommager et de riposter au nom d'une raison, d'un goût et surtout d'une vertu supérieurs. D'autres se seraient découragés. Chez lui, au contraire, la pensée antagoniste s'en trouvait renforcée et stimulée. On en trouve l'accent dans une lettre que Rousseau adresse à Madame de Warens au moment où il s'apprête à écrire les articles sur la musique que son ami Diderot lui a demandés pour l'*Encyclopédie* : ... « Je tiens au cu et aux chausses des gens qui m'ont fait du mal et la bile me donne des forces et même de l'esprit et de la science » (27 janvier 1749). D'Alembert, on le sait, est intervenu pour atténuer les irrévérences de Rousseau à l'égard du grand musicien dans les cinq premiers volumes de l'*Encyclopédie*. Sans doute est-ce pour ne pas désobliger d'Alembert que Rousseau, en avril 1752, a pris exceptionnellement l'anonymat dans sa *Lettre à M. Grimm au sujet des remarques ajoutées à sa Lettre sur Omphale*. Contrairement à Grimm lui-même, Rousseau ne craint pas d'offenser Rameau, en lui reprochant son excessive virtuosité contrapuntique, son manque d'invention, et l'absence de la vraie science, qui fait découvrir « cette unité si savante et si désirée ». Rousseau, précisément, se posera en théoricien de l'unité, et la revendiquera pour lui-même.

La revanche contre Rameau, c'est le succès du *Devin du Village* (1752) qui la donne à Rousseau. Au livre VIII des *Confessions*, Rousseau n'omet pas de rappeler que, lors de l'arrivée des bouffons italiens à l'opéra, seul *Le Devin du village* put soutenir « la comparaison », tandis que d'autres opéras français, dont le *Pygmalion* de Rameau, ne « tenaient » pas. La musique du *Devin,* assure Rousseau, ne comportait pas « la moindre réminiscence d'aucune autre ». « Et tous mes chants comparés aux prétendus originaux se sont trouvés aussi neufs que le caractère de musique que j'avais créé » (*O.C.*, I, p. 383-384). De surcroît, dira Rousseau, le *Devin* appliquait un principe de composition — l'*unité de mélodie* — dont la *Lettre sur la musique française* a été la première à énoncer la théorie. Rousseau y reviendra à plusieurs reprises, notamment dans le *Dictionnaire de musique* et les *Dialogues,* en se donnant le mérite d'une invention esthétique qui valait bien les leçons d'acoustique et d'harmonie contenues dans les malgracieux traités de Rameau...

Avec Voltaire, il pouvait valoir la peine de rendre publique une réponse directe : ainsi en va-t-il de la *Lettre sur la Providence,* après le *Poème sur le désastre de Lisbonne.* Avec Rameau, vieilli, isolé, ayant désormais contre lui les Encyclopédistes, ni la réponse directe (l'*Examen de deux principes*), ni la réponse indirecte (l'*Essai sur l'origine des langues*) ne paraissaient s'imposer, à partir de 1755, pour assurer le renom de Jean-Jacques. L'essentiel de l'argumentation dirigée contre sa doctrine pouvait se distribuer dans les articles du *Dictionnaire de musique* — qui parut trois ans après la mort du compositeur. Il appartiendra à Diderot, dans le *Neveu,* de tracer un portrait de l'homme singulier que fut Jean-Philippe Rameau, et qui fit si mauvais accueil à l'*Encyclopédie.* Dans l'*Essai sur l'origine des langues,* la question de la mélodie est implicitement présente dès le premier chapitre, où se prépare déja l'argumentation qui sera explicitement dirigée plus loin contre l' « erreur des musiciens nuisible à leur art » (chapitre XVII). Rameau lui-même est persiflé au chapitre XIII, sous le travesti reconnaissable de l' « artiste célèbre » d'un « pays où l'on n'aurait aucune idée du dessin ». Le discours de bateleur que Rousseau lui attribue est la caricature des pages où Rameau, inlassablement, s'acharne à prouver l'origine de tous les arts dans les rapports et les proportions engendrés par la vibration du corps sonore. Ce jeu parodique, Rousseau le pratiquera à nouveau, mais cette fois à l'égard de Voltaire nommément évoqué, dans les *Lettres de la Montagne* (*O.C.*, Pléiade, t. III, pp. 799-800). Comme si Rousseau, pour montrer sa supériorité sur ses antagonistes, voulait démontrer son aptitude à les *contrefaire*. Il peut les jouer, donc il se joue de leur hostilité.

*

Rousseau a revendiqué l'unité de son « système ». Il serait donc légitime d'essayer de mettre à contribution l'ensemble des œuvres de Rousseau, à partir du point de départ qu'il a lui-même désigné : le premier *Discours*. On pourrait tenter ainsi de définir son anthropologie, sa politique, sa morale, sa linguistique, sa rhétorique, son esthétique musicale, etc., en procédant au besoin à des arbitrages au vu des contradictions, apparentes ou réelles, qui surviennent entre différentes pages ou diverses œuvres. Plus hardiment, c'est toute la « pensée de Rousseau » que l'on s'efforcerait de cerner, non sans faire la part d'une évolution et d'une progressive mise au point de ses idées. Ces vues synthétiques certes, sont fragiles et dépendent pour une large part du point de vue adopté par celui qui les organise. A la condition d'en faire l'aveu, il n'y a pas lieu de s'abstenir d'une telle intervention constructrice. (Au reste, quel interprète s'abstient d'intervenir ?) Il est toutefois profitable de commencer par lire chaque œuvre en fonction de la « stratégie » et de la problématique particulière qu'elle « ouvre », selon la suggestion de Derrida et de Porset. Parlons donc de l'*Essai sur l'origine des langues* sans l'amalgamer avec d'autres textes, mais sans oublier non plus ceux qui l'ont côtoyé durant toute la période de sa genèse, en y incluant le *Dictionnaire de musique*, qui allait être achevé plus tard, mais qui devait paraître avant lui.

Si, dans sa forme primitive, sans doute beaucoup moins étendue, l'*Essai sur l'origine des langues* a fait partie du *Discours sur l'inégalité*, c'est que Rousseau a pu songer à l'intégrer dans une « histoire hypothétique des gouvernements », retracée à partir de la condition primitive de l'homme, et de l'institution des premières sociétés. Et si ce fragment en a été retiré comme « hors de place », c'est que Rousseau a pu avoir le sentiment que le mouvement démonstratif du *Discours* ne s'en trouvait pas favorisé, ou que le fragment en question traitait d'un problème trop particulier pour y avoir sa place. Le reprenant à l'occasion des attaques de Rameau, Rousseau l'intégrait dans le mouvement d'une apologétique de sa propre théorie musicale, exposée philosophiquement, c'est-à-dire historiquement, en « remontant » aux « causes » et aux « origines ». Selon la conception dominante à son époque, qui voyait dans la musique une imitation de la parole, l'enquête causale ne pouvait éviter de revenir des musiques (elles sont diverses : italienne, française) aux langues (elles sont également diverses, bien avant qu'il y ait eu une langue italienne et une langue française), et des langues à leurs diverses causes (économiques, climatiques, morales, etc.). Lorsque Rousseau, au premier paragraphe de l'*Essai*, définit la parole comme « la première institution sociale », il retrouve un problème traité dans les deux parties du *Discours sur l'inégalité* (*O.C.*, Pléiade, t. III, pp. 146-151 et pp. 167-169). Entre les deux œuvres, il y a cette similitude fondamentale : elles considèrent l'une et l'autre les besoins qui rassemblent les hommes et les moyens qui assurent la communication au sein du groupe en évolution. Tandis que le *Discours* s'attache à décrire la succession des modes de subsistance et des techniques, la généalogie des rapports moraux, les différents types d'organisation sociale et de gouvernement, l'*Essai* porte son attention sur ce qui n'aura été évoqué qu'en passant dans le *Discours* : « le chant et la danse » (*O.C.*, Pléiade, t. III, p. 169) inventés lors des premières fêtes, au moment où s'établit « quelque liaison entre diverses familles ». C'est au destin de ce premier chant que sera consacrée toute la seconde partie de l'*Essai*. Subsidiairement sera posée la question du destin de la poésie et surtout du déclin de l'éloquence, dont il est parlé dans le chapitre final (XX) ; au terme de son histoire, la parole est devenue incapable de remplir la fonction que Rousseau avait définie, dans le *Discours*, en une formule synthétique : « persuader des hommes assemblés » (*O.C.*, Pléiade, t. III, p. 148). On ne s'étonnera donc pas que les deux œuvres aient le même point d'aboutissement, qui est l'état présent de la société civilisée, sous le pouvoir du monarque absolu. Mais les deux œuvres, on l'a maintes fois remarqué, ne proposent pas un même point de départ. Contrairement au *Discours*, l'*Essai* ne remonte pas jusqu'à l'image hypothétique de l'homme du premier état de nature, encore solitaire, privé de toutes les facultés qu'il acquerra par le travail et la réflexion, réduit à la seule virtualité d'une liberté et d'une perfectibilité qu'il n'exercera, sous la provocation des « circonstances », que dans le cours de son histoire ultérieure. L'*Essai*, lui, situant plus tard les « premiers temps », part de la reconnaissance réciproque des individus qui commencent à se grouper, et fixe son intérêt, au chapitre IX, sur le passage des « langues particulières » (*Discours, O.C.*, Pléiade, III, p. 167) ou « familiales » (*Essai*, ch. IX) aux « langues populaires » (*Essai*, ch. IX), lesquelles instituent un « idiome commun » (*Discours O.C.*, Pléiade, III, p. 169). Et l'on n'a pas manqué de remarquer également que les *circonstances*, évoquées en termes généraux dans le *Discours*, portent dans l'*Essai* une marque historique beaucoup plus précise, incluant notamment des références à l'histoire biblique, au monde homérique, à la conquête romaine de la Grèce, aux invasions des Barbares du nord, etc.

Avant d'alléguer les faits de l'histoire, Rousseau commence par remonter « à l'essence des choses », selon la méthode qu'il revendique dans *Le Principe de la mélodie*. Par voie d'analyse, dès le début de l'*Essai*, se mettent en place des données évidentes : les sens affectés passivement, les moyens d'action possibles, ce qui permet de conjecturer les facteurs qui jouèrent un rôle déterminant dans la formation des langues. De la nature des choses, telle qu'elle se découvre à l'examen systématique, telle que l'illustrent aussi des exemples multiples, se dégagent, selon la conviction de Rousseau, les causes qui *durent* nécessairement intervenir. Rousseau se sert des faits pour étayer des hypothèses. A tout coup, pour désigner la cause efficiente, ou la cause finale de l'invention des langues, il offre le choix entre deux possibilités concurrentes. L'*Essai* devant aboutir à l'opposition de la mélodie et de l'harmonie, il établit, dès le début, des couples antinomiques. A la première page de l'œuvre, Rousseau associe, de façon apparemment neutre et innocente, les « *sentiments* » et les « *pensées* », dont l'homme peut avoir éprouvé « le *désir* ou le *besoin* » de les communiquer à ses semblables. Ces termes associés sont, déjà, des termes opposés, et lourds de conséquences. Examinant les « moyens » dont l'homme dispose pour toute communication, Rousseau distinguera d'une part le mouvement, c'est-à-dire le geste et le toucher, perçus par la vue et par le tact, et d'autre part la voix, perçue par l'ouïe. Dans cette confrontation, Rousseau, pour commencer, ne récuse aucun des pouvoirs traditionnellement attribués au langage des gestes : il en énumère les exemples classiques, repris à une longue tradition doxographique. Il va même jusqu'à paraître donner la préférence au geste, au langage d'action, intelligibles d'un seul coup d'œil : « L'on parle aux yeux bien mieux qu'aux oreilles. » Ce n'est là, selon la tradition rhétorique de la dispute, que respecter la règle qui veut que l'on soutienne une première thèse avec tous les arguments dont elle est en droit de se réclamer. La thèse opposée, qui attribue à « l'impression successive du discours » un pouvoir supérieur, et qui reconnaît à la voix passionnée et à ses accents le don de pénétrer « jusqu'au fond du cœur », est celle qui l'emporte en ce qui concerne l'invention des langues. Et l'on ne tardera pas à s'apercevoir que la naissance de la parole est redevable au *désir* (ou à la passion) et non au *besoin* physique, qu'elle résulte de la nécessité de communiquer des *sentiments* et non des *pensées*, et que le moyen adéquat pour cette communication est, bien entendu, la voix, dans son essor temporel et non le geste, — ce qui met en jeu, comme « organe passif », comme récepteur, l'audition et non la vision. Désormais, comme le remarque André Wyss, c'est la chaîne parlée, le déroulement syntagmatique, qui, en dépit de sa redondance, prévaut sur le geste qui a tout dit en un seul instant.

Ces conclusions sont mises en évidence au début du chapitre II, et Rousseau, à cette occasion, renouvelle la critique qu'il avait dirigée, dans le second *Discours*, contre ceux qui ont fait de l'homme sauvage un raisonneur, et qui ont « transporté à l'état de Nature des idées qu'ils avoient prises dans la société » (*O.C.*, Pléiade, III, p. 132). Il convient de relire ce passage, car un nouveau problème s'y trouve impliqué, peut-être à l'insu de Rousseau :

> Il est donc à croire que les besoins dictérent les premiers gestes et que les passions arrachérent les premiéres voix. En suivant avec ces distinctions la trace des faits, peut-être

> faudroit-il raisonner sur l'origine des langues tout autrement qu'on a fait jusqu'ici. Le genie des langues orientales, les plus anciennes qui nous soient connües, dément absolument la marche didactique qu'on imagine dans leur composition. Ces langues n'ont rien de méthodique et de raisoné ; elles sont vives et figurées. On nous fait du langage des prémiers hommes des langues de Géométres, et nous voyons que ce furent des langues de Poëtes.
>
> Cela dût être. On ne commença pas par raisoner mais par sentir...

A l'origine des « premières voix », c'est la passion qui a été déterminante, et non le raisonnement, non la discipline de la pensée. Mais nous, philosophes, historiens, notre tâche est de raisonner : « Peut-être faudrait-il raisonner tout autrement qu'on a fait jusqu'ici. » Le devoir de la pensée présente est de reconstruire une genèse des pratiques humaines à partir d'une situation où l'activité de pensée, le raisonnement tel que nous l'exerçons, étaient encore inexistants. Rousseau nous invite donc à penser des mondes humains différents du nôtre — différents jusque dans l'organisation psychique des individus. Les lignes que nous venons de lire doivent être rapprochées de celles, célèbres, du chapitre VIII, qui comptent pour Claude Lévi-Strauss, parmi celles qui autorisent à saluer en Rousseau le « fondateur des sciences de l'homme » :

> Quand on veut étudier les hommes il faut regarder près de soi ; mais pour étudier l'homme il faut apprendre à porter sa vue au loin ; il faut d'abord observer les différences pour découvrir les propriétés.

Les lointains vers lesquels il faut apprendre à porter sa vue ne sont pas seulement les espaces les plus éloignés de notre globe, les continents peuplés de sauvages, mais aussi les âges les plus reculés, où notre pensée doit faire sa part à la non-pensée sauvage des premiers temps, et à l'*instinct* d'un animal qui se distingue des autres animaux, précisément, par sa faculté de parler.

Récuser la version intellectualiste de la formation du langage, c'est déjà décider des caractères qui ont appartenu à la langue primitive. « Comme les premiers motifs qui firent parler l'homme furent des passions, ses premières expressions furent des tropes. » On trouve, dans toutes les poétiques de la Renaissance et du XVIIe siècle, cette relation établie entre les passions et les figures — c'est-à-dire les métaphores, les « translations », les hyperboles qui agrandissent ou diminuent les objets, selon les sentiments d'admiration, de crainte, de joie, etc. de celui qui s'exprime sous l'empire de l'émotion. La passivité de l'état passionnel, comme l'a souligné André Wyss, est fortement mise en évidence par Rousseau, lorsqu'il parle de « voix » *arrachées* par les passions, ou d' « accents » *dictés* par la Nature. Il faut que s'atténue l'émoi pour qu'une vue exacte des choses devienne possible ; dès lors, celles-ci peuvent être appelées de leur « vrai nom ». Quand les poètes et les orateurs d'aujourd'hui recourent aux métaphores, ils *imitent* le langage de celui qui est dominé par la passion et par l'imagination : c'est ce que disait Muratori en 1706 dans son traité *Della perfetta poesia italiana*. C'est ce que répète Rousseau, dans une perspective génétique, en faisant intervenir tout un écart historique. L'écart se marque entre la véhémence de la parole « arrachée », et la perte d'énergie d'une parole trop logiquement maîtrisée.

L'opposition, et l'écart, encore une fois, interviennent entre les « voix » primitives et les « articulations » secondaires, c'est-à-dire entre les voyelles et les consonnes, auxquelles Rousseau attribue un statut séparé. La langue primitive est à prédominance vocalique, elle est tout ensemble sonore et douce : de la voyelle parlée à la voyelle chantée, dotée d'une hauteur de son appréciable, la transition est aisée ; la voyelle est marquée par l'*accent* — modification de la hauteur de la voix — d'où résulte un plein pouvoir musical et expressif. Le critère qui permet de définir les « caractères distinctifs » de la première langue hypothétique est la facilité *naturelle* de l'émission des « simples sons », et les exemples qu'en donnent devant nous les enfants, les « sourds », les individus émus. A quoi s'opposent l' « attention », l' « exercice » — autant dire l'art — que nécessite l'emploi bien maîtrisé des articulations. (Dans « articulation », on entend, on lit le mot *art.*) Logiquement, chronologiquement, l'articulation vient en seconde position. Du fait de la mise en mouvement de la langue, des lèvres, etc., elle vient *segmenter* l'émission du souffle modifié par la glotte. L'articulation est une intrusion du geste dans le domaine de la voix. La langue primitive, telle que Rousseau l'imagine à partir des prémisses qu'il a posées, ne comporte qu'un très petit nombre de consonnes : « Comme les voix naturelles sont inarticulées, les mots auraient peu d'articulations ; quelques consonnes interposées effaçant l'hiatus des voyelles suffiroient pour les rendre coulantes et faciles à prononcer. En revanche les sons seroient variés, et la diversité des accens multiplieroit les mêmes voix : la quantité, le rhythme seroient de nouvelles sources de combinaisons ; en sorte que les voix, les sons, l'accent, le nombre, qui sont de la nature, laissant peu de chose à faire aux articulations qui sont de convention, l'on chanteroit au lieu de parler »... Rousseau, ici encore, établit une antinomie. On le croirait nostalgiquement attaché à la seule nature, et hostile à la convention. Mais, il faut s'en souvenir, il a déclaré au début de l'*Essai* que « la langue de convention n'appartient qu'à l'homme », ajoutant aussitôt : « Voilà pourquoi l'homme fait des progrès soit en bien, soit en mal, et pourquoi les animaux n'en font point. » (Et le *Contrat social*, où il y va des principes du droit, dira qu' « il faut toujours remonter à une première convention ».)

Tout semble en place, au niveau des concepts fondamentaux et des hypothèses, quant à l'essence des choses : l'on pourrait, apparemment, passer immédiatement à l'examen des faits historiques et au récit de leur succession. Rousseau ne procède pas de la sorte : il interpose encore trois chapitres, concernant l'écriture, et la prosodie moderne. Pourquoi ? D'une part, à l'évidence, une théorie socio-économique de l'invention et des progrès de l'écriture élargira et complètera la théorie du langage précédemment exposée. Une confrontation, donc, s'impose entre la prosodie des langues purement orales et celle des langues modifiées par l'emploi de l'écriture. D'autre part, ces nouveaux chapitres (V, VI, VII) ajoutent, aux notions qui rendent compréhensible le surgissement des premières langues et de la mélodie dans leur moment historique et leur milieu géographique, d'autres notions qui rendront compréhensibles les phénomènes ultérieurs de dégénérescence — aussi bien de la parole que de la musique. Une ample batterie conceptuelle est ainsi disposée pour soutenir l'offensive que Rousseau mènera en vue d'occuper le terrain historique, et de tailler en pièces les tenants de la théorie musicale adverse.

Rien n'est plus évident : le développement sur l'écriture est provoqué par la question de la *monotonie* des langues occidentales contemporaines, privées désormais de l'accent, de la chaleur, de la sonorité des langues primitives, dont Rousseau vient de proposer le type idéal. En cela, il se rallie, sur le ton qui lui est propre, et surtout avec l'accusation implicite dont il est coutumier, à une opinion largement répandue dès le milieu du siècle : à un âge de l'imagination, de la poésie, du grand goût dans les arts, a succédé un âge de la philosophie, de la science calculatrice, du raisonnement utilitaire. Mais tandis que la plupart voyaient la mutation se produire à la fin du « siècle de Louis XIV », sous l'influence du cartésianisme triomphant et du succès mondain que lui avait assuré Fontenelle, Rousseau prend ses mesures plus larges et confronte les premières langues (en y ajoutant les langues orientales) avec la « langue plus exacte, plus claire, mais plus traînante, plus froide, plus sourde » que parlent les Français qu'il rencontre dans la capitale ou dans les sociétés choisies. Ses modèles de poésie et d'éloquence sont Homère, les pasteurs bibliques, Hérodote, et non pas les auteurs du grand siècle. Ce sont les grandes voix vives de l'antiquité qui offrent les termes de comparaison et qui permettent d'évaluer ce qui s'est perdu par le « progrès » des langues.

Les développements de Rousseau sur l'écriture se destinent à un lecteur qui exige une argumentation documentée. Rousseau va puiser aux sources reconnues, sans toujours indiquer ses informateurs, et sans déclarer s'il cite de première ou de seconde main. Il connaît l'article *LETTER* de la *Cyclopaedia* de Chambers comme il en connaît l'article *Voice*, pleins l'un et l'autre de références françaises ; il a lu les *Mémoires* de l'Académie des Inscriptions et Belles-Lettres ; il cite Martianus Capella comme Diderot (dont l'article ENCYCLOPÉDIE de l'*Encyclopédie* et la *Lettre sur les sourds et muets* attestent un savoir linguistique rassemblé de la même façon). Aux leçons de Bernard Lamy, il a ajouté celles de du Marsais et de l'abbé d'Olivet ; grâce à Condillac, et sans doute par une lecture encore plus directe, il connaît la classification des écritures et les exemples proposés par Warburton. C'est le savoir commun de la république des lettres. Consultez un ouvrage contemporain sur l'histoire de l'écriture — par exemple celui de l'érudit allemand J. G. Wachter, *Naturae et scripturae concordia commentario de literis ac numeris primaevis [...] illustrata,* Leipzig et Copenhague, 1752 —, vous y trouverez la même classification des écritures, une grande partie des exemples cités par Rousseau, mais assortis de l'ancienne idée de l'analogie entre l'*image* des sons proférés et la *forme* ou la position des organes qui les produisent. Quand Rousseau parle de l'alphabet, c'est-à-dire des procédés qui décomposent « la voix parlante en un certain nombre de parties élémentaires » et qui de la sorte *analysent* la parole, il rejoint les grammairiens latins pour lesquels les mots se résolvent en syllabes, et les syllabes en constituants insécables, en « atomes », c'est-à-dire en lettres. L'originalité de Rousseau, malgré ce qui relève d'une doxographie largement répandue, n'est toutefois pas contestable dans les pages qui traitent de l'écriture et de la prosodie : car elles établissent à partir du « besoin moral » (c'est-à-dire de la passion), une longue séquence où le manque affectif initial, après avoir fugitivement trouvé le moyen de son expression adéquate, est peu à peu supplanté par l'activité calculatrice et froide, caractérisée par la surabondance de ses ressources instrumentales — de ses signes médiats, de ses substituts et suppléments, qui font obstacle au sentiment à force de poursuivre l'exactitude dans la représentation des idées. La notion courante de l'adoption par les Grecs de l'alphabet des Phéniciens, peuple commerçant, permet de considérer l'écriture ainsi utilisée comme un *emprunt,* lié à des transactions de type monétaire d'où toute vitalité est absente. L'écriture, parce que destinée au *regard* d'un lecteur, est non seulement distincte de la parole, substituée à la voix vive qu'elle réduit au silence, mais, de surcroît, elle est de souche étrangère. Ne provenant pas du même lieu que la parole, elle ne sera jamais capable de la représenter adéquatement. Par rapport au « lieu » propre du locuteur, à sa voix propre, l'écriture est toujours d'importation. Si la pensée des modernes est redevable à l'écriture de sa clarté philosophique, celle-ci, à l'évidence, n'a pu s'établir qu'au prix d'une infidélité première à la vérité du sentiment :

> L'écriture, qui semble devoir fixer la langue est précisément ce qui l'altére ; elle n'en change pas les mots mais le

génie ; elle substitue l'exactitude à l'expression. L'on rend ses sentimens quand on parle et ses idées quand on écrit.

L'accent (c'est-à-dire la hauteur du son, la musique de la langue) et son emploi par un locuteur individuel dans une situation déterminée ne sont pas sauvegardés par l'écriture :

> [...] Il n'est pas possible qu'une langue qu'on écrit garde longtemps la vivacité de celle qui n'est que parlée. On écrit les voix et non pas les sons : or dans une langue accentuée ce sont les sons, les accens, les infléxions de toute espéce qui font la plus grande énergie du langage, et rendent une phrase, d'ailleurs commune, propre seulement au lieu où elle est. Les moyens qu'on prend pour suppléer à celui-là étendent, allongent la langue écrite, et passant des livres dans le discours énervent la parole même. En disant tout comme on l'écriroit on ne fait plus que lire en parlant.

Les considérations sur Homère et sur la prosodie sont prises dans le même mouvement. Elles aboutissent à des remarques qui montrent bien la préférence que Rousseau accorde aux langues « primitives » par rapport aux langues « dérivées ». Dans les langues primitives, on constate un certain accord entre orthographe et prononciation ; dans les langues dérivées une différence croissante se marque entre langue parlée et langue écrite — l'écriture allant jusqu'à se rendre presque autonome, et semblable aux signes de l'algèbre : pour le coup, le principe consonantique et scriptural aurait envahi et aboli tout le domaine de la voix vive. Plus importantes encore sont les conséquences que Rousseau tire de la monotonie imposée aux langues par les effets de l'écriture : les langues ainsi altérées ont cessé d'être musicales, et la langue italienne elle-même (au contraire de ce que Rousseau affirmait dans la *Lettre sur la musique française*) ne fait pas exception. Nous voici dûment instruits : nous sentons ce qui fait défaut à « notre » musique, ce que le musicien de génie (voyez l'article GÉNIE du *Dictionnaire de musique*) devra tenter de reconquérir par les moyens de l' « art perfectionné ».

Arrivé à ce point de l'*Essai,* Rousseau déclare qu'il s'en est tenu à des généralités : « Tout ce que j'ai dit jusqu'ici convient aux langues primitives en général et aux progrès qui résultent de leur durée, mais n'explique ni leur origine ni leurs différences. » Il va falloir, pour accéder à une connaissance spécifiée, considérer les faits géographiques, économiques, sociaux, dans l'ordre de succession attesté par les poètes, les historiens, la Bible, et, s'il se peut, confirmé par nos observations actuelles. C'est ici qu'entrera en jeu l'opposition du Nord et du Midi, de l'Europe et des pays chauds (ou de l'Orient), dont Rousseau avait assez peu parlé jusqu'à ce moment. Cette distinction nouvelle, quoique dénuée d'originalité, présente, assurément, un intérêt en elle-même : mais, dans l'économie de l'*Essai,* où elle fait, de l'aveu de Rousseau, figure de digression, elle a pour fonction de nouer le problème énoncé dans le titre (l'origine des langues) et les thèmes qui en sont le prolongement (« où il est parlé de la mélodie et de l'imitation musicale »). C'est là que s'opère le raccordement entre les considérations d'abord livrées en ordre dispersé, ou sur le mode hypothétique, et les faits qui constituent l'histoire même de la musique. C'est là que commencera à devenir évident le but que se propose l'ouvrage : il consiste à défendre le primat de la mélodie et à démontrer le caractère secondaire, dérivé, dégénéré de la musique polyphonique ; celle-ci est issue du plain-chant, du discant, inventions « gothiques », conséquences de l'inondation des barbares et de l'introduction des rudes langues du nord dans un monde où les langues primitives du midi s'étaient déjà affaiblies sous l'influence conjuguée de la philosophie rationnelle et de la servitude politique. Rousseau eût pu se contenter de n'alléguer que ces deux dernières causes ; mais, à une époque où, nous l'avons vu, l'on est convaincu de l'étroite interdépendance des langues et des musiques, il fallait ajouter des causes inhérentes aux langues elles-mêmes, et « remonter » aux circonstances qui ont fait du français une langue « sourde ». Dès lors, l'opposition entre conditions de vie du midi et conditions de survie du nord pourvoyait en causes naturelles l'opposition entre langues méridionales et langues septentrionales, et cette différence linguistique, à son tour, étayait l'opposition entre mélodie et harmonie. Montrer d'où procèdent les deux groupes de langues, c'est pouvoir en faire découler « naturellement » les conséquences à long terme. Il est révélateur que Rousseau emprunte alors aux sciences de la matière — à la mécanique newtonienne — le concept d'*action et réaction*, au moment même où ce concept, par extension métaphorique, tend à s'appliquer au domaine de l'histoire (Montesquieu) et à l'organisme vivant (Diderot) :

> Le genre humain né dans les pays chauds s'étend de là dans les pays froids ; c'est dans ceux-ci qu'il se multiplie et reflue ensuite dans les pays chauds. De cette action et réaction viennent les révolutions de la terre et l'agitation continuelle de ses habitants. Tâchons de suivre dans nos recherches l'ordre même de la nature. J'entre dans une longue digression sur un sujet si rebattu qu'il en est trivial, mais auquel il faut toujours revenir malgré qu'on en ait pour trouver l'origine des institutions humaines.

La digression prendra la forme d'une enquête générale sur les causes physiques et morales qui ont pu inciter non les individus épars de l'état de pure nature décrits par le *Discours* mais les groupes familiaux des « premiers temps » à s'assembler pour former des « nations ». (Le chapitre IX contient six occurrences du verbe *rassembler* sur les dix qui se rencontrent dans l'*Essai* tout entier.) Et d'abord Rousseau envisage les causes qui ont pu retarder ce rassemblement : la crainte réciproque qui rend les hommes « féroces » ; l'absence de toute « idée de fraternité commune » ; la réflexion trop peu développée encore pour que la pitié et l'identification avec autrui puissent s'exercer. Dans ces premiers temps, l'homme de l'autre famille, c'est l'ennemi, *hostis*. Rousseau l'a dit également dans le deuxième chapitre de la première version du *Contrat*, où il réfute l'idée courante de la « société générale du genre humain », laquelle présupposait une « langue universelle ». (*O. C.*, Pléiade, t. III, pp. 281-289). Des conditions de vie trop favorables, des « pays gras » ou de « faciles rivages », sous des climats trop heureux, offrent une subsistance assurée : les familles peuvent rester éparses, rien ne les oblige à se rencontrer. Elles peuvent parfaitement pourvoir à leurs besoins en pratiquant la chasse ou l'élevage, et non l'agriculture, qui est un « art » plus tardif, nécessitant plus d'outils, plus de prévoyance. Que faudra-t-il pour que les hommes se rassemblent ? Qu'ils aient à surmonter des obstacles extérieurs, qu'ils aient à répondre à une provocation qui les met en péril. La réponse novatrice dont les hommes sont capables fait apparaître pour la *première fois* des facultés qui jusque là étaient demeurées virtuelles. C'est ainsi que, bien au-delà de l'Origine absolue, l'on assiste à *une* origine, ou plutôt à un commencement. Et comme cette origine est œuvre humaine, essor d'une aptitude instrumentale et d'un pouvoir propre à l'homme, il s'agit nécessairement d'un art, d'une institution, portant en eux le double sens de la *convention* : la cause naturelle qui *rassemble,* et de la décision libre — donc arbitraire, artificieuse — qui *fixe.* Mais ce qui est ainsi fixé est exposé au temps : la première institution n'est ni stable ni incorruptible : elle entraîne des conséquences imprévisibles et non maîtrisées, soit que les hommes n'aient pas assez de force et de sagesse pour faire perdurer l'institution primitive, soit que celle-ci contienne en elle-même, d'emblée, le germe de sa propre dégénérescence (J. Derrida). J'ai montré, dans « Le dîner de Turin » (*La relation critique,* 1970), comment la pensée de Rousseau faisait usage du schème ternaire provocation-réponse-conséquences involontaires. Elle voit dans l'acte novateur l'effet d'une sollicitation *extérieure,* ce qui permet d'accuser le mal qui en résulte, en disculpant la réponse initiale.

Au chapitre IX de l'*Essai,* pour expliquer le rassemblement des familles, Rousseau multiplie les provocations historiquement vraisemblables sans exclure le témoignage de la Bible. Il les fait intervenir dans l'histoire de la terre (Buffon étant présent à son esprit, mais moins systématiquement cité que dans le *Discours*). Il évoque des bouleversements géologiques — feu des volcans, grandes eaux des déluges — ou l'inclinaison de l'axe de la terre déterminant subitement l'inégalité des saisons et des climats : autant de circonstances naturelles qui rassemblent de force les groupes familiaux, et qui leur imposent la nécessité de collaborer pour survivre. Rousseau, comme les historiens et les économistes écossais de son temps, établit une étroite relation entre les « moyens de pourvoir à la subsistance » et les « besoins qui font naître la société ». Quand c'est autour de l'aliment et du feu qu'on se rassemble, des fêtes commencent, une transformation morale prend naissance :

> On se rassemble autour d'un foyer commun, on y fait des festins, on y danse; les doux liens de l'habitude y rapprochent insensiblement l'homme de ses semblables, et sur ce foyer rustique brûle le feu sacré qui porte au fond des cœurs le premier sentiment d'humanité.

La fête autour du feu, toutefois, n'est pas l'occasion où Rousseau voit se produire l'avènement du langage. Les liens de l'habitude, tels qu'ils sont ainsi évoqués, renforcent la solidarité familiale, sans vraiment l'élargir à d'autres groupes. La lutte en commun pour assurer la subsistance n'est que la condition nécessaire du premier langage, non sa condition suffisante. Il reste encore à franchir un seuil d'intensité affective : le langage naîtra dans toute son « énergie » lorsque des « besoins moraux », c'est-à-dire des passions, s'ajouteront aux « besoins purement physiques ». Il faut qu'aux « doux liens de l'habitude » succèdent des liens « plus doux » encore. C'est dans le monde pastoral que Rousseau inscrit la fable de la « formation des langues méridionales ». Il y introduit d'abord le « besoin physique » et la nécessité de l'entraide : dans des « lieux arides », des familles de pasteurs ne trouvent pas d'eau en suffisance. Le manque matériel est le premier incitateur, la première provocation. « Il fallut bien se réunir » pour creuser des puits, « ou du moins s'accorder pour leur usage ». On remarquera qu'un tel accord présuppose déjà quelque sorte de langage. Mais ici la question embarrassante évoquée dans le *Discours* n'intervient pas : Rousseau ne se demande pas quel langage antérieur à la convention a permis de conclure la convention. Il lui suffit, dans une image superbe, d'associer l'adduction d'eau et le jaillissement de la première langue commune. Les puits où les jeunes gens rencontrent d'autres jeunes gens sont le décor idyllique d'un opéra fabuleux dans lequel Rousseau met en scène l'éveil de l'amour — condition enfin suffisante pour l'éclosion de la langue primitive. Observons que dans un tel décor, la soif des troupeaux semble presque perdre son caractère animal de « besoin physique » : elle a pourtant valeur causale. Ses conséquences la supplantent : la multiplication des rencontres, l'animation des corps dans le geste, la fête où parole et chant naissent ensemble, sont dites avec un lyrisme étudié, grâce auquel Rousseau réussit à produire un effet d'*imitation* de l'*ardeur* déployée au bord des eaux bienfaisantes. La fable ainsi racontée dans un langage lui-même rythmé et accentué fait du langage mélodieux originel l'expression de l'unité du plaisir et du désir, la manifestation de la vérité du sentiment intérieur. Quel que soit son goût pour la mise en opposition antithétique de l'intérieur et de l'extérieur, Rousseau, dans cette page magnifique, laisse fort bien entendre que l'intériorité affective résulte d'un rapport avec l'extérieur. Non seulement c'est une contrainte extérieure qui provoque la série des actes aboutissant à la fête, non seulement le langage naissant est une extériorisation de l'émotion interne, mais Rousseau décrète que la fête instauratrice coïncide avec le passage de l'endogamie à l'exogamie. Comme pour bien marquer la multiplicité des relations qui font naître le langage, ou qui naissent avec lui, la parole-chant fait irruption pour atteindre et retenir l'objet le plus extérieur, la jeune fille de l'autre famille. Les pages finales du chapitre IX, inspirées par une question que débattaient les philosophes du droit (particulièrement Grotius et Pufendorf), évoquent l'inceste primitif, lié à l'insuffisant développement du langage d'avant la rencontre au bord des fontaines. On ne s'étonnera pas qu'elles aient retenu l'attention des commentateurs les plus récents.

Comment Rousseau fera-t-il naître les « rudes » langues du nord ? Il ne renoncera pas à leur attribuer une origine passionnelle. Il faut, encore une fois, qu'un seuil affectif soit atteint pour que s'organise et se fixe plus complètement le lien resté rudimentaire dans les groupes familiaux. Mais tandis qu'au midi l'amour, c'est-à-dire les « besoins moraux » se greffent sur les

« besoins physiques », Rousseau imagine qu'au nord les « besoins physiques » sont tellement prépondérants qu'ils en deviennent passionnels. C'est l'intensification du manque matériel qui fraie la voie au langage. La rudesse du climat ne permet aucune interruption dans la lutte contre la nature : aucun loisir n'est accordé pour l'épanchement des sentiments tendres. L'irascibilité est le caractère dominant de ces peuples. Leur premier appel a été *aidez-moi,* tandis qu'au midi l'exclamation impérative suppliait : *aimez-moi.* Rousseau, on le voit, n'hésite pas à chercher la preuve de la différence entre les deux groupes de langues primitives, si éloignées du français, par le moyen d'une paronomase rendue possible par les ressources de la langue française, et par l'opposition d'une dentale voisée — *d* — assurément plus *dure* — et d'une bilabiale nasale — *m* — qui consonne avec le *m* de *moi,* et qui s'accorde à la *mollesse* que Rousseau attribue aux « passions voluptueuses » des « pays chauds ». Dans une large mesure, cette théorie s'inscrit dans le prolongement de la doctrine des climats exposée dans *L'Esprit des lois,* à cette considérable différence près que Montesquieu attribue aux peuples du nord un farouche esprit de liberté, dont héritera la constitution anglaise, tandis que Rousseau, assez discrètement du reste, situe dans le monde grec antérieur à l'apparition des « sophistes » et des « philosophes » le véritable foyer des « âmes libres ». Le climat du nord, selon lui, détermine des comportements agressifs, à quoi correspond, dans la langue, la prolifération des consonnes, qui segmentent brutalement la chaîne parlée. La consonne nordique, produite par un mouvement

volontaire, s'apparente tout ensemble à la langue du geste, antérieure aux inflexions de la voix accentuée, — et à l'écriture, qui met à mal la musicalité du langage.

Dans le mythe que construit Rousseau, les premières langues du midi, ainsi que les langues orientales, possèdent les qualités et les pouvoirs les plus hauts dont la parole humaine est capable : la mélodie, l'éloquence. Ces pouvoirs d'abord indivis subiront la séparation, puis la dégénérescence. La cause de cette malheureuse scission doit être cherchée d'abord dans la servitude politique, puis dans la « catastrophe » qui permit aux barbares du nord de conquérir les pays méridionaux. La force persuasive de l'éloquence de Mahomet est l'exemple d'un langage encore doué de toute son « énergie ». Cet exemple n'a pas seulement valeur illustrative : il a valeur polémique, car il est l'occasion de critiquer les Européens qui ne savent pas se mettre « à la place des autres », et qui trouvent risible le « fanatisme ». L'attaque est dirigée, implicitement contre Voltaire, auteur d'un *Mahomet, ou le fanatisme*. Le Mahomet de Rousseau n'est pas un imposteur, mais un législateur, comme Moïse et Lycurgue. Dans l'esprit de Rousseau, Voltaire reste lié à Rameau, comme il avait été lié au compositeur lors de la mésaventure des *Fêtes de Ramire*. N'est-ce donc qu'une riposte toute personnelle, *ad hominem* ? Rousseau, quant au présent, se rallie à l'opinion des encyclopédistes (Diderot, d'Alembert, Marmontel), qui attribuent le déclin de l'éloquence à l'absence de liberté politique. C'est là un thème que les humanistes de la Renaissance avaient emprunté à Tacite et au pseudo-Longin, et qui était devenu, dans la France prérévolutionnaire, un motif très répandu de la critique du « despotisme ». Rousseau introduit ce motif au dernier chapitre de son *Essai,* dans quelques phrases très vigoureuses qui reprennent une idée de Condillac en lui donnant un accent de critique sociale : non seulement l'oppression politique produit l'assourdissement de la parole, mais en sens inverse l'assourdissement de la langue est responsable du déclin de la liberté : « Il y a des langues favorables à la liberté [...] Les nôtres sont faites pour le bourdonnement des divans »...

*

L'origine de la musique nous est dite dès la fin des pages que Rousseau, dans son découpage tardif en chapitres, a intitulées « Chap. IX. Formation des langues méridionales » : « Là se firent les premières fêtes, les pieds bondissoient de joie, le geste empressé ne suffisoit plus, *la voix l'accompagnoit d'accens passionnés,* le plaisir et le désir confondus ensemble se faisoient sentir à la fois »... Ces lignes servent de point d'appui pour les développements qui, les relayant, concerneront plus particulièrement la musique, à partir du chapitre XII, intitulé « Origine de la musique » : « Autour des fontaines dont j'ai parlé les premiers discours furent les premières chansons : les retours périodiques et mesurés du rythme, les inflexions mélodieuses des accens firent naître la poësie et la musique avec la langue, ou plustôt tout cela n'étoit que la langue même pour ces heureux climats et ces heureux tems où les seuls besoins pressans qui demandoient le concours d'autrui étoient ceux que le cœur faisoit naître. » C'est la confirmation de l'hypothèse formulée, nous l'avons vu, au chapitre IV. Et cette confirmation est aussitôt étayée par l'autorité de l'histoire ancienne de la Grèce. Ce n'est désormais plus une hypothèse, mais un fait attesté : « Dire et chanter étoit autrefois la même chose, dit Strabon »... La musique grecque — telle qu'on pouvait la connaître par les écrits théoriques réunis par Meibom, ou par les tentatives de reconstitution de Mersenne, Kircher ou Burette — est le grand paradigme allégué par Rousseau, avant qu'il ne s'engage, aux chapitres XIII-XVII, dans la polémique ouverte ou voilée avec Rameau. La Grèce antique est le répondant, l'irrécusable autorité dont se réclame Rousseau. Certes, dans le débat avec son adversaire, il s'écarte momentanément de l'histoire, pour aborder les problèmes musicaux au niveau des principes, tels qu'ils se présentent dans la conjoncture contemporaine : mais dans les chapitres conclusifs (XVIII-XX), l'on verra à nouveau le monde grec former l'horizon perdu où la musique, excluant toute surcharge harmonique, exerçait ses plus extraordinaires « effets », et où les orateurs, par la vertu d'une langue sonore et accentuée, étaient assurés de se faire entendre sur la place publique. Par contraste, le monde environnant est celui d'une musique devenue *bruit,* et d'une parole devenue *inaudible...*

Rousseau n'a pas été le premier à critiquer le « calcul des intervalles ». Comme le note très justement Marie-Elisabeth Duchez, « l'attitude de Rousseau se rattache à un fond d'opposition aux rationalisations physico-mathématiques de la musique qui a toujours existé, à l'arrière-plan du succès constructif, malgré leurs limites, de ces rationalisations [...] C'est toute la théorie musicale occidentale que Rousseau récuse. Ce refus, souvent lié au refus du progrès et au recours sentimental à une origine plus ou moins proche, est une réaction quasi permanente de la sensibilité : d'Aristoxène à Rousseau, et après lui, nombreux sont ceux qui ne voulurent pas ' réduire ' la musique au ' concours des vibrations ' ». Recourant en appel, contre Rameau, auprès du public, Rousseau aurait pu invoquer nombre de prédécesseurs à l'appui de sa cause. Il ne le fait pas dans l'*Essai*, réservant sans doute leur témoignage pour l'ouvrage plus technique que sera le *Dictionnaire de musique*. En revanche, Rousseau recourt à un moyen détourné, qui a l'avantage de proposer au lecteur un problème d'esthétique avec lequel celui-ci est beaucoup plus familiarisé. Rousseau postule un lien d'homologie entre l'opposition mélodie/harmonie, et l'opposition dessin/couleur. Le débat de prééminence entre *disegno* et *colore*, entre poussinistes et rubénistes, n'était pas clos à l'époque de Rousseau. Il avait trouvé son écho dans les écrits des esthéticiens (Du Bos, le P. André, etc.) ; il allait connaître un regain d'actualité, dans les ateliers et dans la critique, au moment de la formation du style néoclassique, qui fait hautement prévaloir le dessin. En évoquant la liberté des cités grecques, en défendant le principe de la mélodie, et en la mettant en parallèle avec le dessin, l'*Essai sur l'origine des langues*, à sa date, rejoint Winckelmann et propose toutes les bases théoriques d'un art qui ne tardera pas à produire ses œuvres marquantes : la musique de Gluck (avec, dans *Iphigénie en Aulide,* ses chœurs à l'unisson), la peinture de David, les gravures de Gessner, etc. La cause de cet art est déjà gagnée, en 1781, au moment où paraît l'*Essai,* qui n'aura donc pas directement contribué à son succès.

Le grand critère de Rousseau, au long de ces pages, peut se définir comme un critère d'amplitude affective. Il faut préférer ce qui vient du plus profond et va au plus profond : du « cœur » au « cœur », par des moyens qui assurent la fidélité de l'*expression,* et sa force communiquée intégralement dans l'*impression* produite. La relation est courte, qui va du calcul des marches harmoniques à l'organe récepteur des vibrations physiques : l'oreille. On le voit, l'opposition mélodie/harmonie, pour justifier pleinement la préférence donnée à la mélodie, se renforce d'une opposition cœur/oreille, — plaisir du sentiment/plaisir des sens.

L'homologie postulée entre la mélodie et le dessin n'abolit toutefois pas la distinction établie, dès le premier chapitre, entre le signe visible et le message audible. La critique de l'harmonie, assimilée à la couleur, conduit à la critique de la « fausse analogie entre les couleurs et les sons », telle que l'avait élaborée l'abbé Castel dans son *Optique des couleurs* (1740). Que Rousseau, en l'occurrence, n'ait considéré que l'intérêt philosophique du débat, qu'il ait voulu s'en prendre à un auteur cité avec éloge par Rameau, ou qu'il ait vu en Castel l'adversaire déclaré du *Discours sur l'inégalité* (l'attaque de Castel, *L'Homme moral* [...] date de 1756), l'occasion était bonne pour rappeler une évidence de sens commun, mais lourde de conséquences : l'imitation picturale représente des objets simultanés, immobilisés, tandis que l'imitation musicale s'inscrit dans le temps. Il est ridicule de faire bouger des couleurs, comme il est ridicule de rassembler des sons dans un accord complexe. Dans la musique vocale (qui est toute la musique, pour Rousseau), la bonne imitation représente les sentiments éprouvés par un individu selon leurs « mouvements » et leurs inflexions successives. « Le champ de la musique est le temps ». Ce que représente la peinture, la musique saura aussi le représenter à sa manière. D'Alembert l'avait dit avant Rousseau : la musique sait peindre indirectement le monde inanimé à travers l'émotion éprouvée par son spectateur :

> Que toute la nature soit endormie, celui qui la contemple ne dort pas, et l'art du musicien consiste à substituer à l'image insensible de l'objet celle des mouvements que sa présence excite dans le cœur du contemplateur. Non seulement il agitera la mer, animera les flammes d'un incendie, fera couler les ruisseaux, tomber la pluie et grossir les torrents ; mais il peindra l'horreur d'un désert affreux, rembrunira les murs d'une prison souterraine, calmera la tempête, rendra l'air tranquille et serein, et répandra de l'orchestre une fraîcheur nouvelle sur les bocages. Il ne représentera pas directement ces choses, mais il excitera dans l'âme les mêmes sentiments qu'on éprouve en les voyant (chapitre XVI).

Comment se peut-il qu'une représentation indirecte soit capable de produire, dans l'auditeur, une émotion plus intense, et apparemment tout immédiate ? Rousseau répudie, nous l'avons vu, l'association synesthésique entre sons et couleurs. Mais il lui substitue une autre association, toute « morale » : celle qui fait du son le signe d'une « idée » ou d'une émotion : « Les sons dans la mélodie n'agissent pas seulement sur nous comme sons, mais comme signes de nos affections, de nos sentimens ; c'est ainsi qu'ils excitent en nous les mouvemens qu'ils expriment et dont nous y reconnoissons l'image » (chap. XV). Grâce au « caractère de vérité » de la mélodie, les « affections » sont directement communiquées. Est-ce un apanage de l'homme civilisé ? Nullement. « On aperçoit quelque chose de cet effet moral jusque dans les animaux. » Seul le signe d'un sentiment éveille un intérêt, à la condition que ce sentiment soit effectivement éprouvé.

Le lecteur qui prêtera attention au grand brouillon du *Principe de la mélodie,* à l'*Examen de deux principes avancés par M. Rameau,* qui en est directement issu, et aux articles les plus importants du *Dictionnaire de Musique,* constatera que l'*Essai sur l'origine des langues,* dans les chapitres XII à XX, leur est étroitement apparenté, au point de leur être, en certains paragraphes, absolument superposable. On a souvent relevé l'analogie de son dernier chapitre, dramatique et accusateur, avec les pages finales du *Discours sur l'inégalité.* Comme l'a remarqué Jacques Derrida, l'impératif écrit et placardé : *Donnez de l'argent,* vient oblitérer les impératifs oraux originels : *Aimez-moi,* ou : *Aidez-moi.* Le silence et la servitude tombent sur une société réduite au « bourdonnement » de l'essaim. Mais que penser du paragraphe final, c'est-à-dire de la citation de Duclos, donné pour l'inspirateur de l'ouvrage entier ? Certes, au long de l'*Essai,* Rousseau a cité, il a utilisé les *Remarques sur la Grammaire de Port-*

Royal (1754). Il a fait usage, également, des *Mémoires* académiques de Duclos sur la *Déclamation des anciens* et sur l'*Art de partager l'action théâtrale.* Et Rousseau avait ses raisons de se montrer déférent à l'égard d'un « homme en place », qui avait protégé le *Devin,* et dont l'amitié lui paraissait plus sûre que celle de Diderot. Mais l'impression prévaut que cette conclusion est une construction légère — pour en finir avec le présent ouvrage, et non avec toutes les questions soulevées. La révérence à Duclos, l'appel à de nouvelles réflexions « plus profondes », survenant abruptement après l'évocation d'une histoire qui finit mal, ne nous font-ils pas entendre que, du moins pour celui qui réfléchit, la catastrophe du langage et de la musique n'est peut-être pas irrémédiable ?

Pour répondre à cette question, et pour montrer que, pour Rousseau, le mal n'est pas sans remède, il n'est pas nécessaire, d'abord, d'interroger d'autres textes que l'*Essai* lui-même, et d'y examiner les stades de la musique. Elle naît dans la parole-chant indivise, au bord des puits, dans les premières fêtes amoureuses ; dès l'antiquité, sous l'influence des philosophes et des grammairiens, la musique devient un art « entièrement séparé de la parole », et la mélodie prend « une existence à part ». Sous cette nouvelle forme, toutefois, la mélodie subsiste, en dépit de la perte de ses premiers pouvoirs. Le chant d'église, institué par les barbares, est « dépouillé de toute mélodie ». L'oubli de la véritable mélodie est si complet que les théoriciens et les praticiens de l'harmonie confèrent son nom à ce qui n'est que la « marche des parties ». C'est une usurpation. Mais l'harmonie règne-t-elle désormais sans partage? Qu'on se reporte au chapitre XIV, « De l'harmonie », qui concerne la situation présente de la musique : l'harmonie s'y trouve confrontée avec la mélodie, toujours vivante ou du moins toujours possible : « La mélodie en imitant les inflexions de la voix exprime les plaintes, les cris de douleur ou de joye, les menaces, les gémissemens ; tous les signes vocaux des passions sont de son ressort. Elle imite l'accent des langues, et les tours affectés dans chaque idiome à certains mouvemens de l'ame ; elle n'imite pas seulement, elle parle, et son langage inarticulé mais vif, ardent, passionné a cent fois plus d'énergie que la parole même. Voilà d'où naît l'empire du chant sur les cœurs sensibles. L'harmonie y peut concourir en certains sistêmes en liant la succession des sons par quelques loix de modulation, en rendant les intonations plus justes, en portant à l'oreille un témoignage assuré de cette justesse, en rapprochant et fixant à des intervalles consonans et liés des inflexions inappréciables. » Rousseau offre à l'adversaire une possibilité de réconciliation, à la condition, bien entendu, que l'harmonie se fasse la servante attentive et discrète de la mélodie. L'harmonie était présente dès l'origine, puisque « un son porte avec lui tous les sons harmoniques concomitans ». L'unisson, par conséquent, porte avec lui son harmonie, et c'est la seule harmonie produite naturellement. Mais Rousseau ne s'en tient pas à cette notion trop simplificatrice, qui vaut pour les vieilles chansons, un peu tristes, que l'on chante, dans *La nouvelle Héloïse*, au soir du jour de fête. Il est prêt à faire à l'harmonie une part beaucoup plus large, nous venons d'en lire l'affirmation, à la condition que soit sauvegardé le primat de l'inflexion et de l'accent mélodieux. Ce sont là des propositions pour la musique du temps présent, et de l'avenir. La séparation, ou plutôt la série des séparations, dont Rousseau s'est fait l'historien, n'aboutit pas à un désastre définitif. Pour le dire autrement : si Rousseau est allé, en certaines pages, jusqu'à évoquer une fin de la parole et une fin de la musique, c'est parce qu'il était parti de leur origine. C'est une loi de la rhétorique : parler d'une naissance oblige à penser à une mort... Mais l'*Essai sur l'origine des langues* est aussi — selon son titre complet — un essai sur l'imitation musicale. Et lorsque le débat se transporte dans ce domaine, Rousseau ne paraît nullement enclin à dire que les ressources de la musique sont à tout jamais épuisées : il nous dit ce qu'elle doit être, quels effets elle peut produire, comment elle peut transporter les cœurs sensibles. En un mot, il s'applique à définir, face à un art musical qu'il estime erroné, incomplet, les pouvoirs dont disposerait le génie grâce à « l'art perfectionné ». — « L'art perfectionné » : cette expression, je le sais, ne se trouve pas dans l'*Essai*. Je l'emprunte à la première version du *Contrat social* : il faut tirer « du mal même le reméde qui doit le guérir », car, si l'homme le sait et le veut, il trouvera « dans l'art perfectionné la réparation des maux que l'art commencé fit à la nature » (*O.C.*, Pléiade, t. III, p. 288). La même idée, formulée en d'autres termes reparaît au début de l'*Emile*. Mais en ce qui concerne la musique ? Dès la *Lettre sur la musique française*, Rousseau expose le principe de « l'unité de mélodie ». Il en fait honneur aux Italiens, qui le pratiquent d'instinct, sans en avoir pleine conscience. Lui, Rousseau, en possède la notion claire. Il dira, dans le *Dictionnaire*, que sitôt après l'avoir découvert, il l'a appliqué dans le *Devin du village*, pour en faire l'essai. Puis il en a parlé dans la *Lettre*. Or l'unité de mélodie, telle que la pratiquent les Italiens, est bien la conciliation de ce qui avait été séparé : l'artifice et l'émotion naturelle, les procédés savants et le cri presque animal de la passion : « C'est à l'aide de ces modulations savantes, de cette harmonie simple et pure, de ces accompagnements vifs et brillants, que ces chants divins déchirent ou ravissent l'ame, mettent le spectateur hors de lui-même, et lui arrachent, dans ses transports, des cris dont jamais nos tranquilles opéra ne furent honorés. » (*Lettre sur la musique française, O.C.*, Pléiade, t. V.) A ces effets extraordinaires, dont on se demande s'ils sont inférieurs à ceux que Rousseau, dans l'*Essai*, prête à la musique grecque, concourent conjointement harmonie et mélodie, voix et instruments. Cette conciliation si bien réussie présuppose que l'on a pris acte de la division des pouvoirs primitifs de la musique, mais que l'on ne s'y est pas résigné. L'unité pourra se rétablir à un autre niveau, à partir de la séparation tout ensemble admise et refusée : ainsi le geste lui-même, associé à la parole-chant des premières fêtes, peut se réintégrer à la musique lorsque celle-ci obéit au principe de l'unité de mélodie, et lorsqu'elle trouve la parfaite « correspondance » entre le « chant » et la « symphonie » accompagnante : « Cet accompagnement est si bien un avec le chant, et si exactement relatif aux paroles, qu'il semble souvent déterminer le jeu et dicter à l'acteur le geste qu'il doit faire ; et tel qui n'auroit pu jouer le rôle sur les paroles seules le jouera très juste sur la musique, parce qu'elle fait bien sa fonction d'interprète ». (*Lettre sur la musique française, O.C.*, Pléiade, t. V.) On le voit, la séparation même du langage et de la mélodie, que l'*Essai,* dans son schéma historique, désigne comme le commencement d'une dégénérescence, apparaît désormais comme réversible, moyennant l'appel à de nouveaux moyens : au rapport d'inhérence et de fusion complète de la parole et de la musique, qui se manifestait dans la spontanéité naïve de l'origine, se substitue un rapport d'*imitation* qui apparie musique et langage, parole codée et sentiment, sans oublier les « idées accessoires ». L'unité retrouvée se célèbre dans la représentation, et, tout particulièrement dans cette représentation par excellence qu'est l'opéra. Qu'on lise l'article RÉCITATIF OBLIGÉ dans le *Dictionnaire de musique,* et l'on verra sous quelle forme Rousseau rapproche et *lie* (selon le sens le plus littéral de : *obligé,* « *ob-ligato* ») parole et musique. Qu'on relise surtout l'article *Opéra* : bien des sarcasmes visant Rameau et l'opéra français dans l'*Essai* ou dans *La Nouvelle Héloïse* s'y retrouvent. Mais on y retrouve aussi la page conclusive du chapitre XVI de l'*Essai,* qui, nous venons de le voir, attribue à la musique un pouvoir de représentation — un pouvoir de *peindre* — supérieur à celui même de la peinture. Cette page reparaîtra encore, avec quelques variantes, à l'article IMITATION, autre texte crucial de la doctrine exposée dans le *Dictionnaire.* Or ce sont là des articles programmatiques : ils assignent une tâche au musicien, ils s'énoncent au présent — avec une ouverture sur l'avenir, et un espoir de persuasion.

L'article *Génie* utilisera l'impératif pour encourager le « jeune artiste »... La fin du chapitre XVI, dans l'*Essai,* prépare et anticipe donc la doctrine plus complètement déployée dans le *Dictionnaire.* C'est ainsi que, dans la seconde partie du *Discours sur l'inégalité,* l'évocation de l' « institution légitime » et des « recherches à faire sur la nature du pacte fondamental de tout gouvernement », ont fait attendre un ouvrage sur les principes du droit politique, qui sera le *Contrat social.* Dans l'*Essai,* comme dans le second *Discours,* l'évocation de l'origine et d'une plénitude première, puis le récit d'une succession d'erreurs et de pertes au fil d'un « progrès » déplorable, permettent de faire le point sur la situation présente, afin peut-être de mieux « nettoyer l'aire » et de mieux « écarter tous les vieux matériaux », « pour élever ensuite un bon édifice » (*O.C.,* Pléiade, t. III, p. 180).

La musique régénérée, telle que Rousseau la rêve, ne répare pas toutes les pertes. Qu'est devenue l'éloquence des anciens ? Sa fonction était de nature politique, alors même qu'elle s'exprimait dans une langue musicale. Ce n'est pas dans l'art lyrique perfectionné — devant les spectateurs de l'Opéra — qu'elle pourra retrouver ses anciens pouvoirs. Les pages conclusives de l'*Essai* font entendre, comme tant d'écrits de l'époque, que l'énergie de la langue ne se retrouvera que si le gouvernement change et si la liberté revient au monde, pour autant que la « dernière forme » qu'ont prise les sociétés (c'est-à-dire : l'absolutisme monarchique) ne soit pas la conséquence irréversible d'une déperdition linguistique sans appel. Il n'y a plus de discours possibles « sur la place publique », donc plus de démocratie directe à la manière des anciens. Mais, pour le dire, Rousseau développe une éloquence écrite dont la force de persuasion est capable de gagner un nombre considérable de lecteurs. Il désigne, par l'écriture qui fut décriée dans l'*Essai* comme l'ennemie de l'énergie du langage, une voie d'accès vers un nouveau pouvoir politique : l'*opinion*, dont il n'est pas vain d'espérer qu'elle pourrait un jour corriger et guérir les maux dont souffrent les sociétés corrompues. Cette façon de mettre l'écriture au service de la « réparation » souhaitée est en tout point analogue à la mise en œuvre de l'harmonie dans la musique qui trouve l'accès des cœurs. Une chaleur, sous la plume de Rousseau, revient dans le langage, par les moyens mêmes qu'il avait dénoncés comme les agents de son extinction. Bien sûr, tout en comportant des pages d'une écriture très belle et très animée, l'*Essai* est loin d'être un ouvrage d'éloquence soutenue au sens où ce qualificatif s'applique au second *Discours*, ou à la *Lettre à d'Alembert*. En recourant au mot « essai », Rousseau le reconnaît implicitement. Il savait que cet ouvrage n'allait pas produire le même effet que ses écrits d'une *couleur* rhétorique plus brillante. C'est sans doute l'une des raisons pour lesquelles il a hésité à le publier de son vivant. Reste qu'en sa page conclusive, l'*Essai* aide à mieux comprendre quelques-uns des espoirs et des illusions des orateurs des premières années de la Révolution, le déploiement du cérémonial civique à ciel ouvert, le goût des hymnes, et l'immense diffusion de la chanson à cette époque.

Tel est le système. Libre à nous de regretter qu'il ne trouve sa fidèle illustration que dans Pergolèse, Gluck et Grétry — et que, si Rousseau les avait connus, il eût associé tout Bach et la plus grande partie des œuvres de Händel dans son rejet de la polyphonie et de ce qu'il nommait le « remplissage » et le « bruit » de Rameau.

Jean Starobinski

ESSAI SUR L'ORIGINE DES LANGUES,

où il est parlé de la mélodie et de l'imitation musicale

par J.-J. Rousseau
Citoyen de Genève[1]

1. Ligne biffée.

Le lecteur trouvera en fin de cette édition les notes et variantes établies par Jean Starobinski. Dans le texte, les variantes sont appelées en page par des lettres (*a,b,c*...) et les notes sont appelées en page par des chiffres (1,2,3...). Les notes appelées par des astérisques et placées en pied de page sont les notes originelles de Rousseau.

[PROJET DE PRÉFACE]

Le second morceau ne fut [a] aussi d'abord qu'un fragment du discours sur l'inégalité que j'en retranchai comme trop long et hors de place. Je le repris [b] à l'occasion des Erreurs de M. Rameau sur la musique[1] [,] titre aux deux mots près[c] que j'ai retranchés parfaitement rempli par l'ouvrage qui le porte. Cependant retenu par le ridicule de disserter sur les langues quand on en sait à peine une et d'ailleurs peu content de ce morceau j'avois résolu de le supprimer comme indigne de l'attention du public. Mais [d] un magistrat illustre[e][2] qui cultive et protège les lettres [f] en a pensé plus favorablement que moi [.] Je soumets donc avec plaisir, comme on peut bien croire [,] mon jugement au sien, et j'essaye à la faveur des deux autres écrits de faire passer celui-ci que je n'eusse peut-être osé risquer seul.

[a]CHAPITRE I

Des divers moyens de communiquer nos pensées

La parole distingue l'homme entre les animaux : le langage distingue les nations entre elles ; on ne connoit d'où est un homme qu'après qu'il a parlé. L'usage et le besoin font apprendre à chaqu'un la langue de son pays ; mais qu'est-ce qui fait que cette langue est celle de son pays et non pas d'un autre ? Il faut bien remonter pour le dire à quelque raison qui tienne au local[1], et qui soit antérieure aux mœurs mêmes : la parole étant la prémiére institution sociale ne doit sa forme qu'à des causes naturelles.

Sitot qu'un homme fut reconnu par un autre pour un Être sentant [,] pensant et semblable à lui[2], le désir ou le besoin de lui communiquer ses sentimens et ses pensées lui en fit chercher les moyens. Ces moyens ne peuvent se tirer que des sens, les seuls instrumens par lesquels un homme puisse agir sur un autre. Voila donc l'institution des signes sensibles pour exprimer la pensée. Les inventeurs du langage ne firent pas ce raisonement, mais l'instinct leur en suggera la consequence.

[b] Les moyens généraux par lesquels nous pouvons

agir sur les sens d'autrui se bornent à deux, savoir le mouvement et la voix. L'action du mouvement est immédiate par le toucher ou médiate par le geste[1]; la prémiére, ayant pour terme la longueur du bras, ne peut se transmettre à distance, mais l'autre atteint aussi loin que le rayon visuel. Ainsi restent seulement la vue et l'ouie pour organes passifs du langage entre des hommes dispersés.

Quoique la langue du geste et celle de la voix soient également naturelles, toutefois la prémiére est plus facile et dépend moins des conventions[2] : car plus d'objets frapent nos yeux que nos oreilles et les figures ont plus de varieté que les sons; elles sont aussi plus expressives et disent plus en moins de tems. L'amour, dit-on, fut l'inventeur du dessein. Il put inventer aussi la parole, mais moins heureusement; Peu content d'elle il la dédaigne, il a des maniéres plus vives de s'exprimer. Que celle qui traçoit avec tant de plaisir l'ombre de son amant lui disoit de choses! Quels sons eut-elle employés pour rendre ce mouvement de baguéte[3]?

Nos gestes ne signifient rien que nôtre inquietude naturelle; ce n'est pas de ceux-là que je veux parler. Il n'y a que les Européens qui gesticulent en parlant : On diroit que toute la force de leur langue est dans leurs bras; ils y ajoûtent encore celle des poûmons et tout cela ne leur sert de guéres. Quand un Franc s'est bien demené, s'est bien tourmenté le corps à dire beaucoup de paroles, un Turc ôte un moment la pipe de sa bouche, dit deux mots à demi-voix, et l'écrase d'une sentence[4].

Depuis que nous avons appris à gesticuler nous

avons oublié l'art des pantomimes[1], par la même raison qu'avec beaucoup de belles grammaires nous n'entendons plus les simboles des Egiptiens[2]. Ce que les anciens disoient le plus vivement, ils ne l'exprimoient pas par des mots mais par des signes ; ils ne le disoient pas, ils le montroient[3].

Ouvrez l'histoire ancienne vous la trouverez pleine de ces maniéres d'argumenter aux yeux, et jamais elles ne manquent de produire un effet plus assuré que tous les discours qu'on auroit pu mettre à la place. L'objet offert avant de parler ébranle l'imagination, excite la curiosité, tient l'esprit en suspens et dans l'attente de ce qu'on va dire. J'ai remarqué que les Italiens[4] et les Provençaux, chez qui pour l'ordinaire le geste précéde le discours, trouvent ainsi le moyen de se faire mieux écouter et même avec plus de plaisir. Mais le langage le plus énergique est celui où le signe a tout dit avant qu'on parle. Tarquin, Trasibule abatant les têtes des pavots, Alexandre appliquant son cachet sur la bouche de son favori, Diogéne se promenant devant Zenon ne parloient-ils pas mieux qu'avec des mots ? Quel circuit de paroles eut aussi bien exprimé les mêmes idées ? Darius engagé dans la Scithie avec son armée reçoit de la part du Roi des Scithes une grenouille, un oiseau, une souris et cinq fléches : le Héraut remet son présent en silence et part. Cette terrible harangue fut entendüe, et Darius n'eut plus grande hâte que de regagner son pays comme il pût. Substituez une lettre à ces signes, plus elle sera menaçante moins elle effrayera ; ce ne sera plus qu'une gasconade dont Darius n'auroit fait que rire.

Quand le lévite d'Ephraïm[5] voulut venger la mort

de sa femme, il n'écrivit point aux Tribus d'Isräel ; il divisa le corps en douze piéces et les leur envoya. A cet horrible aspect ils courent aux armes en criant tout d'une voix : *non, jamais rien de tel n'est arrivé dans Israël, depuis le jour que nos péres sortirent d'Egipte jusqu'à ce jour*[1]. Et la Tribu de Benjamin fut exterminée *. De nos jours l'affaire tournée en plaidoyés, en discussions, peut-être en plaisanteries eut traîné en longueur, et le plus horrible des crimes fut enfin demeuré impuni. Le Roi Saül revenant du labourage depeça de même les bœufs de sa charrüe et usa d'un signe semblable pour faire marcher Israël au secours de la ville de Jabés[2]. Les Prophétes des Juifs [,] les Legislateurs des Grecs offrant souvent au peuple des objets sensibles lui parloient mieux par ces objets qu'ils n'eussent fait par de longs discours[3], et la maniére dont Athénée rapporte que l'orateur Hypéride fit absoudre la courtisane Phryné sans alleguer un seul mot pour sa deffense, est encore un[e] éloquence muette dont l'effet n'est pas rare dans tous les tems[4].

Ainsi l'on parle aux yeux bien mieux qu'aux oreilles : il n'y a personne qui ne sente la vérité du jugement d'Horace à cet égard[5]. On voit même que les discours les plus éloquens sont ceux où l'on enchasse le plus d'images, et les sons n'ont jamais plus d'énergie que quand ils font l'effet des couleurs[6].

Mais lorsqu'il est question d'émouvoir le cœur et d'enflammer les passions, c'est toute autre chose. L'impression successive du discours, qui frappe à coups redoublés vous donne bien une autre émotion

* Il n'en resta que six cens hommes sans femmes ni enfans.

que la présence de l'objet même où d'un coup d'œil vous avez tout vû. Supposez une situation de douleur parfaitement connüe, en voyant la personne affligée vous serez difficilement ému jusqu'à pleurer; mais laissez-lui le tems de vous dire tout ce qu'elle sent, et bientôt vous allez fondre en larmes. Ce n'est qu'ainsi que les scénes de tragédie font leur effet*. La seule pantomime sans discours vous laissera presque tranquille; Le discours sans geste vous arrachera des pleurs. Les passions ont leurs gestes, mais elles ont aussi leurs accens, et ces accens qui nous font tressaillir, ces accens auxquels on ne peut dérober son organe penétrent par lui jusqu'au fond du cœur, y portent malgré nous les mouvemens qui les arrachent, et nous font sentir ce que nous entendons. Concluons que les signes visibles rendent l'imitation plus exacte, mais que l'intérest s'excite mieux par les sons.

Ceci me fait penser que si nous n'avions jamais eu que des besoins physiques, nous aurions fort bien pû ne parler jamais et nous entendre parfaitement par la seule langue du geste. Nous aurions pû établir des sociétés peu différentes de ce qu'elles sont aujourd'hui, ou qui même auroient marché mieux à leur but : nous aurions pu institüer des loix, choisir des chefs, inventer des arts, établir le commerce, et faire en un mot presque autant de choses que nous en faisons par le secours de la parole. La langue épistolaire des

* J'ai dit ailleurs pourquoi les malheurs feints nous touchent bien plus que les véritables. Tel sanglote à la Tragédie qui n'eut de ses jours pitié d'aucun malheureux. L'invention du theâtre est admirable pour enorgueillir nôtre amour-propre de toutes les vertus que nous n'avons point [1].

salams [1] * transmet sans crainte des jaloux les secrets de la galanterie orientale à travers les Harems les mieux gardés. Les müets du Grand-Seigneur s'entendent entre eux et entendent tout ce qu'on leur dit par signes, tout aussi bien qu'on peut le dire par le discours [2]. Le Sieur Pereyre [3] et ceux qui comme lui apprennent aux muets non seulement à parler mais à savoir ce qu'ils disent, sont bien forcés de leur apprendre auparavant une autre langue non moins compliquée, à l'aide de laquelle ils puissent leur faire entendre celle-là.

Chardin [4] dit qu'aux Indes les facteurs [5] se prenant la main l'un à l'autre et modifiant leurs attouchemens d'une maniére que personne ne peut appercevoir traittent ainsi publiquement mais en secret toutes leurs affaires sans s'être dit un seul mot. Supposez ces facteurs aveugles [,] sourds et muets, ils ne s'entendront pas moins entre eux. Ce qui montre que des deux sens par lesquels nous sommes actifs, un seul suffiroit pour nous former un langage.

Il paroit encore par les mêmes observations que l'invention de l'art de communiquer nos idées dépend moins des organes qui nous servent à cette communication que d'une faculté propre à l'homme [6], qui lui fait employer ses organes à cet usage, et qui si ceux-là lui manquoient lui en feroit employer d'autres à la même fin. Donnez à l'homme une organisation tout aussi

* Les Salams sont des multitudes de choses les plus communes comme une orange, un ruban, du charbon, etc., dont l'envoi forme un sens connu de tous les amans dans les pays où cette langue est en usage.

grossiére qu'il vous plaira : sans doute il acquerra moins d'idées ; mais pourvû seulement qu'il y ait entre lui et ses semblables quelque moyen de communication par lequel l'un puisse agir et l'autre sentir, ils parviendront à se communiquer enfin tout autant d'idées qu'ils en auront [1].

Les animaux ont pour cette communication une organisation plus que suffisante, et jamais aucun d'eux n'en a fait cet usage. Voila, ce me semble, une différence bien caractéristique. Ceux d'entre eux qui travaillent et vivent en commun, les Castors, les fourmis, les abeilles ont quelque langue naturelle pour s'entre-communiquer, je n'en fais aucun doute [2]. Il y a même lieu de croire que la langue des Castors et celle des fourmis sont dans le geste et parlent seulement aux yeux. Quoiqu'il en soit, par cela même que les unes et les autres de ces langues sont naturelles, elles ne sont pas acquises ; les animaux qui les parlent les ont en naissant, ils les ont tous, et partout la même : ils n'en changent point, ils n'y font pas le moindre progrès. La langue de convention n'appartient qu'à l'homme. Voila pourquoi l'homme fait des progrès soit en bien soit en mal, et pourquoi les animaux n'en font point [3]. Cette seule distinction paroit mener loin : on l'explique, dit-on, par la différence des organes [4]. Je serois curieux de voir cette explication.

CHAPITRE II

Que la p[remiè]re invention de la parole ne vint pas des besoins mais des passions

Il est donc à croire que les besoins dictérent les prémiers gestes et que les passions [1] arrachérent les prémiéres voix [2]. En suivant avec ces distinctions la trace des faits, peut-être faudroit-il raisoner sur l'origine des langues tout autrement qu'on n'a fait jusqu'ici. Le genie des langues orientales [3], les plus anciennes qui nous soient connües, dément absolument la marche didactique qu'on imagine dans leur composition. Ces langues n'ont rien de méthodique et de raisoné ; elles sont vives et figurées. On nous fait du langage des prémiers hommes des langues de Geométres, et nous voyons que ce furent des langues de Pöetes [4].

Cela dût être. On ne commença pas par raisoner mais par sentir [5]. On prétend que les hommes inventérent la parole pour exprimer leurs besoins; cette opinion me paroit insoutenable. L'effet naturel des prémiers besoins fut d'écarter les hommes et non de les rapprocher. Il le faloit ainsi pour que l'espéce vint à s'étendre et que la terre se peuplât promptement; sans quoi le genre humain se fût entassé dans un coin du monde, et tout le reste fût demeuré desert.

De cela seul il suit avec evidence que l'origine des langues n'est point düe aux prémiers besoins des hommes ; il seroit absurde que de la cause qui les écarte vint le moyen qui les unit. D'où peut donc venir cette origine ? Des besoins moraux, des passions. Toutes les passions rapprochent les hommes que la necessité de chercher à vivre force à se fuir [1]. Ce n'est ni la faim ni la soif, mais l'amour [,] la haine [,] la pitié [,] la colére qui leur ont arraché les prémiéres voix [2]. Les fruits ne se dérobent point à nos mains, on peut s'en nourrir sans parler, on poursuit en silence la proye dont on veut se repaitre ; mais pour émouvoir un jeune cœur, pour repousser un aggresseur injuste la nature dicte des accens [3], des cris, des plaintes : voila les plus anciens mots inventés, et voila pourquoi les prémiéres langues furent chantantes [4] et passionnées avant d'être simples et méthodiques. Tout ceci n'est pas vrai sans distinction, mais j'y reviendrai ci-après.

CHAPITRE III

Que le p[remi]er langage dut être figuré

Comme les prémiers motifs qui firent parler l'homme furent des passions, ses prémiéres expressions furent des Tropes[1]. Le langage figuré fut le prémier à naitre, le sens propre fut trouvé le dernier. On n'appella les choses de leur vrai nom que quand on les vit sous leur véritable forme. D'abord on ne parla qu'en pöesie; on ne s'avisa de raisoner que longtems après.

Or je sens bien qu'ici le lecteur m'arrête, et me demande comment une expression peut être figurée avant d'avoir un sens propre, puisque ce n'est que dans la translation[2] du sens que consiste la figure. Je conviens de cela; mais pour m'entendre il faut substitüer l'idée que la passion nous présente, au mot que nous transposons; car on ne transpose les mots que parce qu'on transpose aussi les idées, autrement le langage figuré ne signifieroit rien. Je réponds donc par un exemple.

Un homme sauvage en rencontrant d'autres se sera d'abord effrayé. Sa frayeur lui aura fait voir ces hommes plus grands et plus forts que lui-même[3]; il leur aura donné le nom de *Géans*. Après beaucoup d'expériences il aura reconnu que ces prétendus Géans n'étant ni plus grands ni plus forts que lui, leur stature ne convenoit point à l'idée qu'il avoit d'abord attachée au mot de Géant. Il inventera donc un autre nom commun à eux et à lui, tel, par exemple, que le nom d'*homme*, et laissera celui de *Géant* à l'objet faux qui l'avoit frappé durant son illusion. Voilà comment le mot figuré nait avant le mot propre, lorsque la passion nous fascine les yeux et que la prémiére idée qu'elle nous offre n'est pas celle de la vérité. Ce que j'ai dit des mots et des noms est sans difficulté pour les tours de phrases.[a] L'image illusoire offerte par la passion se montrant la prémiére, le langage qui lui répondoit fut aussi le prémier inventé ; il devint ensuite métaphorique quand l'esprit éclairé reconnoissant sa prémiére erreur[b] n'en employa les expressions[c] que dans les mêmes passions qui l'avoient produite.

CHAPITRE IV

Des caractéres[a] *distinctifs de la p[remiè]re langue et des changemens qu'elle dut éprouver*

Les simples sons[1] sortent naturellement du gosier, la bouche est naturellement plus ou moins ouverte ; mais les modifications de la langue et du palais qui font articuler exigent de l'attention [,] de l'exercice, on ne les fait point sans vouloir les faire, tous les enfans ont besoin de les apprendre et plusieurs n'y parviennent pas aisément. Dans toutes les langues les exclamations les plus vives sont inarticulées ; les cris [,] les gémissemens sont de simples voix ; les müets, c'est à dire les sourds ne poussent que des sons inarticulés.[b] Le Pere Lami[2] ne conçoit pas même que les hommes en eussent pu jamais inventer d'autres si Dieu ne leur eût expressément appris à parler[3]. Les articulations sont en petit nombre, les sons sont en nombre infini, les accens qui les marquent peuvent se multiplier de même ; toutes les notes de la musique sont autant d'accens ; nous n'en avons, il est vrai, que trois ou quatre dans la parole, mais les chinois en ont beaucoup davantage[4] ; en revanche ils ont moins de consones. A cette source de combinaisons ajoûtez[c] celle des tems ou de la quantité, et vous aurez non seulement plus de mots, mais plus de sillabes diversifiées que la plus riche des langues n'en a besoin.

Je ne doute point qu'independament du vocabulaire et de la sintaxe, la prémiére langue[1] si elle existoit encore n'eut gardé des caractéres originaux qui la distingueroient de toutes les autres. Non seulement tous les tours de cette langue devroient être en images, en sentimens, en figures ; mais dans sa partie mécanique elle devroit répondre à son prémier objet, et présenter au sens ainsi qu'à l'entendement les impressions presque inévitables de la passion qui cherche à se communiquer.

Comme les voix naturelles sont inarticulées, les mots auroient peu d'articulations ; quelques consones interposées effaçant l'hiatus des voyelles suffiroient pour les rendre coulantes et faciles à prononcer. En revanche les sons seroient très variés, et la diversité des accens multiplieroit les mêmes voix : La quantité [,] le rhythme seroient de nouvelles sources de combinaisons ; en sorte que les voix, les sons, l'accent, le nombre, qui sont de la nature, laissant peu de chose à faire aux articulations qui sont de convention, l'on chanteroit au lieu de parler : la pluspart des mots radicaux[2] seroient des sons imitatifs, ou de l'accent des passions, ou de l'effet des objets sensibles :[a] l'onomatopée[3] s'y feroit sentir continuellement.

Cette langue auroit beaucoup de synonimes pour exprimer le même être par ses différens raports * ; elle auroit peu[b] d'adverbes et de mots abstraits pour

* On dit que l'Arabe[4] a plus de mille mots différens pour dire un *chameau*, plus de cent pour dire un *glaive*. Etc.

exprimer ces mêmes rapports. Elle auroit beaucoup d'augmentatifs, de diminutifs, de mots composés, de particules expletives pour donner de la cadence aux périodes et de la rondeur aux phrases; Elle auroit beaucoup d'irrégularités et d'anomalies, elle négligeroit l'analogie grammaticale pour s'attacher à l'euphonie, au nombre, à l'harmonie, et à la beauté des sons; au lieu d'argumens elle auroit des sentences, elle persuaderoit sans convaincre [1] et peindroit sans raisoner; elle ressembleroit à la langue chinoise [2] à certains égards, à la grecque à d'autres, [a] à l'arabe à d'autres. Etendez ces idées dans toutes leurs branches, et vous trouverez que le Cratyle de Platon n'est pas si ridicule qu'il paroit l'être [3].

CHAPITRE V

De l'écriture

Quiconque étudiera l'histoire et le progrès des langues verra que plus les voix deviennent monotones plus les consones se multiplient, et qu'aux accens qui s'effacent, aux quantités qui s'égalisent, on supplée par des combinaisons grammaticales et par de nouvelles articulations : mais ce n'est qu'à force de tems que se font ces changemens. A mesure que les besoins croissent [,] que les affaires[a] s'embrouillent [,] que les lumiéres s'étendent le langage change de caractére ; il devient plus juste et moins passionné ; il substitüe aux sentimens les idées, il ne parle plus au cœur mais à la raison. Par-là-même l'accent s'éteint [,] l'articulation s'étend, la langue devient plus exacte [,] plus claire, mais plus traînante plus sourde et plus froide. Ce progrès me paroit tout à fait naturel.

Un autre moyen de comparer les langues et de juger de leur ancienneté se tire de l'écriture, et cela en raison inverse de la perfection de cet art[1]. Plus l'écriture est grossiére plus la langue est antique. La prémiére maniére d'écrire n'est pas de peindre les sons mais les objets mêmes, soit directement comme faisoient les

Mexicains, soit par des figures allégoriques, comme firent autrefois les Egiptiens. Cet état répond à la langue passionnée, et suppose déjà quelque societé et des besoins que les passions ont fait naitre.

La seconde maniére est de répresenter les mots et les propositions par des caractéres conventionnels, ce qui ne peut se faire que quand la langue est tout à fait formée et qu'un peuple entier est uni par des Loix communes; car il y a déja ici double convention[1]. Telle est l'écriture des Chinois; c'est là véritablement peindre les sons et parler aux yeux[2].

La troisiéme est de décomposer la voix parlante en un certain nombre de parties élémentaires soit vocales, soit articulées, avec lesquelles on puisse former tous les mots et toutes les sillabes imaginables. Cette maniére d'écrire, qui est la nôtre, a du être imaginée par des peuples commerçans qui voyageant en plusieurs pays et ayant à parler plusieurs langues, furent forcés d'inventer des caractéres qui pussent être communs à toutes[3]. Ce n'est pas précisement peindre la parole, c'est l'analyser.

Ces trois maniéres d'écrire répondent assés éxactement aux trois divers états sous lesquels on peut considerer les hommes rassemblés en nations. La peinture des objets convient aux peuples sauvages; les signes des mots et des propositions aux peuples barbares, et l'alphabet aux peuples policés[4].

Il ne faut donc pas penser que cette derniére invention soit une preuve de la haute antiquité du peuple inventeur. Au contraire il est probable que le peuple qui l'a trouvée avoit en vüe une communication plus facile avec d'autres peuples parlant d'autres langues, lesquels du moins étoient ses contemporains et pouvoient être plus anciens que lui. On ne peut pas dire la même chose des deux autres méthodes. J'avoüe, cependant, que si l'on s'en tient à l'histoire et aux faits connus [1], l'écriture par Alphabet paroit remonter aussi haut [a] qu'aucune autre. [b] Mais il n'est pas surprenant que nous manquions de monumens des tems où l'on n'écrivoit pas.

Il est peu vraisemblable que les prémiers qui s'avisérent de resoudre la parole en signes élementaires aient fait d'abord des divisions bien exactes. Quand ils s'apperçurent ensuite de l'insuffisance de leur analyse les uns, comme les Grecs, multipliérent les caractéres de leur alphabet, les autres se contentérent d'en varier le sens ou le son par des positions ou combinaisons différentes. Ainsi paroissent écrites les inscriptions des ruines de Tchelminar [2], dont Chardin nous a tracé des Ectypes [3]. On n'y distingue que deux figures ou caractéres * mais de diverses grandeurs et posés en différens sens. Cette langue inconnüe et d'une antiquité presque effrayante devoit pourtant être alors bien formée, à en juger par la perfection des arts qu'annoncent la beauté des caractéres ** et les monu-

* *Des gens s'étonnent, dit Chardin* [4], *que deux figures puissent faire tant de lettres, mais pour moi je ne vois pas là de quoi s'étonner si fort, puisque les lettres de nôtre Alphabet, qui sont au nombre de vingt-trois, ne sont pourtant composées que de deux lignes, la droite et la circulaire, c'est à dire, qu'avec un C. et un I. on fait toutes les lettres qui composent nos mots.*

** *Ce caractére paroit fort beau et n'a rien de confus ni de barbare. L'on diroit que les lettres auroient été dorées ; car il y en a plusieurs et surtout des majuscules, où il paroit encore de l'or, et c'est assurement quelque chose*

mens admirables où se trouvent ces inscriptions. Je ne sais pourquoi l'on parle si peu de ces étonantes ruines : quand j'en lis la description dans Chardin je me crois transporté dans un autre monde. Il me semble que tout cela donne furieusement à penser.

L'art d'écrire ne tient point à celui de parler. Il tient à des besoins d'une autre nature qui naissent plustôt ou plustard selon des circonstances tout à fait indépendantes de la durée des peuples, et qui pourroient n'avoir jamais eu lieu chez des Nations très anciennes. On ignore durant combien de siecles l'art des hyerogliphes fut peut-être la seule écriture des Egyptiens, et il est prouvé qu'une telle écriture peut suffire à un peuple policé, par l'exemple des Méxicains qui en avoient une encore moins comode.

En comparant l'Alphabet Cophte[1] à l'alphabet Syriaque ou Phénicien on juge aisément que l'un vient de l'autre, et il ne seroit pas étonant que ce dernier fut

---

d'admirable et d'inconcevable que l'air n'ait pu manger cette dorure durant tant de siécles. Du reste ce n'est pas merveille qu'aucun de tous les savans du monde n'aient jamais rien compris à cette écriture, puisqu'elle n'approche en aucune maniére d'aucune écriture qui soit venüe à nôtre connoissance, au lieu que toutes les écritures connües aujourdui, excepté le Chinois, ont beaucoup d'affinité entre elles, et paroissent venir de la même source. Ce qu'il y a en ceci de plus merveilleux, est que les Guébres qui sont les restes des anciens Perses et qui en conservent et perpétuent la Réligion, non seulement ne connoissent pas mieux ces caractéres que nous, mais que leurs caractéres n'y ressemblent pas plus que les nôtres. D'où il s'ensuit ou que c'est un caractére de cabale, ce qui n'est pas vraisemblable puisque ce caractére est le commun et naturel de l'édifice en tous endroits, et qu'il n'y en a pas d'autre du même ciseau, ou qu'il est d'une si grande antiquité que nous n'oserions presque le dire. En effet, Chardin feroit présumer sur ce passage que du tems de Cirus et des Mages ce caractére étoit déja oublié et tout aussi peu connu qu'aujourdui.

l'original ni que le peuple le plus moderne eut à cet égard instruit le plus ancien. Il est clair aussi que l'Alphabet Grec vient de l'alphabet Phenicien; l'on voit même qu'il en doit venir. Que Cadmus[1] ou quelque autre l'ait apporté de Phénicie, toujours paroit-il certain que les Grecs ne l'allérent pas chercher et que les Phéniciens l'apportérent eux-mêmes : car des Peuples de l'Asie et de l'Affrique ils furent les prémiers et presque les seuls * qui commercérent en Europe et ils vinrent bien plustôt chez les Grecs que les Grecs n'allérent chez eux : Ce qui ne prouve nullement que le Peuple Grec ne soit pas aussi ancien que le Peuple de Phenicie.

D'abord les Grecs n'adoptérent pas seulement les caractéres des Phéniciens mais même la direction de leurs lignes de droite à gauche. Ensuite ils s'aviserent d'écrire par sillons, c'est-à-dire, en retournant de la gauche à la droite, puis de la droite à la gauche alternativement[2]**. Enfin ils écrivirent comme nous faisons aujourd'hui en recommençant toutes les lignes de gauche à droite. Ce progrès n'a rien que de naturel : L'écriture par sillons est sans contredit la plus comode à lire. Je suis même étonné qu'elle ne se soit pas établie avec l'impression, mais étant difficile à écrire à la main, elle dut s'abolir quand les manuscrits se multipliérent.

Mais bien que l'alphabet grec vienne de l'alphabet

* Je compte les Carthaginois pour Pheniciens, puisqu'ils étoient une colonie de Tir.

** V. Pausanias Arcad[4] : Les latins dans les commencemens écrivirent de même, et delà selon Marius Victorinus est venu le mot de *versus*[4].

Phenicien il ne s'ensuit point que la langue grecque vienne de la phénicienne. Une de ces propositions ne tient point à l'autre, et il paroit que la langue grecque étoit déjà fort ancienne, que l'art d'écrire étoit récent et même imparfait chez les Grecs. Jusqu'au siége de Troye ils n'eurent que seize lettres [1], si toutefois ils les eurent. On dit que Palaméde en ajoûta quatre et Simonide les quatre autres. Tout cela est pris d'un peu loin. Au contraire le latin, langue plus moderne eut presque dés sa naissance un alphabet complet, dont cependant les prémiers Romains ne se servoient guéres, puisqu'ils commencérent si tard d'écrire leur histoire et que les lustres [2] ne se marquoient qu'avec des clouds.

Du reste il n'y a pas une quantité de lettres ou élemens de la parole absolument déterminée ; les uns en ont plus [,] les autres moins selon les langues et selon les diverses modifications qu'on donne aux voix et aux consones. Ceux qui ne comptent que cinq voyelles se trompent fort : les Grecs en écrivoient sept, les prémiers Romains six *, Mrs de Port-royal [4] en comptent dix, M. Duclos [5] dix-sept, et je ne doute pas qu'on n'en trouvât beaucoup davantage si l'habitude avoit rendu l'oreille plus sensible et la bouche plus exercée aux diverses modifications dont elles sont susceptibles. A proportion de la délicatesse de l'organe on trouvera plus ou moins de ces modifications, entre l'*a* aigu et l'*o* grave, entre l'*i* et l'*e* ouvert etc. C'est ce que chacun peut éprouver en passant d'une voyelle à

* *Vocales quas Graeci septem, Romulus sex, usus posterior quinque commemorat, Y velut graeca rejecta.* Mart : Capel [3] : L. III.

l'autre par une voix continue et nuancée ; car on peut fixer plus ou moins de ces nuances et les marquer par des caractéres particuliers, selon qu'à force d'habitude on s'y est rendu plus ou moins sensible, et cette habitude dépend des sortes de voix usitées dans le langage auxquelles l'organe se forme insensiblement[1]. La même chose peut se dire à peu près des lettres articulées ou consones. Mais la pluspart des nations n'ont pas fait ainsi. Elles ont pris l'alphabet les unes des autres, et réprésenté par les mêmes caractéres des voix et des articulations très différentes. Ce qui fait que quelque exacte que soit l'orthographe on lit toujours ridiculement une autre langue que la sienne, à moins qu'on n'y soit extrémement exercé.

L'écriture, qui semble devoir fixer la langue est précisement ce qui l'altére ; elle n'en change pas les mots mais le génie ; elle substitue l'exactitude à l'expression. L'on rend ses sentimens quand on parle et ses idées quand on écrit. En écrivant on est forcé de prendre tous les mots dans l'acception commune ; mais celui qui parle varie les acceptions par les tons, il les détermine comme il lui plait ; moins gêné pour être clair, il donne plus à la force, et il n'est pas possible qu'une langue qu'on écrit garde longtems la vivacité de celle qui n'est que parlée. On écrit les voix et non pas les sons : or dans une langue accentüée ce sont les sons, les accens, les infléxions de toute espéce qui font la plus grande énergie du langage ; et rendent une phrase, d'ailleurs commune, propre seulement au lieu où elle est. Les moyens qu'on prend pour suppléer[2] à celui-là étendent, allongent la langue écrite, et passant des livres dans le discours énervent la parole même *. En disant tout comme on l'écriroit on ne fait plus que lire en parlant.

* Le meilleur de ces moyens et qui n'auroit pas ce defaut seroit la ponctuation, si on l'eut laissée moins imparfaite. Pourquoi, par exemple, n'avons-nous pas de point vocatif? Le point interrogant que nous avons étoit beaucoup moins necessaire; car par la seule construction on voit si l'on interroge ou si l'on n'interroge pas, au moins dans nôtre langue. *Venez-vous* et *vous venez* ne sont pas la même chose. Mais comment distinguer par écrit un homme qu'on nomme d'un homme qu'on appelle? C'est là vraiment une équivoque qu'eut levé le point vocatif. La même équivoque se trouve dans l'ironie, quand l'accent ne la fait pas sentir[1].

CHAPITRE VI

S'il est probable qu'Homére ait su écrire

Quoi qu'on nous dise de l'invention de l'alphabet Grec, je la crois beaucoup plus moderne qu'on ne la fait, et je fonde principalement cette opinion sur le caractére de la langue.[a] Il m'est venu bien souvent dans l'esprit de douter non seulement qu'Homere sût écrire, mais même qu'on écrivit de son tems. J'ai grand regret que ce doute soit si formellement démenti par l'Histoire de Bellerophon dans l'Iliade[1]; comme j'ai le malheur aussi bien que le Pere Hardouin d'être un peu obstiné dans mes paradoxes[2], si j'étois moins ignorant je serois bien tenté d'étendre mes doutes sur cette Histoire même et de l'accuser d'avoir été sans beaucoup d'examen interpollée par les compilateurs d'Homere. Non seulement dans le reste de l'Iliade on voit peu de traces de cet art; mais j'ose avancer que toute l'Odissée n'est qu'un tissu de betises et d'inepties qu'une lettre ou deux eussent reduit en fumée, au lieu qu'on rend ce Pöeme raisonnable et même assés bien conduit en supposant que ses Heros ayent ignoré l'écriture.[b] Si l'Iliade eut été écrite, elle eut été beaucoup moins chantée, les Rhapsodes eussent été moins recherchés et se seroient moins multipliés. Aucun autre Pöete n'a été ainsi chanté si ce n'est le Tasse à Venise, encore n'est ce que par les Gondolliers qui ne sont pas grands lecteurs[1]. La diversité des dialectes employés par Homere forme encore un préjugé trés fort. Les dialectes distingués par la parole se rapprochent et se confondent par l'écriture, tout se rapporte insensiblement à un modéle commun. Plus une nation lit et s'instruit, plus ses dialectes s'effacent, et enfin ils ne restent plus qu'en forme de jargon chez le peuple, qui lit peu et qui n'écrit point.

Or ces deux Pöemes étant postérieurs au siége de Troye, il n'est guére apparent que les Grecs qui firent ce siége connussent l'écriture, et que le Pöete qui le chanta ne la connût pas. Ces Pöemes restérent longtems écrits seulement dans la mémoire des hommes; ils furent rassemblés par écrit assés tard et avec beaucoup de peine. Ce fut quand la Gréce commença d'abonder en livres et en pöesie écrite que tout le charme de celle d'Homére se fit sentir par comparaison. Les autres Poetes écrivoient, Homére seul avoit chanté, et ces chants divins n'ont cessé d'être écoutés avec ravissement que quand l'Europe s'est couverte de barbares qui se sont mêlés de juger ce qu'ils ne pouvoient sentir.

CHAPITRE VII

De la prosodie[a] *moderne*

Nous n'avons aucune idée d'une langue sonore et harmonieuse qui parle autant par les sons que par les voix. Si l'on croit suppléer à l'accent par les accens on se trompe[1] : On n'invente les accens que quand l'accent est déjà perdu *.[b] Il y a plus ; nous croyons

* Quelques savans[2] prétendent contre l'opinion commune et contre[c] la preuve tirée de tous les anciens manuscrits que les Grecs ont connu et pratiqué dans l'écriture les signes appellés accens, et ils[d] fondent cette opinion sur deux passages que je vais transcrire l'un et l'autre afin que le lecteur puisse juger de leur vrai sens.

Voici le premier tiré de Ciceron dans son traité de l'Orateur L. III. n. 44.

Hanc diligentiam subsequitur modus etiam et forma verborum, quod iam vereor ne huic Catulo videatur esse puerile. Versus enim veteres illi in hac soluta oratione propemodum, hoc est numeros quosdam nobis esse adhibendos putaverunt ; interspirationis enim, non defatigationis nostrae neque librariorum notis, sed verborum et sententiarum modo interpunctas clausulas in orationibus esse voluerunt ; idque princeps Isocrates instituisse fertur, ut inconditam antiquorum dicendi consuetudinem delectationis atque aurium causa, quem ad modum scribit discipulus eius Naucrates, numeris adstringeret.

Namque haec duo musici, qui erant quondam idem poëtae, machinati ad voluptatem sunt, versum atque cantum, ut et verborum numero et vocum modo delectatione vincerent aurium satietatem. Haec igitur duo, vocis dico moderatio-

avoir des accens dans nôtre langue, et nous n'en avons point : Nos prétendus accens ne sont que des voyelles ou des signes de quantité; ils ne marquent aucune varieté de sons. La preuve est que ces accens se rendent tous ou par des tems inégaux, ou par des modifications des lévres, de la langue ou du palais qui font la diversité des voix, aucun par des modifications de la glote qui font la diversité des sons. Ainsi quand nôtre circonfléxe n'est pas une simple voix il est une longue ou il n'est rien. Voyons à présent ce qu'il étoit chez les Grecs.

Denis d'Halycarnasse dit que l'élevation du ton dans l'accent aigu et l'abaissement dans le grave étoient d'une quinte ; ainsi l'accent prosodique étoit aussi musical, surtout le circonfléxe, ou la voix après avoir monté d'une quinte descendoit d'une autre quinte sur la même Sillabe *. On voit assés par ce passage

---

nem et verborum conclusionem, quoad orationis severitas pati posset, a poëtica ad eloquentiam traducenda duxerunt[1].

Voici le second tiré d'Isidore dans ses Origines, Liv. I, chap. XX :

Praeterea quaedam sententiarum notae apud celeberrimos auctores fuerunt, quasque antiqui ad distinctionem scripturarum carminibus et historiis apposuerunt. Nota est figura propria in litterae modum posita ad demonstrandam unamquamque verbi sententiarumque ac versuum rationem. Notae autem versibus apponuntur numero XXVI quae sunt nominibus infra scriptis, etc.[2].

Pour moi je vois là que du tems de Ciceron les bons copistes pratiquoient la separation des mots et certains signes équivalens à nôtre ponctuation. J'y vois encore l'invention du nombre et de la déclamation de la prose attribuée à Isocrate. Mais je n'y vois point du tout les signes écrits des accens, et[a] quand je les y verrois on n'en pourroit conclure qu'une chose que je ne dispute pas et qui rentre tout à fait dans mes principes, savoir que quand les Romains commencèrent à étudier le Grec les copistes pour leur en indiquer la prononciation inventèrent les signes des accens, des esprits et de la prosodie ; mais ils ne s'ensuivroit nullement que ces signes fussent en usage parmi les Grecs qui n'en avoient aucun besoin.

* M. Duclos, *Rem : sur la gram : génér : et raisonée.* p. 30[3].

et par ce qui s'y rapporte que M. Duclos ne reconnoit point d'accent musical dans nôtre langue mais seulement l'accent prosodique et l'accent vocal ; on y ajoûte un accent orthographique qui ne change rien à la voix, ni au son, ni à la quantité, mais qui tantôt indique une lettre supprimée comme le circonfléxe et tantôt fixe le sens équivoque d'un monosillabe, tel que l'accent prétendu grave qui distingue *où* adverbe de lieu de *ou* particule disjonctive, et *à* pris pour article du même *a* pris pour verbe : cet accent distingue à l'œil seulement ces monosillabes, rien ne les distingue à la prononciation[1] *. Ainsi la définition de l'accent que les François ont généralement adoptée ne convient à aucun des accens de leur langue.

Je m'attends bien que plusieurs de leurs grammairiens prévenus que les accens marquent élévation ou abbaissement de voix se récrieront encore ici au paradoxe, et faute de mettre assés de soins à l'expérience ils croiront rendre par les modifications de la glote ces mêmes accens qu'ils rendent uniquement en variant les ouvertures de la bouche ou les positions de la langue[2]. Mais voici ce que j'ai à leur dire pour constater l'expérience et rendre ma preuve sans replique.

Prenez exactement avec la voix l'unisson de quelque instrument de musique, et sur cet unisson prononcez de suite tous les mots françois les plus diversement

* On pourroit croire que c'est par ce même accent que les Italiens distinguent par exemple *è* verbe de *e* conjonction ; mais le premier se distingue à l'oreille par un son plus fort et plus appuyé, ce qui rend vocal l'accent dont il est marqué : observation que le Buonmattei[3] a eu tort de ne pas faire.

accentués que vous pourrez rassembler; comme il n'est pas ici question de l'accent oratoire mais seulement de l'accent grammatical, il n'est pas même necessaire que ces divers mots aient un sens suivi. Observez en parlant ainsi si vous ne marquez pas sur ce même son tous les accens aussi sensiblement [,] aussi nettement que si vous prononciez sans gêne en variant vôtre ton de voix. Or ce fait supposé, et il est incontestable, je dis que puisque tous vos accens s'expriment sur le même ton, ils ne marquent donc pas des sons differens. Je n'imagine pas ce qu'on peut répondre à cela [1].

Toute langue où l'on peut mettre plusieurs airs de musique sur les mêmes paroles n'a point d'accent [a] musical déterminé. Si l'accent étoit déterminé, l'air le seroit aussi. Dès que le chant est arbitraire, l'accent est compté pour rien.

Les langues modernes de l'Europe sont toutes du plus au moins dans le même cas. Je n'en excepte pas même l'italienne. La langue italienne [2] non plus que la françoise n'est point par elle-même une langue musicale. La différence est seulement que l'une se prête à la musique, et que l'autre ne s'y prête pas.

Tout ceci mêne à la confirmation de ce principe, que par un progrès naturel toutes les langues lettrées doivent changer de caractére et perdre de la force en gagnant de la clarté, que plus on s'attache à perfectionner la grammaire et la logique plus on accélére ce progrès, et que pour rendre bientôt une langue froide et monotone il ne faut qu'établir des academies chez le peuple qui la parle [3].

On connoit les langues dérivées par la différence de

l'orthographe à la prononciation. Plus les langues sont antiques et originales, moins il y a d'arbitraire dans la maniére de les prononcer, par consequent moins de complication de caractéres pour déterminer cette prononciation. *Tous les signes prosodiques des anciens,* dit M. Duclos, *supposé que l'emploi en fut bien fixé, ne valoient pas encore l'usage*[1]. Je dirai plus ; ils y furent substitués. Les anciens Hebreux n'avoient ni points ni accens [;] ils n'avoient pas même des voyelles[2]. Quand les autres Nations ont voulu se mêler de parler Hébreu et que les Juifs ont parlé d'autres langues, la leur a perdu son accent ; il a falu des points [,] des signes pour le régler, et cela[a] a bien plus rétabli le sens des mots que la prononciation de la langue. Les Juifs de nos jours parlant Hébreu ne seroient plus entendus de leurs ancêtres.

Pour savoir l'anglois il faut l'apprendre deux fois, l'une à le lire et l'autre à le parler. Si un Anglois lit à haute voix et qu'un étranger jette les yeux sur le livre, l'étranger n'apperçoit aucun rapport entre ce qu'il voit et ce qu'il entend. Pourquoi cela ? Parce que l'Angleterre ayant été successivement conquise par divers peuples, les mots se sont toujours écrits de même tandis que la maniére de les prononcer a souvent changé. Il y a bien de la différence entre les signes qui déterminent le sens de l'écriture et ceux qui réglent la prononciation. Il seroit aisé de faire avec les seules consones une langue fort claire par écrit, mais qu'on ne sauroit parler. L'algébre a quelque chose de cette langue-là. Quand une langue est plus claire par son orthographe que par sa prononciation c'est un signe qu'elle est plus écrite que parlée ; Telle pouvoit être la langue savante des Egyptiens ; telles sont pour nous les langues mortes. Dans celles qu'on charge de consones inutiles l'écriture semble même avoir précédé la parole, et qui ne croiroit la polonoise dans ce cas-là ? Si cela étoit le Polonois devroit être la plus froide de toutes les langues.

CHAPITRE VIII

Différence générale et locale dans l'origine des langues

Tout ce que j'ai dit jusqu'ici convient aux langues primitives en général et aux progrès qui résultent de leur durée, mais n'explique ni leur origine ni leurs différences. La principale cause qui les distingue est locale, elle vient des climats où elles naissent et de la maniére dont elles se forment, c'est à cette cause qu'il faut remonter pour concevoir la différence générale et caractéristique qu'on remarque entre les langues du midi et celles du nord [1]. Le grand défaut des Européens est de philosopher toujours sur les origines des choses d'après ce qui se passe autour d'eux [2]. Ils ne manquent point de nous montrer les prémiers hommes habitans une terre ingrate et rude, mourant de froid et de faim, empressés à se faire un couvert et des habits ; ils ne voyent par tout que la neige et les glaces de l'Europe ; sans songer que l'espéce humaine ainsi que toutes les autres a pris naissance dans les pays chauds et que sur les deux tiers du globe l'hiver est à peine connu. Quand on veut étudier les hommes il faut regarder près de soi ; mais pour étudier l'homme il faut apprendre à porter sa vüe au loin ; il faut d'abord observer les différences pour découvrir les proprietés [1].

Le genre humain né dans les pays chauds s'étend de là dans les pays froids; c'est dans ceux-ci qu'il se multiplie et reflüe ensuite dans les pays chauds. De cette action et réaction [2] viennent les révolutions de la terre et l'agitation continuelle de ses habitans. Tâchons de suivre dans nos recherches l'ordre même de la nature. J'entre dans une longue digression sur un sujet si rebattu qu'il en est trivial, mais auquel il faut toujours revenir malgré qu'on en ait pour trouver l'origine des institutions humaines.

[a] CHAPITRE IX

Formation des langues méridionales

Dans les prémiers tems * les hommes épars sur la face de la terre n'avoient de société que celle de la famille, de loix que celles de la nature, de langue que le geste et quelques sons inarticulés **. Ils n'étoient liés par aucune idée de fraternité commune, et n'ayant aucun arbitre que la force ils se croyoient ennemis les uns des autres [1]. C'étoient leur foiblesse et leur ignorance qui leur donnoient cette opinion. Ne connoissant rien ils craignoient tout, ils attaquoient pour se deffendre. Un homme abandonné seul sur la face de la terre à la merci du genre humain devoit être un animal féroce. Il étoit prêt à faire aux autres tout le mal qu'il craignoit d'eux. La crainte et la foiblesse sont les sources de la cruauté.

* J'appelle les prémiers tems ceux de la dispersion des hommes, à quelque age du genre humain qu'on veuille en fixer l'époque [2].

** Les véritables langues n'ont point une origine domestique, il n'y a qu'une convention plus générale et plus durable qui les puisse établir [3]. Les Sauvages de l'Amerique ne parlent presque jamais que hors de chez eux ; chacun garde le silence dans sa cabane, il parle par signes à sa famille, et ces signes sont peu fréquens parce qu'un Sauvage est moins inquiet [,] moins impatient qu'un Européen, qu'il n'a pas tant de besoins et qu'il prend soin d'y pourvoir lui-même.

Les affections sociales ne se dévelopent en nous qu'avec nos lumiéres. La pitié[1], bien que naturelle au cœur de l'homme resteroit éternellement inactive sans l'imagination qui la met en jeu. Comment nous laissons-nous émouvoir à la pitié ? En nous transportant hors de nous-mêmes ; en nous identifiant avec l'être souffrant. Nous ne souffrons qu'autant que nous jugeons qu'il souffre ; ce n'est pas dans nous c'est dans lui que nous souffrons. Qu'on songe combien ce transport suppose de connoissances acquises ! Comment imaginerois-je des maux dont je n'ai nulle idée ? comment souffrirois-je en voyant souffrir un autre si je ne sais pas même qu'il souffre, si j'ignore ce qu'il y a de commun entre lui et moi ? Celui qui n'a jamais refléchi ne peut être ni clement ni juste ni pitoyable ; il ne peut pas non plus être méchant et vindicatif. Celui qui n'imagine rien ne sent que lui-même ; il est seul au milieu du genre humain.

La reflexion nait des idées comparées, et c'est la pluralité des idées qui porte à les comparer. Celui qui ne voit qu'un seul objet n'a point de comparaison à faire. Celui qui n'en voit qu'un petit nombre et toujours les mêmes dès son enfance ne les compare point encore, parce que l'habitude de les voir lui ôte l'attention necessaire pour les examiner : mais à mesure qu'un objet nouveau nous frape nous voulons le connoitre, dans ceux qui nous sont connus nous lui cherchons des raports ; c'est ainsi que nous apprenons à considérer ce qui est sous nos yeux, et que ce qui nous est étranger nous porte à l'éxamen de ce qui nous touche[2].

Appliquez ces idées aux prémiers hommes, vous

verrez la raison de leur barbarie. N'ayant jamais rien vû que ce qui étoit autour d'eux, cela même ils ne le connoissoient pas; ils ne se connoissoient pas eux-mêmes. Ils avoient l'idée d'un Père, d'un fils, d'un frére, et non pas d'un homme. Leur cabane contenoit tous leurs semblables; un étranger, une bête [,] un monstre étoient pour eux la même chose : hors eux et leur famille, l'univers entier ne leur étoit rien.

Delà les contradictions apparentes qu'on voit entre les péres des nations : Tant de naturel et tant d'inhumanité, des mœurs si féroces et des cœurs si tendres, tant d'amour pour leur famille et d'aversion pour leur espéce. Tous leurs sentimens concentrés entre leurs proches en avoient plus d'énergie. Tout ce qu'ils connoissoient leur étoit cher. Ennemis du reste du monde qu'ils ne voyoient point et qu'ils ignoroient, ils ne haissoient que ce qu'ils ne pouvoient connoitre.

Ces tems de barbarie étoient le siécle d'or; non parce que les hommes étoient unis, mais parce qu'ils étoient séparés. Chacun, dit-on, s'estimoit le maitre de tout; cela peut être; mais nul ne connoissoit et ne desiroit que ce qui étoit sous sa main : ses besoins [a] loin de le rapprocher de ses semblables l'en éloignoient. Les hommes, si l'on veut, s'attaquoient dans la rencontre, mais ils se rencontroient rarement. Par tout régnoit l'état de guerre [1], et toute la terre étoit en paix.

Les prémiers hommes furent chasseurs ou bergers et non pas laboureurs; les prémiers biens furent des troupeaux et non pas des champs. Avant que la propriété de la terre fut partagée nul ne pensoit à la cultiver. L'agriculture est un art qui demande des instrumens; semer pour recueillir est une précaution qui demande de la prévoyance. L'homme en societé cherche à s'étendre, l'homme isolé se resserre. Hors de la portée où son œil peut voir et où son bras peut atteindre, il n'y a plus pour lui ni droit ni proprieté. Quand le Cyclope a roulé la pierre à l'entrée de sa caverne ses troupeaux et lui sont en sureté. Mais qui garderoit les moissons de celui pour qui les loix ne veillent pas ?

On me dira que Caïn fut laboureur et que Nöé planta la vigne[1]. Pourquoi non ? Ils étoient seuls, qu'avoient-ils à craindre ? D'ailleurs ceci ne fait rien contre moi ; j'ai dit ci-devant ce que j'entendois par les prémiers tems. En devenant fugitif Caïn fut bien forcé d'abandonner l'agriculture ; la vie errante des descendans de Noé dut aussi la leur faire oublier ; il falut peupler la terre avant de la cultiver ; ces deux choses se font mal ensemble. Durant la prémiére dispersion du genre humain, jusqu'à ce que la famille fût arrêtée et que l'homme eut une habitation fixe il n'y eut plus d'agriculture. Les peuples qui ne se fixent point ne sauroient cultiver la terre ; tels furent autrefois les Nomades, tels furent les Arabes vivant sous des tentes, les Scithes dans leurs chariots, tels sont encore aujourdui les Tartares errans, et les Sauvages de l'Amerique[2].

Généralement chez tous les peuples dont l'origine nous est connue on trouve les prémiers barbares voraces et carnaciers[3] plustôt qu'agriculteurs et granivores. Les Grecs nomment le premier qui leur apprit à labourer la terre, et il paroit qu'ils ne connurent cet art que fort tard : Mais quand ils ajoûtent qu'avant Triptoléme ils ne vivoient que de gland, ils disent une chose sans vraisemblance et que leur propre histoire dément ; car ils mangeoient de la chair avant Triptoléme, puis qu'il leur deffendit d'en manger. On ne voit pas, au reste, qu'ils aient tenu grand compte de cette deffense[1].

Dans les festins d'Homére on tüe un bœuf pour regaler ses hôtes, comme on tueroit de nos jours un cochon de lait. En lisant qu'Abraham[2] servit un veau à trois personnes [,] qu'Eumée[3] fit rôtir deux chevreaux pour le diner d'Ulisse, et qu'autant en fit Rebecca[4] pour celui de son mari [,] on peut juger quels terribles devoreurs de viande étoient les hommes de ces tems-là. Pour concevoir les repas des anciens on n'a qu'à voir encore aujourdui ceux des Sauvages ; j'ai failli dire ceux des Anglois[5].

Le prémier gâteau qui fut mangé fut la communion du genre humain. Quand les hommes commencérent à se fixer ils défrichoient quelque peu de terre autour de leur cabane, c'étoit un jardin plustôt qu'un champ. Le peu de grain qu'on recueilloit se broyoit entre deux pierres, on en faisoit quelques gâteaux qu'on cuisoit sous la cendre ou sur la braise ou sur une pierre ardente, et dont on ne mangeoit que dans les festins. Cet antique usage qui fut consacré chez les Juifs par la pâque se conserve encore aujourdui dans la Perse et dans les Indes. On n'y mange que des pains sans levain, et ces pains en feuilles minces se cuisent et se consomment à chaque repas. On ne s'est avisé de faire fermenter le pain que quand il en a falu davantage, car la fermentation se fait mal sur une petite quantité.

Je sais qu'on trouve déja l'agriculture en grand dès le tems des[a] patriarches. Le voisinage de l'Egypte

avoit dû la porter de bonne heure en Palestine. Le livre de Job[1], le plus ancien, peut-être, de tous les livres qui existent, parle de la culture des champs, il compte cinq
existent, parle de la culture des champs, il compte cinq
cent paires de bœufs parmi les richesses de Job ; ce mot de paires montre ces bœufs accouplés pour le travail ; il est dit positivement que ces bœufs labouroient quand les Sabéens les enlevérent, et l'on peut juger quelle étendüe de pays devoient labourer cinq cens paires de bœufs.

Tout cela est vrai ; mais ne confondons point les tems. L'âge patriarchal que nous connoissons est bien loin du prémier âge. L'Ecriture compte dix générations de l'un à l'autre dans ces siécles où les hommes vivoient longtems. Qu'ont-ils fait durant ces dix générations ? Nous n'en savons rien. Vivant épars et presque sans societé à peine parloient-ils, comment pouvoient-ils écrire, et dans l'uniformité de leur vie isolée quels événemens nous auroient-ils transmis ?

Adam parloit ; Nöé parloit ; soit. Adam avoit été instruit par Dieu-même. En se divisant les enfans de Noé abandonnérent l'agriculture, et la langue commune perit avec la prémiére societé. Cela seroit arrivé quand il n'y auroit jamais eu de tour de babel. On a vu dans des iles desertes des solitaires oublier leur propre langue : Rarement après plusieurs générations des hommes hors de leur pays conservent leur prémier langage, même ayant des travaux communs et vivant entre eux en societé.

Epars dans ce vaste desert du monde, les hommes retombérent dans la stupide barbarie où ils se seroient trouvés s'ils étoient nés de la terre[2]. En suivant ces idées si naturelles il est aisé de concilier l'autorité de l'Ecriture avec les monumens antiques, et l'on n'est pas réduit à traitter de fables des traditions aussi anciennes que les peuples qui nous les ont transmises.

Dans cet état d'abrutissement il faloit vivre. Les plus actifs [,] les plus robustes, ceux qui alloient toujours en avant ne pouvoient vivre que de fruits et de chasse ; ils devinrent donc chasseurs, violens, sanguinaires, puis avec le tems guerriers, conquerans, usurpateurs. L'histoire a souillé ses monumens des crimes de ces prémiers Rois ; la guerre et les conquêtes ne sont que des chasses d'hommes. Après les avoir conquis il ne leur manquoit que de les dévorer[1]. C'est ce que leurs successeurs ont appris à faire[a].

Le plus grand nombre, moins actif et plus paisible, s'arrêta le plustôt qu'il pût, assembla du bétail, l'apprivoisa, le rendit docile à la voix de l'homme[b], pour s'en nourrir apprit à le garder, à le multiplier ; et ainsi commença la vie pastorale.

L'industrie humaine s'étend avec les besoins qui la font naitre. Des trois maniéres de vivre possibles à l'homme, savoir la chasse, le soin des troupeaux et l'agriculture, la prémiére exerce le corps à la force [,] à l'addresse [,] à la course, l'ame au courage [,] à la ruse, elle endurcit l'homme et le rend féroce. Le pays des chasseurs n'est pas longtems celui de la chasse *, il

* Le métier de chasseur n'est point favorable à la population. Cette observation qu'on a faite quand les Isles de St. Domingue et de la Tortüe étoient habitées par des boucaniers[2], se confirme par l'état de l'Amérique septentrionale. On ne voit point que les péres d'aucune nation nombreuse aient été chasseurs par état ; ils ont tous été agriculteurs ou bergers. La chasse doit donc moins être considérée ici comme ressource de subsistance que comme un accessoire de l'état pastoral.

faut poursuivre au loin le gibier, delà l'équitation. Il faut atteindre le même gibier qui fuit, delà les armes légéres, la fronde [,] la fléche [,] le javelot. L'art pastoral, pére du repos et des passions oiseuses est celui qui se suffit le plus à lui même. Il fournit à l'homme presque sans peine la vie et le vétement; Il lui fournit même sa demeure; les tentes des prémiers bergers étoient faites de peaux de bêtes : le toit de l'arche et du tabernacle de Moïse[1] n'étoit pas d'une autre étoffe. A l'égard de l'agriculture, plus lente à naitre elle tient à tous les arts; elle améne la proprieté [,] le gouvernement [,] les loix, et par degrés la misére et les crimes, inséparables pour nôtre espéce de la science du bien et du mal[2]. Aussi les Grecs ne regardoient-ils pas seulement Triptoléme comme l'inventeur d'un art utile, mais comme un instituteur et un sage duquel ils tenoient leur prémiére discipline et leurs prémiéres loix. Au contraire, Moïse semble porter un jugement d'improbation sur l'agriculture en lui donnant un méchant pour inventeur[3] et faisant rejetter de Dieu ses offrandes : on diroit que le premier laboureur[a] annonçoit dans son caractére les mauvais effets de son art. L'auteur de la Genése avoit vû plus loin qu'Hérodote.

A la division précedente se raportent les trois états de l'homme consideré par raport à la société. Le sauvage est chasseur, le barbare est berger, l'homme civil est laboureur[4].

Soit donc qu'on recherche l'origine des arts soit qu'on observe les prémiéres mœurs on voit que tout se raporte dans son principe aux moyens de pourvoir à la subsistance, et quant à ceux de ces moyens qui rassemblent les hommes, ils sont déterminés par le climat et par la nature du sol. C'est donc aussi par les mêmes causes qu'il faut expliquer la diversité des langues et l'opposition de leurs caractéres.

Les climats doux, les pays gras et fertiles ont été les prémiers peuplés et les derniers où les nations se sont formées, parce que les hommes s'y pouvoient passer plus aisément les uns des autres, et que les besoins qui font naitre la societé s'y sont fait sentir plus tard.

Supposez un printems perpétuel[1] sur la terre; supposez par tout de l'eau, du bétail, des paturages; supposez les hommes sortant des mains de la nature une fois dispersés parmi tout cela : je n'imagine pas comment ils auroient jamais renoncé à leur liberté primitive et quitté la vie isolée et pastorale si convenable à leur indolence naturelle *, pour s'imposer sans necessité l'esclavage, les travaux, les miséres inséparables de l'état social.

Celui qui voulut que l'homme fut sociable toucha du doigt l'axe du globe et l'inclina sur l'axe de l'univers[2]. A ce léger mouvement je vois changer la face de la terre et décider la vocation du genre humain : j'entens au loin les cris de joye d'une multitude insensée; je

* Il est inconcevable à quel point l'homme est naturellement paresseux[3]. On diroit qu'il ne vit que pour dormir, végéter, rester immobile; à peine peut-il se resoudre à se donner les mouvemens necessaires pour s'empêcher de mourir de faim. Rien ne maintient tant les sauvages dans l'amour de leur état que cette délicieuse indolence. Les passions qui rendent l'homme inquiet, prévoyant, actif, ne naissent que dans la société. Ne rien faire est la prémiére et la plus forte passion de l'homme après celle de se conserver. Si l'on y regardoit bien, l'on verroit que même parmi nous c'est pour parvenir au repos que chacun travaille : c'est encore la paresse qui nous rend laborieux.

vois édifier les Palais et les Villes ; je vois naitre les arts [,] les loix [,] le commerce ; je vois les peuples se former, s'étendre, se dissoudre, se succéder comme les flots de la mer : je vois les hommes rassemblés sur quelques points de leur demeure pour s'y dévorer mutuellement [,] faire un affreux desert du reste du monde ; digne monument de l'union sociale et de l'utilité des arts.

La terre nourrit les hommes, mais quand les prémiers besoins les ont dispersés d'autres besoins les rassemblent, et c'est alors seulement qu'ils parlent et qu'ils font parler d'eux. Pour ne pas me trouver en contradiction avec moi-même il faut me laisser le tems de m'expliquer.

Si l'on cherche en quels lieux sont nés les péres du genre humain, d'où sortirent les premiéres colonies, d'où vinrent les prémiéres émigrations, vous ne nommerez pas les heureux climats de l'Asie mineure ni de la Sicile, ni de l'Affrique, pas même de l'Egypte ; vous nommerez les sables de la Caldée, les rochers de la Phenicie. Vous trouverez la même chose dans tous les tems. La Chine a beau se peupler de Chinois, elle se peuple aussi de Tartares ; les Scithes ont inondé l'Europe et l'Asie ; les montagnes de Suisse versent actuellement dans nos régions fertiles une colonie perpétuelle qui promet de ne point tarir.

Il est naturel, dit-on [1], que les habitans d'un pays ingrat le quitent pour en occuper un meilleur. Fort bien ; mais pourquoi ce meilleur pays, au lieu de fourmiller de ses propres habitans fait-il place à d'autres ? Pour sortir d'un pays ingrat il y faut être. Pourquoi donc tant d'hommes y naissent-ils par préférence? On croiroit que les pays ingrats ne devroient se peupler que de l'excédent des pays fertiles, et nous voyons que c'est le contraire[1]. La pluspart des peuples latins se disoient aborigénes*, tandis que la grande Gréce beaucoup plus fertile n'étoit peuplée que d'étrangers. Tous les peuples grecs avouoient tirer leur origine de diverses colonies, hors celui dont le sol étoit le plus mauvais savoir le peuple attique lequel se disoit Autochtone ou né de lui-même. Enfin sans percer la nuit des tems les siécles modernes offrent une observation décisive; car quel climat au monde est plus triste que celui qu'on nomma la fabrique du genre humain[2]?

Les associations d'hommes sont en grande partie l'ouvrage des accidens de la nature[3]; les déluges particuliers, les mers extravasées, les eruptions des volcans, les grands tremblemens de terre, les incendies allumés par la foudre et qui détruisoient les forets, tout ce qui dût effrayer et disperser les sauvages habitans d'un pays dût ensuite les rassembler pour reparer en commun les pertes communes. Les traditions des malheurs de la terre si fréquentes dans les anciens tems montrent de quels instrumens se servit la providence pour forcer les humains à se rapprocher. Depuis que les societés sont établies ces grands accidens ont cessé et sont devenus plus rares; il semble que cela doit encore être; les mêmes malheurs qui rassemblérent les hommes épars disperseroient ceux qui sont réunis.

* Ces noms d'*Autochtones* et d'*Aborigénes* signifient seulement que les prémiers habitans du pays étoient des sauvages sans societés, sans loix, sans traditions, et qu'ils peuplèrent avant de parler[4].

Les révolutions des saisons sont une autre cause plus générale et plus permanente qui dut produire le même effet dans les climats exposés à cette varieté. Forcés de s'approvisioner pour l'hiver voila les habitans[a] dans le cas de s'entre aider, les voila contraints d'établir entre eux quelque sorte de convention. Quand les courses deviennent impossibles et que la rigueur du froid les arrête, l'ennui les lie autant que le besoin. Les Lapons ensevelis dans leurs glaces, les Esquimaux [,] le plus sauvage de tous les peuples [,] se rassemblent l'hiver dans leurs cavernes et l'été ne se connoissent plus. Augmentez d'un degré leur développement et leurs lumiéres, les voila réunis pour toujours.

L'estomac ni les intestins de l'homme ne sont pas faits pour digerer la chair crüe[1]; en général son gout ne la suporte pas. A l'exception peut-être des seuls Esquimaux dont je viens de parler, les sauvages mêmes grillent leurs viandes. A l'usage du feu, necessaire pour les cuire se joint le plaisir qu'il donne à la vüe et sa chaleur agréable au corps. L'aspect de la flamme qui fait fuir les animaux attire l'homme*. On se rassemble autour d'un foyer commun, on y fait des

* Le feu fait grand plaisir aux animaux ainsi qu'à l'homme, lorsqu'ils sont accoutumés à sa vüe et qu'ils ont senti sa douce chaleur. Souvent-même il ne leur seroit guére moins utile qu'à nous, au moins pour réchauffer leurs petits. Cependant on n'a jamais oüi dire qu'aucune bête ni sauvage ni domestique ait acquis assés d'industrie pour faire du feu même à nôtre exemple[2]. Voilà donc ces êtres raisoneurs qui forment dit-on devant l'homme une societé fugitive[3], dont cependant l'intelligence n'a jamais pu s'elever jusqu'à tirer d'un caillou des étincelles et les recueillir, ou conserver au moins quelques feux abandonnés ! Par ma foi les Philosophes se moquent de nous tout ouvertement. On voit bien par leurs écrits qu'en effet ils nous prennent pour des bêtes.

festins [,] on y danse ; les doux liens de l'habitude y raprochent insensiblement l'homme de ses semblables, et sur ce foyer rustique brule le feu sacré qui porte au fond des cœurs le premier sentiment de l'humanité.

Dans les pays chauds, les sources et les riviéres inégalement dispersées sont d'autres points de réunion d'autant plus necessaires que les hommes peuvent moins se passer d'eau que de feu. Les barbares surtout qui vivent de leurs troupeaux ont besoin d'abruvoirs communs, et l'histoire des plus anciens tems nous apprend qu'en effet c'est là que commencérent et leurs traittés et leurs querelles *. La facilité des eaux peut retarder la societé des habitans dans les lieux bien arrosés. Au contraire dans les lieux arides il falut concourir à creuser des puits, à tirer des canaux pour abruver [1] le bétail. On y voit les hommes associés de tems presque immémorial, car il faloit que le pays restât desert ou que le travail humain le rendit habitable. Mais le penchant que nous avons à tout rapporter à nos usages rend sur ceci quelques refléxions necessaires.

Le prémier état de la terre differoit beaucoup de celui où elle est aujourdui qu'on la voit parée ou défigurée par la main des hommes. Le cahos que les Pöetes ont feint dans les élemens régnoit dans ses productions. Dans ces tems reculés où les révolutions étoient fréquentes, ou mille accidens changeoient la nature du sol et les aspects du terrein, tout croissoit confusément, arbres, légumes [,] arbrisseaux [,] her-

* Voyez l'éxemple de l'un et de l'autre au chapitre 21 de la Genése entre Abraham et Abimelec au sujet du puits du serment [2].

bages; nulle espéce n'avoit le tems de s'emparer du terrein qui lui convenoit le mieux et d'y étouffer les autres; elles se séparoient lentement, peu à peu, et puis un bouleversement survenoit qui confondoit tout.

Il y a un tel raport entre les besoins de l'homme et les productions de la terre qu'il suffit qu'elle soit peuplée, et tout subsiste; mais avant que les hommes réunis missent par leurs travaux communs une balance entre ses productions, il faloit pour qu'elles subsistassent toutes que la nature se chargeât seule de l'équilibre [1] que la main des hommes [a] conserve aujourdui; elle [b] maintenoit ou retablissoit cet équilibre par des revolutions comme ils le maintiennent ou rétablissent par leur inconstance. La guerre qui ne régnoit pas encore entre eux [c] sembloit régner entre les élemens; les hommes ne bruloient point de villes, ne creusoient point de mines, n'abatoient point d'arbres; mais la nature allumoit des volcans, excitoit des tremblemens de terre, le feu du Ciel consumoit des forets. Un coup de foudre, [d] un déluge, une exhalaison faisoient alors en peu d'heures ce que cent mille bras d'hommes font aujourd'hui dans un siécle [2]. Sans cela je ne vois pas comment le sistême eut pu subsister et l'équilibre se maintenir. Dans les deux régnes organisés les grandes espéces eussent à la longue absorbé les petites *. Toute

* On prétend que par une sorte d'action et de réaction naturelle [3] les diverses espéces du régne animal se maintiendroient d'elles-mêmes dans un balancement perpétuel qui leur tiendroit lieu d'équilibre. Quand l'espéce devorante se sera, dit-on, trop multipliée aux dépends de l'espéce dévorée, alors ne trouvant plus de subsistance il faudra que la prémiére diminüe et laisse à la seconde le tems de se repeupler; jusqu'à ce que, fournissant de nouveau une subsistance abondante à l'autre, celle-ci diminüe encore tandis que

la terre n'eut bientôt été couverte que d'arbres et de bêtes feroces ; à la fin tout eut péri.

Les eaux auroient perdu peu à peu la circulation qui vivifie la terre. Les montagnes se dégradent et s'abbaissent, les fleuves charrient, la mer se comble et s'étend, tout tend insensiblement au niveau ; la main des hommes retient cette pente et retarde ce progrès ; sans eux il seroit plus rapide, et la terre seroit peut-être déja sous les eaux. Avant le travail humain les sources mal distribuées se répandoient plus inégalement, fertilisoient moins la terre, en abruvoient plus difficilement les habitans. Les riviéres étoient souvent inaccessibles, leurs bords escarpés ou marécageux : l'art humain ne les retenant point dans leurs lits elles en sortoient fréquemment [,] s'extravasoient à droite ou à gauche, changeoient leurs directions et leurs cours, se partageoient en diverses branches ; tantôt on les trouvoit à sec ; tantôt des sables mouvans en deffendoient l'approche ; elles étoient comme n'existant pas, et l'on mouroit de soif au milieu des eaux.

Combien de pays arides ne sont habitables que par les saignées et par les canaux que les hommes ont tiré des fleuves. La Perse presque entiére ne subsiste que par cet artifice : La Chine fourmille de Peuple à l'aide de ses nombreux canaux : sans ceux des Pays-bas ils seroient inondés par les fleuves, comme ils le seroient par la mer sans leurs digues : L'Egypte, le plus fertile

---

l'espéce dévorante se repeuple de nouveau. Mais une telle oscillation ne me paroit point vraisemblable : car dans ce sistême il faut qu'il y ait un tems où l'espéce qui sert de proye augmente et où celle qui s'en nourrit diminũe ; ce qui me semble contre toute raison.

pays de la terre, n'est habitable que par le travail humain[1]. Dans les grandes plaines dépourvües de riviéres et dont le sol n'a pas assés de pente on n'a d'autre ressource que les puits. Si donc les prémiers peuples dont il soit fait mention dans l'histoire n'habitoient pas dans des pays gras ou sur de faciles rivages, ce n'est pas que ces climats heureux fussent deserts, mais c'est que leurs nombreux habitans pouvant se passer les uns des autres vécurent plus longtems isolés dans leurs familles et sans communication. Mais dans les lieux arides où l'on ne pouvoit avoir de l'eau que par des puits, il falut bien se réunir pour les creuser ou du moins s'accorder pour leur usage. Telle dut être l'origine des sociétés et des langues dans les pays chauds.

Là se formérent les prémiers liens des familles; là furent les prémiers rendez-vous des deux séxes. Les jeunes filles venoient chercher de l'eau pour le ménage, les jeunes hommes venoient abruver leurs troupeaux. Là des yeux accoutumés aux mêmes objets dès l'enfance commencérent d'en voir de plus doux. Le cœur s'émut à ces nouveaux objets, un attrait inconnu le rendit moins sauvage, il sentit le plaisir de n'être pas seul[2]. L'eau devint insensiblement plus necessaire, le bétail eut soif plus souvent; on arrivoit en hâte et l'on partoit à regret. Dans cet âge heureux où rien ne marquoit les heures, rien n'obligeoit à les compter; le tems n'avoit d'autre mesure que l'amusement et l'ennui. Sous de vieux chênes vainqueurs des ans une ardente jeunesse oublioit par dégrés sa férocité, on s'apprivoisoit peu à peu les uns avec les autres; en s'efforçant de se faire entendre on apprit à s'expliquer.

Là se firent les prémiéres fêtes, les pieds bondissoient de joye, le geste empressé ne suffisoit plus, la voix l'accompagnoit d'accens passionnés, le plaisir et le desir confondus ensemble se faisoient sentir à la fois. Là fut enfin le vrai berceau des peuples, et du pur cristal des fontaines sortirent les prémiers feux de l'amour [1].

Quoi donc ! avant ce tems les hommes naissoient-ils de la terre ? Les générations se succédoient-elles sans que les deux sexes fussent unis et sans que persone s'entendit ? Non, il y avoit des familles, mais il n'y avoit point de Nations ; il y avoit des langues domestiques, mais il n'y avoit point de langues populaires ; il y avoit des mariages, mais il n'y avoit point d'amour. Chaque famille se suffisoit à elle-même et se perpetuoit par son seul sang. Les enfans nés des mêmes parens croissoient ensemble et trouvoient peu à peu des maniéres de s'expliquer entre eux ; les séxes se distinguoient avec l'âge, le penchant naturel suffisoit pour les unir, l'instinct tenoit lieu de passion, l'habitude tenoit lieu de préférence, on devenoit maris et femmes sans avoir cessé d'être frére et sœur *. Il n'y avoit là

* Il falut bien que les prémiers hommes épousassent leurs sœurs [2]. Dans la simplicité des prémiéres mœurs cet usage se perpetua sans inconvenient tant que les familles restérent isolées et même après la réunion des plus anciens peuples ; mais la loi qui l'abolit n'en est pas moins sacrée pour être [a] d'institution humaine. Ceux qui ne la regardent que par la liaison qu'elle forme entre les familles n'en voyent pas le côté le plus important. Dans la familiarité que le commerce domestique établit necessairement entre les deux séxes, du moment qu'une si sainte loi cesseroit de parler au cœur et d'en imposer aux sens, il n'y auroit plus [b] d'honnéteté parmi les hommes et les plus effroyables mœurs causeroient bientôt la destruction du genre humain.

rien d'assés animé pour dénoüer la langue, rien qui put arracher assés frequemment les accens des passions ardentes pour les tourner en institutions, et l'on en peut dire autant des besoins rares et peu pressans qui pouvoient porter quelques hommes à concourir à des travaux communs : l'un commençoit le bassin de la fontaine, et l'autre l'achevoit ensuite, souvent sans avoir eu besoin du moindre accord et quelquefois même sans s'être vûs. En un mot, dans les climats doux, dans les terreins fertiles il falut toute la vivacité des passions agréables pour commencer à faire parler les habitans. Les prémiéres langues, filles du plaisir et non du besoin, portérent longtems l'enseigne de leur pére; leur accent séducteur ne s'effaça qu'avec les sentimens qui les avoient fait naitre lorsque de nouveaux besoins introduits parmi les hommes forcérent chacun de ne songer qu'à lui-même et de retirer son cœur au dedans de lui.

CHAPITRE X

Formation des langues du nord

A la longue tous les hommes deviennent semblables, mais l'ordre de leur progrès est différent. Dans les climats méridionaux où la nature est prodigue les besoins naissent des passions, dans les pays froids où elle est avare les passions naissent des besoins, et les langues, tristes filles de la nécessité se sentent de leur dure origine.

Quoique l'homme s'accoutume aux intempéries de l'air, au froid, au malaise, même à la faim, il y a pourtant un point où la nature succombe. En proye à ces cruelles épreuves tout ce qui est débile périt ; tout le reste se renforce, et il n'y a point de milieu entre la vigueur et la mort. Voilà d'où vient que les peuples septentrionaux sont si robustes [1] ; ce n'est pas d'abord le climat qui les a rendus tels, mais il n'a souffert que ceux qui l'étoient, et il n'est pas étonnant que les enfans gardent la bonne constitution de leurs pères.

On voit déjà que les hommes, plus robustes, doivent avoir des organes moins délicats, leurs voix doivent être plus âpres et plus fortes. D'ailleurs quelle différence entre des infléxions touchantes qui viennent des mouvements de l'ame aux cris qu'arrachent les besoins physiques ? Dans ces affreux climats où tout est mort durant neuf mois de l'année, où le soleil n'échauffe l'air quelques semaines que pour apprendre aux habitans de quels biens ils sont privés et prolonger leur misére, dans ces lieux où la terre ne donne rien qu'à force de travail et où la source de la vie semble être plus dans les bras que dans le cœur, les hommes, sans cesse occupés à pourvoir à leur subsistance songeoient à peine à des liens plus doux, tout se bornoit à l'impulsion physique, l'occasion faisoit le choix, la facilité faisoit la préférence. L'oisiveté qui nourrit les passions fit place au travail qui les réprime. Avant de songer à vivre heureux, il faloit songer à vivre. Le besoin mutuel unissant les hommes bien mieux que le sentiment n'auroit fait, la société ne se forma que par l'industrie [1], le continüel danger de périr ne permettoit pas de se borner à la langue du geste, et le prémier mot ne fut pas chez eux, *aimez-moi,* mais, *aidez-moi* [2].

Ces deux termes, quoiqu'assés semblables, se prononcent d'un ton bien différent. On n'avoit rien à faire sentir, on avoit tout à faire entendre ; il ne s'agissoit donc pas d'énergie mais de clarté. A l'accent que le cœur ne fournissoit pas, on substitua des articulations fortes et sensibles, et s'il y eut dans la forme du langage quelque impression naturelle, cette impression contribuoit encore à sa dureté.

En effet, les hommes septentrionaux ne sont pas sans passions, mais ils en ont d'une autre espéce. Celle des pays chauds sont des passions voluptueuses qui tiennent à l'amour et à la molesse. La nature fait tant pour les habitans qu'ils n'ont presque rien à faire.

Pourvû qu'un Asiatique ait des femmes et du repos il est content. Mais dans le Nord où les habitans consomment beaucoup sur un sol ingrat, des hommes soumis à tant de besoins sont faciles à irriter ; tout ce qu'on fait autour d'eux les inquiéte : comme ils ne subsistent qu'avec peine, plus ils sont pauvres, plus ils tiennent au peu qu'ils ont ; les approcher c'est attenter à leur vie. Delà leur vient ce tempérament irascible si prompt à se tourner en fureur contre tout ce qui les blesse. Ainsi leurs voix les plus naturelles sont celles de la colère et des menaces, et ces voix s'accompagnent toujours d'articulations fortes qui les rendent dures et bruyantes [1].

CHAPITRE XI

Réflexions sur ces différences

Voila selon mon opinion les causes physiques les plus générales de la différence caracteristique des primitives langues. Celles du midi durent être vives, sonores, accentuées, éloquentes, et souvent obscures à force d'énergie : celles du Nord durent être sourdes [,] rudes, articulées, criardes, monotones, claires à force de mots plustot que par une bonne construction. Les langues modernes cent fois mêlées et refondues gardent encore quelque chose de ces différences. Le François, l'Anglois, l'Allemand sont le langage privé des hommes qui s'entre aident, qui raisonnent entre eux de sang-froid, ou de gens emportés qui se fâchent ; mais les ministres des Dieux annoncant les mistéres sacrés, les Sages donnant des loix aux peuples, les chefs entraînant la multitude doivent parler Arabe ou Persan *. Nos langues valent mieux écrites que parlées, et l'on nous lit avec plus de plaisir qu'on ne nous écoute. Au contraire les langues orientales ecrites perdent leur vie et leur chaleur. Le sens n'est qu'à

* Le Turc est une langue septentrionale.

moitié dans les mots, toute sa force est dans les accens. Juger du génie des orientaux par leurs Livres, c'est vouloir peindre un homme sur son cadavre [1].

Pour bien apprécier les actions des hommes, il les faut prendre dans tous leurs rapports [2] et c'est ce qu'on ne nous apprend point à faire. Quand nous nous mettons à la place des autres nous nous y mettons toujours tels que nous sommes modifiés, non tels qu'ils doivent l'être, et quand nous pensons les juger sur la raison, nous ne faisons que comparer leurs préjugés aux nôtres. Tel pour savoir lire un peu d'arabe sourit en feuilletant l'Alcoran, qui, s'il eut entendu Mahomet l'annoncer en personne dans cette langue éloquente et cadencée, avec cette voix sonore et persuasive qui séduisoit l'oreille avant le cœur, et sans cesse animant ses sentences de l'accent de l'enthousiasme, se fut prosterné contre terre en criant, grand Prophête, Envoyé de Dieu, menez-nous à la gloire, au martire ; nous voulons vaincre ou mourir pour vous. Le fanatisme nous paroit toujours risible, parce qu'il n'a point de voix parmi nous pour se faire entendre. Nos fanatiques même ne sont pas de vrais fanatiques, ce ne sont que des fripons ou des foux. Nos langues, au lieu d'inflexions pour des inspirés n'ont que des cris pour des possédés du Diable [3].

CHAPITRE XII

Origine de la musique

Avec les prémiéres voix se formérent les prémiéres articulations ou les prémiers sons, selon le genre de la passion qui dictoit les uns ou les autres. La colére arrache des cris ménaçans que la langue et le palais articulent ; mais la voix de la tendresse est plus douce, c'est la glote qui la modifie, et cette voix devient un son. Seulement les accens en sont plus fréquens ou plus rares, les inflexions plus ou moins aigües selon le sentiment qui s'y joint. Ainsi la cadence et les sons naissent avec les sillabes, la passion fait parler tous les organes, et pare la voix de tout leur éclat ; ainsi les vers [,] les chants [,] la parole ont une origine commune [1]. Autour des fontaines dont j'ai parlé les prémiers discours furent les prémiéres chansons : les retours périodiques et mesurés du rhytme, les infléxions mélodieuses des accens firent naitre [a] la poesie et la musique avec la langue, ou plustôt tout cela n'étoit que la langue même pour ces heureux climats et ces heureux tems où les seuls besoins pressans qui demandoient le concours d'autrui étoient ceux que le cœur faisoit naitre.

[a] *Rapports*

Les prémières histoires, les prémières harangues, les prémières loix furent en vers[1]; la poesie fut trouvée avant la prose; cela devoit être, puisque les passions parlérent avant la raison. Il en fut de même de la musique; il n'y eut point d'abord d'autre musique que la melodie, ni d'autre mélodie que le son varié de la parole, les accens formoient le chant, les quantités formoient la mesure, et l'on parloit autant par les sons et par le rhythme que par les articulations et les voix. Dire et chanter étoit autrefois la même chose dit Strabon[2]; ce qui montre, ajoûte-t-il, que la pöesie est la source de l'éloquence*. Il faloit dire que l'une et l'autre eurent la même source et ne furent d'abord que la même chose. Sur la maniére dont se liérent les premiéres societés étoit-il étonant qu'on mit en vers les prémiéres histoires et qu'on chantât les prémiéres loix? Etoit-il étonant que les prémiers Grammairiens soumissent leur art à la musique et fussent à la fois professeurs de l'un et de l'autre**?

Une langue qui n'a que des articulations et des voix n'a donc que la moitié de sa richesse; elle rend des idées, il est vrai, mais pour rendre des sentimens [,] des images, il lui faut encore un rhytme et des sons,

* Geogr : L. 1.

** *Architas atque Aristoxenes etiam subjectam grammaticen musicae putaverunt, et eosdem utriusque rei praeceptores fuisse... Tum Eupolis apud quem Prodamus et musicen et literas docet. Et Maricas, qui est Hyperbolus, nihil se ex musicis scire nisi literas confitetur.* Quintil. L. I. c. X.[3].

c'est à dire une mélodie : voila ce qu'avoit la langue grecque, et ce qui manque à la nôtre.

Nous sommes toujours dans l'étonement sur les effets prodigieux de l'éloquence [,] de la poésie et de la musique parmi les Grecs[1]; ces effets ne s'arrangent point dans nos têtes, parce que nous n'en éprouvons plus de pareils, et tout ce que nous pouvons gagner sur nous en les voyant si bien attestés est de faire semblant de les croire par complaisance pour nos Savans*. Burette[2] ayant traduit comme il put en notes de nôtre musique certains morceaux de musique grecque eut la simplicité de faire executer ces morceaux à l'Academie des Belles-lettres, et les Academiciens eurent la patience de les écouter. J'admire cette expérience dans un pays dont la musique est indéchiffrable pour toute autre nation. Donnez un monologue d'opera françois à executer par tels Musiciens étrangers qu'il vous plaira, je vous défie d'y rien reconnoitre. Ce sont pourtant ces mêmes François qui prétendoient juger la melodie

* Sans doute il faut faire en toute chose déduction de l'exagération grecque, mais c'est aussi trop donner au préjugé moderne que de pousser ces déductions jusqu'à faire évanoüir toutes les différences. « Quand la Musique des Grecs », dit l'Abbé Terrasson, « du tems d'Amphion et d'Orphée en étoit au point où elle est aujourdui dans les villes les plus éloignées de la Capitale; c'est alors qu'elle suspendoit le cours des fleuves, qu'elle attiroit les chênes, et qu'elle faisoit mouvoir les rochers. Aujourdui qu'elle est arrivée à un très haut point de perfection, on l'aime beaucoup, on en pénétre même les beautés, mais elle laisse tout à sa place. Il en a été ainsi des vers d'Homére; Poete né dans les tems qui se ressentoient encore de l'enfance de l'esprit humain, en comparaison de ceux qui l'ont suivi. On s'est extasié sur ses vers, et l'on se contente aujourdui de goûter et d'estimer ceux des bons Pöetes[3]. » On ne peut nier que l'Abbé Terrasson n'eut quelquefois de la philosophie; mais ce n'est surement pas dans ce passage qu'il en a montré.

d'une Ode de Pindare mise en Musique il y a deux mille ans !

J'ai lu qu'autrefois en Amérique les Indiens voyant l'effet étonant des armes à feu ramassoient à terre des balles de mousquet ; puis les jettant avec la main en faisant un grand bruit de la bouche, ils étoient tout surpris de n'avoir tué personne. Nos orateurs, nos musiciens, nos Savans ressemblent à ces Indiens. Le prodige n'est pas qu'avec nôtre musique nous ne fassions plus ce que faisoient les Grecs avec la leur, il seroit, au contraire, qu'avec des instrumens si différens on produisit les mêmes effets.

CHAPITRE XIII

De la mélodie

L'homme est modifié par ses sens, personne n'en doute; mais faute de distinguer les modifications nous en confondons les causes; nous donnons trop et trop peu d'empire aux sensations; nous ne voyons pas que souvent elles ne nous affectent point seulement comme sensations mais comme signes ou images, et que leurs effets moraux ont aussi des causes morales [1]. Comme les sentimens qu'excite en nous la peinture ne viennent point des couleurs, l'empire que la musique a sur nos ames n'est point l'ouvrage des sons. De belles couleurs bien nuancées plaisent à la vüe, mais ce plaisir est purement de sensation. C'est le dessein [,] c'est l'imitation qui donne à ces couleurs de la vie et de l'ame, ce sont les passions qu'elles expriment qui viennent émouvoir les nôtres, ce sont les objets qu'elles répresentent qui viennent nous affecter. L'intérest et le sentiment ne tiennent point aux couleurs; les traits d'un tableau touchant nous touchent encore dans une estampe; otez ces traits dans le Tableau, les couleurs ne feront plus rien [2].

La melodie fait précisement dans la musique ce que

fait le dessein dans la peinture[1]; c'est elle qui marque les traits et les figures dont les accords et les sons ne sont que les couleurs; mais dira-t-on la mélodie n'est qu'une succession de sons; sans doute; mais le dessein n'est aussi qu'un arrangement de couleurs. Un orateur se sert d'encre pour tracer ses ecrits; est-ce à dire que l'encre soit une liqueur fort éloquente?

Supposez un pays où l'on n'auroit aucune idée du dessein, mais où beaucoup de gens passant leur vie à combiner, mêler, nüer[2] des couleurs croiroient exceller en peinture; ces gens-là raisonneroient de la nôtre précisement comme nous raisonnons de la musique des Grecs. Quand on leur parleroit de l'émotion que nous causent de beaux tableaux et du charme de s'attendrir devant un sujet pathétique, leurs savans approfondiroient aussi-tôt la matiére, compareroient leurs couleurs aux nôtres, éxamineroient si nôtre verd est plus tendre ou nôtre rouge plus éclatant; ils chercheroient quels accords de couleurs peuvent faire pleurer, quels autres peuvent mettre en colére? Les Burettes de ce pays-là rassembleroient sur des guenilles quelques lambeaux défigurés de nos tableaux; puis on se demanderoit avec surprise ce qu'il y a de si merveilleux dans ce coloris[3].

Que si dans quelque nation voisine on commençoit à former quelque trait [,] quelque ébauche de dessein, quelque figure encore imparfaite, tout cela passeroit pour du barbouillage, pour une peinture capricieuse et baroque, et l'on s'en tiendroit, pour conserver le goût, à ce beau simple, qui véritablement n'exprime rien, mais qui fait briller de belles nuances, de grandes plaques bien colorées, de longues dégradations de teintes sans aucun trait.

Enfin peut-être à force de progrès on viendroit à l'expérience du prisme[1]. Aussi-tôt quelque artiste célébre établiroit là-dessus un beau sistême. Messieurs, leur diroit-il, pour bien philosopher il faut remonter aux causes physiques. Voilà la décomposition de la lumiére, voilà toutes les couleurs primitives, voilà leurs raports, leurs proportions, voilà les vrais principes du plaisir que vous fait la peinture. Tous ces mots mistérieux de dessein [,] de réprésentation [,] de figure sont une pure charlatanerie des peintres françois, qui par leurs imitations pensent donner je ne sais quels mouvemens à l'ame, tandis qu'on sait qu'il n'y a que des sensations. On vous dit des merveilles de leurs tableaux, mais voyez mes teintes.

Les Peintres françois, continüeroit-il, ont peut-être observé l'arc-en-ciel; ils ont pu recevoir de la nature quelque goût de nuance et quelque instinct de coloris. Moi, je vous ai montré les grands [,] les vrais principes de l'art. Que dis-je, de l'art? De tous les arts, Messieurs, de toutes les sciences. L'analyse des couleurs, le calcul des[a] réfractions du prisme vous donnent les seuls[b] rapports exacts qui soient dans la nature, la régle de tous les rapports. Or tout dans l'univers n'est que rapport[2]. On sait donc tout quand on sait peindre, on sait tout quand on sait[c] assortir des couleurs.

Que dirions-nous du peintre assés dépourvu de sentiment et de goût pour raisoner de la sorte et borner stupidement au physique de son art le plaisir que nous fait la peinture? Que dirions-nous du musicien qui, plein de préjugés semblables croiroit voir dans la seule harmonie la source[a] des grands effets de la musique ? Nous enverrions le prémier mettre en couleur des boiseries, et nous condannerions l'autre à faire des opera françois.

Comme donc la peinture n'est pas l'art de combiner des couleurs d'une maniére agréable à la vüe, la musique n'est pas non plus l'art de combiner des sons d'une maniére agréable à l'oreille. S'il n'y avoit que cela, l'une et l'autre seroient au nombre des sciences naturelles et non pas des beaux arts. C'est l'imitation seule qui les élêve à ce rang. Or qu'est-ce qui fait de la peinture un art d'imitation ? C'est le dessein. Qu'est-ce qui de la musique en fait un autre ? C'est la mélodie.

CHAPITRE XIV

De l'harmonie

La beauté des sons est de la nature; leur effet est purement physique, il resulte du concours des diverses particules d'air mises en mouvement par le corps sonore, et par toutes ses aliquotes [1], peut-être à l'infini; le tout ensemble [2] donne une sensation agréable : tous les hommes de l'univers prendront plaisir à écouter de beaux sons; mais si ce plaisir n'est animé par des infléxions mélodieuses qui leur soient familiéres il ne sera point délicieux, il ne se changera point en volupté. Les plus beaux chants à nôtre gré toucheront toujours médiocrement une oreille qui n'y sera point accoutumée; c'est une langue donc il faut avoir le Dictionnaire [3].

L'harmonie proprement dite est dans un cas bien moins favorable encore. N'ayant que des beautés de convention [4]; elle ne flate à nul égard les oreilles qui n'y sont pas exercées, il faut en avoir une longue habitude pour la sentir et pour la goûter. Les oreilles rustiques n'entendent que du bruit [5] dans nos consonances. Quand les proportions naturelles sont altérées, il n'est pas étonant que le plaisir naturel n'existe plus.

Un son porte avec lui tous ses sons harmoniques concomitans, dans les raports de force et d'intervalle qu'ils doivent avoir entre eux pour donner la plus parfaite harmonie de ce même son. Ajoûtez-y la tierce ou la quinte ou quelque autre consonance, vous ne l'ajoûtez pas, vous la redoublez ; vous laissez le raport d'intervalle, mais vous altérez celui de force : en renforçant une consonance et non pas les autres vous rompez la proportion : En voulant faire mieux que la nature vous faites plus mal. Vos oreilles et vôtre goût sont gâtés par un art malentendu. Naturellement il n'y a point d'autre harmonie que l'unisson [1].

M. Rameau prétend que les dessus d'une certaine simplicité suggérent naturellement leurs basses et qu'un homme ayant l'oreille juste et non exercée entonnera naturellement cette basse. C'est là un préjugé de musicien, démenti par toute expérience. Non seulement celui qui n'aura jamais entendu ni basse ni harmonie ne trouvera de lui-même ni cette harmonie ni cette basse, mais même elles lui déplairont si on les lui fait entendre, et il aimera beaucoup mieux le simple unisson [2].

Quand on calculeroit mille ans les raports des sons et les loix de l'harmonie, comment fera-t-on jamais de cet art un art d'imitation, où est le principe de cette imitation prétendüe, dequoi l'harmonie est-elle signe [3], et qu'y a-t-il de commun entre des accords et nos passions ?

Qu'on fasse la même question sur la mélodie, la réponse vient d'elle même, elle est d'avance dans l'esprit des lecteurs. La mélodie en imitant les inflexions de la voix exprime les plaintes [,] les cris de douleur ou de joye, les menaces, les gémissemens ; tous les signes vocaux des passions sont de son ressort. Elle imite les accens des langues, et les tours affectés dans chaque idiome à certans mouvemens de l'ame ; elle n'imite pas seulement, elle parle, et son langage inarticulé mais vif [,] ardent [,] passionné a cent fois plus d'énergie que la parole même [1]. Voilà d'où nait la force des imitations musicales ; voila d'où nait l'empire du chant sur les cœurs sensibles. L'harmonie y peut concourir en certains sistêmes en liant la succession des sons par quelques loix de modulation, en rendant les intonations plus justes, en portant à l'oreille un témoignage assuré de cette justesse, en rapprochant et fixant à des intervalles consonans et liés des inflexions inappréciables. Mais en donnant aussi des entraves à la mélodie elle lui ôte l'energie et l'expression, elle efface l'accent passioné pour y substituer l'intervalle harmonique, elle assujetit à deux seuls modes des chants qui devroient en avoir autant qu'il y a de tons oratoires, elle efface et détruit des multitudes de sons ou d'intervalles qui n'entrent pas dans son sistême ; en un mot, elle sépare [2] tellement le chant de la parole que ces deux langages se combatent [,] se contrarient [,] s'ôtent mutuellement tout caractére de vérité et ne se peuvent réunir sans absurdité dans un sujet patheti-que. Delà vient que le peuple trouve toujours ridicule qu'on exprime en chant les passions fortes et sérieuses ; car il sait que dans nos langues ces passions n'ont point d'inflexions musicales, et que les hommes du nord non plus que les cignes ne meurent pas en chantant [3].

La seule harmonie est même insuffisante pour les

expressions qui semblent dépendre uniquement d'elle : Le tonnerre, le murmure des eaux, les vents, les orages sont mal rendus par de simples accords[1]. Quoiqu'on fasse le seul bruit ne dit rien à l'esprit, il faut que les objets parlent pour se faire entendre, il faut toujours dans toute imitation qu'une espéce de discours supplée à la voix de la nature. Le musicien qui veut rendre du bruit par du bruit se trompe ; il ne connoit ni le foible ni le fort de son art ; il en juge sans goût, sans lumiéres ; apprenez-lui qu'il doit rendre du bruit par du chant, que s'il faisoit croasser des grenouilles[2] il faudroit qu'il les fit chanter ; car il ne suffit pas qu'il imite, il faut qu'il touche et qu'il plaise, sans quoi sa[a] maussade imitation n'est rien, et ne donnant d'intérest à personne, elle ne fait nulle impression.

CHAPITRE XV[a]

Que nos plus vives sensations agissent souvent par des impressions morales

Tant qu'on ne voudra considérer les sons que par l'ébranlement qu'ils excitent dans nos nerfs, on n'aura point les vrais principes de la musique et de son pouvoir sur les cœurs[1]. Les sons dans la mélodie n'agissent pas seulement sur nous comme sons, mais comme signes de nos affections, de nos sentimens; c'est ainsi qu'ils excitent en nous les mouvemens qu'ils expriment et dont nous y reconnoissons l'image[2]. On apperçoit quelque chose de cet effet moral jusques dans les animaux. L'aboyement d'un chien en attire un autre. Si mon chat m'entend imiter un miaulement, à l'instant je le vois attentif, inquiet, agité. S'apperçoit-il que c'est moi qui contrefais la voix de son semblable, il se rassied et reste en repos. Pourquoi cette différence d'impression, puisqu'il n'y en a point dans l'ébranlement des fibres, et que lui-même y a d'abord été trompé?

Si le plus grand empire qu'ont sur nous nos sensations n'est pas dû à des causes morales, pourquoi donc sommes-nous si sensibles à des impressions qui sont nulles pour des barbares? pourquoi nos plus touchantes musiques ne sont-elles qu'un vain bruit à l'oreille d'un Caraïbe ? Ses nerfs sont-ils d'une autre nature que les nôtres, pourquoi ne sont-ils pas ébranlés de même, ou pourquoi ces mêmes ébranlements affectent-ils tant les uns et si peu les autres ?

On cite en preuve du pouvoir physique des sons la guerison des piquures des Tarentules [1]. Cet exemple prouve tout le contraire. Il ne faut ni des sons absolus ni les mêmes airs pour guérir toux ceux qui sont piqués de cet insecte, il faut à chacun d'eux des airs d'une mélodie qui lui soit connüe et des phrases qu'il comprenne. Il faut à l'Italien des airs italiens, au Turc il faudroit des airs Turcs. Chacun n'est affecté que des [a] accens qui lui sont familiers ; ses nerfs ne s'y prêtent qu'autant que son esprit les y dispose : il faut qu'il entende la langue qu'on lui parle pour que ce qu'on lui dit puisse le mettre en mouvement. Les cantates de Bernier [2] ont, dit-on, guéri de la fièvre un musicien françois, elles l'auroient donnée à un musicien de toute autre nation.

Dans les autres sens et jusqu'au plus grossier de tous on peut observer les mêmes différences. Qu'un homme ayant la main posée et l'œil fixé sur le même objet le croye successivement animé et inanimé, quoique les sens soient frappés de même, quel changement dans l'impression ? La rondeur, la blancheur, la fermeté, la douce chaleur, la resistance élastique, le renflement successif, ne lui donnent plus qu'un toucher doux mais insipide, s'il ne croit sentir un cœur plein de vie palpiter et battre sous tout cela [3].

Je ne connois qu'un sens aux affections duquel rien de moral ne se mêle. C'est le goût. Aussi la gourman-

dise n'est-elle jamais le vice dominant que des gens qui ne sentent rien [1].

Que celui donc qui veut philosopher sur la force des sensations commence par écarter des impressions purement sensuelles les impressions intellectuelles et morales que nous recevons par la voye des sens, mais dont ils ne sont que les causes occasionelles : qu'il évite l'erreur de donner aux objets sensibles un pouvoir qu'ils n'ont pas ou qu'ils tiennent des affections de l'ame qu'ils nous réprésentent. Les couleurs et les sons peuvent beaucoup comme réprésentations et signes, peu de chose comme simples objets des sens. Des suites de sons ou d'accords m'amuseront un moment peut-être; mais pour me charmer et m'attendrir il faut que ces suites m'offrent quelque chose qui ne soit ni son ni accord, et qui me vienne émouvoir malgré moi. Les chants mêmes qui ne sont qu'agréables et ne disent rien lassent encore; car ce n'est pas tant l'oreille qui porte le plaisir au cœur que le cœur qui le porte à l'oreille [2]. Je crois qu'en developant mieux ces idées on se fut épargné bien de sots raisonemens sur la musique ancienne. Mais dans ce siécle où l'on s'efforce de matérialiser toutes les opérations de l'ame et d'ôter toute moralité aux sentimens humains, je suis trompé si la nouvelle philosophie ne devient aussi funeste au bon goût qu'à la vertu [3].

CHAPITRE XVI

Fausse analogie entre les couleurs et les sons

Il n'y a sortes d'absurdités auxquelles les observations physiques n'aient donné lieu dans la considération des beaux-arts. On a trouvé dans l'analyse du son les mêmes rapports que dans celle de la lumiére. Aussitôt on a saisi vivement cette analogie sans s'embarrasser de l'expérience et de la raison. L'esprit de sistême a tout confondu, et faute de savoir peindre aux oreilles on s'est avisé de chanter aux yeux[1]. J'ai vû ce fameux clavecin sur lequel on prétendoit faire de la musique avec des couleurs; c'étoit bien mal connoitre les opérations de la nature de ne pas voir que l'effet des couleurs est dans leur permanence et celui des sons dans leur succession[2].

Toutes les richesses du coloris s'étalent à la fois sur la face de la terre. Du prémier coup d'œil tout est vû; mais plus on regarde et plus on est enchanté. Il ne faut plus qu'admirer et contempler sans cesse.

Il n'en est pas ainsi du son : la nature ne l'analyse point et n'en sépare point les harmoniques; elle les cache, au contraire, sous l'apparence de l'unisson; ou si quelquefois elle les sépare dans le chant modulé de l'homme et dans le ramage de quelques oiseaux, c'est successivement et l'un après l'autre; elle inspire des chants et non des accords, elle dicte de la melodie et non de l'harmonie. Les couleurs sont la parure des êtres inanimés; toute matiére est colorée; mais les sons annoncent le mouvement, la voix annonce un être sensible; il n'y a que des corps animés qui chantent. Ce n'est pas le fluteur automate [1] qui joüe de la flute, c'est le mécanicien qui mesura le vent et fit mouvoir les doigts.

Ainsi chaque sens a son champ qui lui est propre. Le champ de la musique est le temps, celui de la peinture est l'espace [2]. Multiplier les sons entendus à la fois ou developer les couleurs l'une après l'autre, c'est changer leur économie, c'est mettre l'œil à la place de l'oreille, et l'oreille à la place de l'œil.

Vous dites; comme chaque couleur est déterminée par l'angle de refraction du rayon qui la donne, de même chaque son est déterminé par le nombre des vibrations du corps sonore en un tems donné. Or les raports de ces angles et de ces nombres étant les mêmes, l'analogie est évidente. Soit, mais cette analogie est de raison, non de sensation, et ce n'est pas de cela qu'il s'agit. Prémiérement l'angle de réfraction est sensible et mesurable et non pas le nombre des vibrations. Les corps sonores soumis à l'action de l'air changent incessamment de dimensions et de sons. Les couleurs sont durables, les sons s'évanoüissent, et l'on n'a jamais de certitude que ceux qui renaissent soient les mêmes que ceux qui se sont éteints. De plus chaque couleur est absolüe, indépendante, au lieu que chaque son n'est pour nous que relatif et ne se distingue que par comparaison. Un son n'a par lui-même aucun caractére absolu qui le fasse reconnoitre; il est grave ou aigu, fort ou doux par raport à un autre; en lui-même il n'est rien de tout cela. Dans le sistême harmonique un son quelconque n'est rien non plus naturellement; il est ni tonique ni dominante, ni harmonique ni fondamental[1]; parce que toutes ces propriétés ne sont que des raports, et que le sistême entier pouvant varier du grave à l'aigu, chaque son change d'ordre et de place dans le sistême, selon que le sistême change de degré. Mais les propriétés des couleurs ne consistent point en des rapports. Le jaune est jaune indépendament du rouge et du bleu, par tout il est sensible et reconnoissable, et sitôt qu'on aura fixé l'angle de refraction qui le donne, on sera sur d'avoir le même jaune dans tous les tems.

Les couleurs ne sont pas dans les corps colorés mais dans la lumiére; pour qu'on voye un objet il faut qu'il soit éclairé. Les sons ont aussi besoin d'un mobile, et pour qu'ils existent, il faut que le corps sonore soit ébranlé. C'est un autre avantage en faveur de la vüe; car la perpétuelle emanation des astres est l'instrument naturel qui agit sur elle, au lieu que la nature seule engendre peu de sons, et à moins qu'on n'admette l'harmonie des sphéres celestes[2], il faut des êtres vivans pour la produire.

On voit par là que la peinture est plus près de la nature et que la musique tient plus à l'art humain. On sent aussi que l'une intéresse plus que l'autre précisément parce qu'elle rapproche plus l'homme de l'homme et nous donne toujours quelque idée de nos semblables. La peinture est souvent morte et inanimée ; elle vous peut transporter au fond d'un désert ; mais sitôt que des signes vocaux frapent vôtre oreille, ils vous annoncent un être semblable à vous, ils sont, pour ainsi dire, les organes de l'ame, et s'ils vous peignent aussi la solitude ils vous disent que vous n'y étes pas seul. Les oiseaux sifflent, l'homme seul chante, et l'on ne peut entendre ni chant ni simphonie sans se dire à l'instant ; un autre être sensible est ici.

C'est un des grands avantages du musicien de pouvoir peindre les choses qu'on ne sauroit entendre, tandis qu'il est impossible au Peintre de réprésenter celles qu'on ne sauroit voir, et le plus grand prodige d'un art qui n'agit que par le mouvement est d'en pouvoir former jusqu'à l'image du repos [1]. Le sommeil, le calme de la nuit, la solitude, et le silence même entrent dans les tableaux de la musique. On sait que le bruit peut produire l'effet du silence et le silence l'effet du bruit, comme quand on s'endort à une lecture égale et monotone et qu'on s'éveille à l'instant qu'elle cesse [2]. Mais la musique agit plus intimement sur nous en excitant par un sens des affections semblables à celles qu'on peut exciter par un autre, et comme le rapport ne peut être sensible que l'impression ne soit forte, la peinture, denüée de cette force, ne peut rendre à la musique les imitations que celle-ci tire d'elle. Que toute la nature soit endormie, celui qui la contemple ne dort pas, et l'art du musicien consiste à substitüer à l'image insensible de l'objet celle des mouvemens que sa présence excite dans le cœur du contemplateur. Non seulement il agitera la mer, animera les flames d'un incendie, fera couler les ruisseaux, tomber la pluye et grossir les torrens ; mais il peindra l'horreur d'un desert affreux, rembrunira les murs d'une prison souterraine, calmera la tempête, rendra l'air tranquille et serein, et répandra de l'orchestre une fraîcheur nouvelle sur les bocages. Il ne réprésentera pas directement ces choses, mais il excitera dans l'ame les mêmes sentimens qu'on éprouve en les voyant.

CHAPITRE XVII

Erreur des musiciens[a] *nuisible à leur art*

Voyez comment tout nous ramêne sans cesse aux effets moraux dont j'ai parlé, et combien les musiciens qui ne considérent la puissance des sons que par l'action de l'air et l'ébranlement des fibres sont loin de connoitre en quoi réside la force de cet art. Plus ils le rapprochent des impressions purement physiques plus ils l'éloignent de son origine, et plus ils lui ôtent aussi de sa primitive énergie. En quitant l'accent oral et s'attachant aux seules institutions harmoniques la musique devient plus bruyante à l'oreille et moins douce au cœur. Elle a déja cessé de parler, bientôt elle ne chantera plus et alors avec tous ses accords et toute son harmonie elle ne fera plus aucun effet sur nous[1].

CHAPITRE XVIII

Que le système musical des Grecs [a] n'avoit aucun rapport au nôtre

Comment ces changemens sont-ils arrivés ? par un changement naturel du caractére des langues. On sait que nôtre harmonie est une invention gothique[1]. Ceux qui prétendent trouver le sistême des Grecs dans le nôtre se moquent de nous. Le sistême des Grecs n'avoit absolument d'harmonique dans nôtre sens que ce qu'il faloit pour fixer l'accord des instruments sur des consonances parfaites. Tous les peuples qui ont des instrumens à cordes sont forcés de les accorder par des consonances, mais ceux qui n'en ont pas ont dans leurs chants des inflexions que nous nommons fausses parce qu'elles n'entrent pas dans nôtre sistême et que nous ne pouvons les noter. C'est ce qu'on a remarqué sur les chants des sauvages de l'Amerique[2], et c'est ce qu'on aurait dû remarquer aussi sur divers intervalles de la musique des Grecs, si l'on eut étudié cette musique avec moins de prévention pour la nôtre.

Les Grecs divisoient leur Diagramme par tetracordes[3] comme nous divisons nôtre clavier par octaves, et les mêmes divisions se répétoient exactement chez eux à chaque tetracorde comme elles se répétent chez nous à chaque octave ; similitude qu'on n'eut pu conserver dans l'unité du mode harmonique et qu'on n'auroit pas même imaginée. Mais comme on passe par des intervalles moins grands quand on parle que quand on chante, il fut naturel qu'ils regardassent la repétition des tetracordes dans leur mélodie orale comme nous regardons la répétition des octaves dans nôtre mélodie harmonique.

[a]Ils n'ont reconnu pour consonances que celles que nous appellons consonances parfaites ; ils ont rejetté de ce nombre les tierces et les sixtes. Pourquoi cela ? C'est que l'intervalle du ton mineur étant ignoré d'eux ou du moins proscrit de la pratique, et leurs consonances n'étant point tempérées, toutes leurs tierces majeures étoient trop fortes d'un comma, leurs tierces mineures trop foibles d'autant, et par consequent leurs sixtes majeures et mineures reciproquement altérées de même. Qu'on s'imagine maintenant quelles notions d'harmonie on peut avoir et quels modes harmoniques on peut établir en bannissant les tierces et les sixtes du nombre des consonances ! Si les consonances mêmes qu'ils admettoient leur eussent été connües par un vrai sentiment d'harmonie, ils les auroient au moins sous-entendües au dessous de leurs chants, la consonance tacite des marches fondamentales eut prêté son nom aux marches diatoniques qu'elles leur suggeroient. Loin d'avoir moins de consonances que nous ils en auroient eu davantage, et préoccupés, par exemple, de la basse *ut sol,* ils eussent donné le nom de consonance à la seconde *ut re.*

Mais, dira-t-on, pourquoi donc des marches diatoniques ? Par un instinct qui dans une langue accentuée et chantante nous porte à choisir les inflexions les plus comodes : car entre les modifications trop fortes qu'il faut donner à la glotte pour entonner continuellement les grands intervalles des consonances, et la difficulté de régler l'intonation dans les raports trés composés des moindres intervalles, l'organe prit un milieu et tomba naturellement sur des intervalles plus petits que les consonances et plus simples que les comma ; ce qui n'empêcha pas que de moindres intervalles n'eussent aussi leur emploi dans des genres plus pathetiques [1].

CHAPITRE XIX

Comment la musique a dégénéré

[a] A mesure que la langue se perfectionoit, la mélodie en s'imposant de nouvelles régles perdoit insensiblement de son ancienne énergie, et le calcul des intervalles fut substitué à la finesse des infléxions. C'est ainsi, par éxemple, que la pratique du genre enharmonique s'abolit peu à peu. Quand les théâtres eurent pris une forme réguliére on n'y chantoit plus que sur des modes prescrits, et à mesure qu'on multiplioit les régles de l'imitation la langue imitative s'affoiblissoit.

L'étude de la philosophie et le progrès du raisonnement ayant perfectionné la grammaire ôtérent à la langue ce ton vif et passioné qui l'avoit d'abord rendüe si chantante. [b] Dès le tems de Menalippide et de Philoxéne les symphonistes qui d'abord étoient aux gages des Poetes et n'executoient que sous eux et pour ainsi dire à leur dictée en devinrent indépendans, et c'est de cette licence que se plaint si amérement la Musique dans une Comédie de Pherecrate dont Plutarque nous a conservé le passage [1]. Ainsi la mélodie commençant à n'être plus si adhérente au discours prit insensiblement une existence à part, et la musique devint plus indépendante des paroles. Alors aussi cessérent peu-à-peu ces prodiges qu'elle avoit produits lorsqu'elle n'étoit que l'accent et l'harmonie de la pöesie, et qu'elle lui donnoit sur les passions cet empire que la parole n'exerça plus dans la suite que sur la raison. Aussi dès que la Gréce fut pleine de Sophistes et de Philosophes n'y vit-on plus ni pöetes ni musiciens célébres. En cultivant l'art de convaincre on perdit celui d'émouvoir. Platon lui-même jaloux d'Homére et d'Euripide décria l'un et ne put imiter l'autre[1].

Bientôt la servitude ajoûta son influence à celle de la philosophie. La Gréce aux fers perdit ce feu qui n'échauffe que les ames libres, et ne trouva plus pour loüer ses tirans le ton dont elle avoit chanté ses Heros. Le mélange des Romains affoiblit encore ce qui restoit au langage d'harmonie et d'accent. Le latin, langue plus sourde et moins musicale fit tort à la musique en l'adoptant. Le chant employé dans la capitale altéra peu à peu celui des provinces; les théatres de Rome nuisirent à ceux d'Athénes; quand Neron remportoit des prix[2] la Gréce avoit cessé d'en mériter et la même mélodie partagée à deux langues convint moins à l'une et à l'autre.

Enfin arriva la catastrophe qui détruisit les progrès de l'esprit humain sans ôter les vices qui en étoient l'ouvrage. L'Europe inondée de barbares et asservie par des ignorans perdit à la fois ses sciences [,] ses arts, et l'instrument universel des uns et des autres, savoir la langue harmonieuse perfectionnée. Ces hommes grossiers que le nord avoit engendrés accoutumérent insensiblement toutes les oreilles à la rudesse de leur organe; leur voix dure et dénuée d'accent étoit bruyante sans être sonore. L'Empereur Julien comparoit le parler des Gaulois au croassement des grenouilles [1]. Toutes leurs articulations étant aussi âpres que leurs voix étoient nazales et sourdes, ils ne pouvoient donner qu'une sorte d'éclat à leur chant, qui étoit de renforcer le son des voyelles pour couvrir l'abondance et la dureté des consones.

Ce chant bruyant joint à l'inflexibilité de l'organe obligea ces nouveaux venus et les peuples subjugués qui les imitérent de ralentir tous les sons pour les faire entendre. L'articulation pénible et les sons renforcés concoururent également à chasser de la mélodie tout sentiment de mesure et de rhythme ; comme ce qu'il y avoit de plus dur à prononcer étoit toujours le passage d'un son à l'autre, on n'avoit rien de mieux à faire que de s'arrêter sur chacun le plus qu'il étoit possible, de le renfler [,] de le faire éclater le plus qu'on pouvoit. Le chant ne fut bientôt plus qu'une suite ennuyeuse et lente de sons traînans et criés, sans douceur, sans mesure, et sans grace ; et si quelques savans disoient qu'il faloit observer les longues et les bréves dans le chant latin, il est sur au moins qu'on chanta les vers comme de la prose, et qu'il ne fut plus question de pieds, de rhythmes, ni d'aucune espéce de chant mesuré [2].

Le chant ainsi dépouillé de toute mélodie et consistant uniquement dans la force et la durée des sons dut suggerer enfin les moyens de le rendre plus sonore encore à l'aide des consonances. Plusieurs voix traînant sans cesse à l'unisson des sons d'une durée illimitée trouvérent par hasard quelques accords qui renforçant le bruit le leur firent paroitre agréable, et ainsi commença la pratique du discant et du contrepoint.

J'ignore combien de siécles les musiciens tournérent autour des vaines questions que l'effet connu d'un principe ignoré leur fit agiter. Le plus infatigable lecteur ne supporteroit pas dans Jean de Muris[1] le verbiage de huit ou dix grands chapitres pour savoir, dans l'intervalle de l'octave coupée en deux consonances, si c'est la quinte ou la quarte qui doit être au grave; et quatre cens ans après on trouve encore dans Bontempi[2] des énumerations non moins ennuyeuses de toutes les basses qui doivent porter la sixte au lieu de la quinte. Cependant l'harmonie prit insensiblement la route que lui prescrit l'analyse, jusqu'à ce qu'enfin l'invention du mode mineur et des dissonances y eut introduit l'arbitraire dont elle est pleine, et que le seul préjugé nous empêche d'appercevoir *.

[a]* Rapportant toute l'harmonie à ce principe très simple de la résonance des cordes dans leurs aliquotes[3], M. Rameau fonde le mode mineur et la dissonance sur sa prétendüe expérience qu'une corde sonore en mouvement fait vibrer d'autres cordes plus longues à sa douziéme et à sa dixseptiéme majeure ou grave. Ces cordes selon lui, vibrent et frémissent dans toute leur longueur, mais elles ne résonent pas. Voilà, ce me semble, une singuliére physique; c'est comme si l'on disoit que le soleil luit et qu'on ne voit rien.

Ces cordes plus longues ne rendant que le son de la plus aigüe parce qu'elles se divisent [,] vibrent [,] résonent à son unisson, confondent leur son avec le sien et paroissent n'en rendre aucun. L'erreur est d'avoir cru les voir vibrer dans toute leur longueur, et d'avoir mal observé les nœuds. Deux cordes sonores formant quelque intervalle harmonique peuvent faire entendre leur son fondamental au grave, même sans une troisiéme corde, c'est l'expérience connüe et confirmée de M. Tartini[4]; mais une corde seule n'a point d'autre son fondamental que le sien, elle ne fait[b] point résoner ni vibrer ses multiples, mais seulement son unisson et ses aliquotes. Comme le son n'a d'autre cause que les vibrations du corps sonore, et qu'où la cause agit librement l'effet suit toujours, séparer les vibrations de la résonance, c'est dire une absurdité.

La mélodie étant oubliée et l'attention du musicien s'étant tournée entiérement vers l'harmonie, tout se dirigea peu à peu sur ce nouvel objet ; les genres, les modes, la gamme, tout reçut des faces nouvelles ; ce furent les successions harmoniques qui réglérent la marche des parties. Cette marche ayant usurpé le nom de mélodie on ne put méconoitre en effet dans cette nouvelle mélodie les traits de sa mére, et nôtre sistême musical étant ainsi devenu par degrés purement harmonique, il n'est pas étonant que l'accent oral en ait souffert, et que la musique ait perdu pour nous presque toute son énergie.

Voila comment le chant devint par degrés un art entiérement séparé de la parole dont il tire son origine, comment les harmoniques des sons firent oublier les infléxions de la voix, et comment enfin, bornée à l'effet purement phisique du concours des vibrations, la musique se trouva privée des effets moraux qu'elle avoit produits quand elle étoit doublement la voix de la nature[1].

CHAPITRE XX

Rapport des langues aux Gouvernemens [1]

Ces progrès ne sont ni fortuits ni arbitraires, ils tiennent aux vicissitudes des choses. Les langues se forment naturellement sur les besoins des hommes; elles changent et s'altérent selon les changements de ces mêmes besoins. Dans les anciens tems où la persuasion tenoit lieu de force publique l'éloquence étoit nécessaire. A quoi serviroit-elle aujourdui que la force publique supplée à la persuasion? L'on n'a besoin ni d'art ni de figure pour dire, *tel est mon plaisir* [2]. Quels discours restent donc à faire au peuple assemblé [3]? Des sermons [4]. Et qu'importe à ceux qui les font de persuader le peuple, puisque ce n'est pas lui qui nomme aux bénéfices [5]? Les langues populaires nous sont devenües aussi parfaitement inutiles que l'éloquence. Les societés ont pris leur derniére [a] forme; on n'y change plus rien qu'avec du canon [6] et des écus, et comme on n'a plus rien à dire au peuple sinon, *donnez de l'argent*, on le dit avec des placards au coin des rües ou des soldats dans les maisons; il ne faut assembler persone pour cela : au contraire, il faut tenir les sujets épars ; c'est la prémiére maxime de la politique moderne.

Il y a des langues favorables à la liberté ; ce sont les langues sonores, prosodiques, harmonieuses, dont on distingue le discours de fort loin [1]. Les nôtres sont faites pour le bourdonement des Divans. Nos prédicateurs se tourmentent [,] se mettent en sueur dans les temples, sans qu'on sache rien de ce qu'ils ont dit. Après s'être épuisés à crier pendant une heure, ils sortent de la chaire à demi-morts [2]. Assurément ce n'étoit pas la peine de prendre tant de fatigue.

Chez les anciens on se faisoit entendre aisément au peuple sur la place publique ; on y parloit tout un jour sans s'incomoder. Les Généraux haranguoient leurs troupes ; on les entendoit et ils ne s'épuisoient point. Les historiens modernes qui ont voulu mettre des harangues dans leurs histoires se sont fait moquer d'eux [3]. Qu'on suppose un homme harangant en françois le peuple de Paris dans la place de Vendosme. Qu'il crie à pleine tête, on entendra qu'il crie, on ne distinguera pas un mot. Hérodote lisoit son histoire aux peuples de la Gréce assemblés en plein air et tout retentissoit d'applaudissements [4]. Aujourdui l'academicien qui lit un mémoire un jour d'assemblée publique est à peine entendu au bout de la salle. Si les charlatans des places abondent moins en France qu'en Italie, ce n'est pas qu'en France ils soient moins écoutés, c'est seulement qu'on ne les entend pas si bien. M. d'Alembert croit qu'on pourroit débiter le récitatif François à l'italienne [5] ; il faudroit donc le débiter à l'oreille, autrement on n'entendroit rien du tout. Or je dis que toute langue avec laquelle on ne peut pas se faire entendre au peuple assemblé est une langue servile ; il est impossible qu'un peuple demeure libre et qu'il parle cette langue-là [1].

Je finirai ces réfléxions superficielles, mais qui peuvent en faire naitre de plus profondes, par le passage qui me les a suggérées.

Ce seroit la matiére d'un éxamen assés philosophique, que d'observer dans le fait et de montrer par des exemples combien le caractére [,] les mœurs et les intérets d'un peuple influent sur sa langue [2] *.

* *Remarques sur la gramm : génér : et raison :* par M. Duclos page 11.

ÉTUDES ANNEXES

par Jean Starobinski

I

Les pérégrinations de Cadmus
ou
La paraphrase d'un vers latin
(Lucain, Brébeuf, Rousseau, Bonald)

Une citation masquée

Rousseau consacre à l'écriture le chapitre V de l'*Essai sur l'origine des langues*. A la suite de Warburton et de Condillac, il distingue trois types d'écriture : la peinture des « objets mêmes » (figures allégoriques des Mexicains et des Egyptiens) ; la représentation des « mots » et des « propositions » par des « caractères conventionnels » (idéogrammes des Chinois) ; la décomposition de « la voix parlante en un certain nombre de parties élémentaires » (écriture analytique, alphabétique). Dans le premier type, l'écriture *peint* les objets ; dans le second, elle « *peint* les sons » qui constituent les mots ; dans le troisième, qui est le nôtre, la lettre est un produit de décomposition, et « ce n'est pas précisément peindre la parole ». Les progrès de l'écriture correspondent au déclin de son pouvoir de représentation picturale directe du signifié.

Il ne s'agit pas ici de commenter les idées de Rousseau, mais de prêter attention à la manière dont il les expose. A la fin du paragraphe consacré à l'écriture idéographique, il donne à sa pensée une forme frappante :

> Telle est l'écriture des Chinois ; c'est là véritablement peindre les sons et parler aux yeux.

La pointe est ingénieuse : elle désigne une double transposition sensorielle, et recourt à une sorte d'oxymore chiasmatique. Cet effet de style s'apparente à ceux qui font la force de l'écriture de Rousseau.

Rien ne permet de soupconner que la formule n'appartienne pas à Rousseau. Il ne l'attribue à personne, il n'ajoute aucune note. Tout au plus pourrait-on considérer le mot « véritablement » comme la confirmation d'une opinion étrangère. Faible indice. Toutefois, il faut retenir cet indice.

Ouvrons l'*Essai analytique sur les facultés de l'âme* de Charles Bonnet (1760). Au chapitre XV, § 220 de l'ouvrage, nous trouvons un développement succinct sur le langage :

> Toutes nos idées [...] ont été représentées par des termes. Ces termes ont été représentés à l'œil par des lettres, et rendus à l'oreille par des sons articulés. On a peint la parole et parlé aux yeux.

La formule est identique ! Bonnet n'avait pas connaissance du texte de Rousseau, qui a paru beaucoup plus tard, en 1781, après la mort de Rousseau. Celui-ci, de son côté, aurait pu avoir lu l'ouvrage de Charles Bonnet, puisque l'achèvement d'une version complète de l'*Essai* date vraisemblablement de 1761. Est-ce bien là, cependant, que Rousseau s'est pourvu ?

On aura vite écarté l'incertitude. Une source commune apparaît dans l'article ÉCRITURE de l'*Encyclopédie*. Nous y lisons, sous la plume de Jaucourt :

> ECRITURE, sub. f. *Hist. ancien., Gramm. et arts*
> Nous la définirons avec Brébeuf :
> *Cet art ingénieux*
> *De peindre la parole et de parler aux yeux,*
> *Et par les traits divers des figures tracées,*
> *Donner de la couleur et du corps aux pensées.*

Jaucourt, on le sait, prend son bien où il le trouve : à l'article ÉCRITURE du *Dictionnaire de Trévoux* (1752) nous trouvons les mêmes vers de Brébeuf, avec une indication supplémentaire :

> C'est à Cadmus que la Grèce est redevable de l'invention des lettres ou des caractères, et c'est de lui qu'elle a appris l'art de l'écriture. Port-R M. de Brébeuf l'a exprimé en d'autres termes dans ces quatre vers. [Suit la citation.]

Encore faut-il savoir d'où proviennent ces quatre vers de Brébeuf. Puisque les dictionnaires sont si diserts, adressons-nous à Moréri (1732) :

> Si l'on en croit les Grecs, c'est aux Phéniciens qu'on est redevable des lettres que Cadmus fit passer en Grèce. Ce peuple osa le premier, selon Lucien, exprimer ses pensées par différentes figures :
>
> *Mansuram rudibus vocem signare figuris*
>
> Pensée que Brébeuf a heureusement étendue dans ces quatre vers :
>
> *C'est de lui que nous vient l'art ingénieux [...]* (sic)

Rectifions : « Lucien » est une coquille. Le vers latin porte la frappe caractéristique de Lucain, dont Brébeuf traduisit la *Pharsale*. Vérification faite, Moréri n'a cependant pas tort de dire que Brébeuf a *étendu* le texte latin. Car nous trouvons dans la *Pharsale,* au Livre III, vers 220-222 :

> *Phœnices primi, famae si creditur, ausi*
> *Mansuram rudibus vocem signare figuris [...]*

Le traducteur moderne propose, sans audace :

> Les premiers, les Phéniciens, si l'on en croit la renommée, osèrent représenter par des figures grossières et fixer la parole[1].

Ainsi, dans sa paraphrase amplificative, Brébeuf a fait œuvre de créateur : il a inventé une définition de l'écriture, et celle-ci devait se transmettre, pendant plus d'un siècle et demi (nous en verrons quelques preuves) de manière proverbiale. La récente traduction en prose, que je viens de citer, n'a pas eu le même succès que cette « belle infidèle ».

Comment s'y est pris Brébeuf ? Il a remplacé, dans le dénombrement des alliés de Pompée, un pluriel (*Phœnices*) par un singulier (le Phénicien). Il s'est donné la licence d'une antonomase, à mi-distance entre le pluriel et le nom propre (Cadmus). Il a effacé la notion d'audace (*ausi*), pour la remplacer librement par celle d'*art ingénieux*. C'est une explicitation, qui met en évidence la nouveauté de l'invention, en effaçant

1. Lucain : *La Guerre civile (La Pharsale)*, texte établi et traduit par A. Bourgery, Paris, Les Belles-Lettres, 1926, 2 vol., t. I, p. 73.

son aspect de témérité. Du seul mot *figuris,* en éliminant l'épithète *rudibus* (qui désignait un art encore « grossier »), il dégage : « Par les traits divers des figures tracées. » Il ne recule donc pas devant le pléonasme *(traits... tracées),* pour multiplier l'allusion aux diverses lettres, qu'on peut supposer déjà parfaites. Du latin *mansuram,* ce participe futur si difficile à traduire, il dégage ce qui peut correspondre à l'oxymore original qui attribue permanence à ce qui, par essence, est fugitif : la voix. *Mansuram vocem* trouve son équivalent dans : *Donner de la couleur et du corps aux pensées,* où triomphe la matérialisation de l'immatériel. *Corps* eût suffi, mais il fallait produire un alexandrin, il fallait donc varier et renforcer l'idée : le visible est exprimé, de façon synecdochique, par la *couleur.* Terme d'autant plus admissible que la notion de *colores rhetorici* va de soi. De surcroît le *trait* ayant été déjà posé, il ne restait que la *couleur* pour parfaire une définition complète de la *peinture.* « Peindre la parole et [...] parler aux yeux », avec son balancement commutatif, est un jeu supplémentaire, qui prend appui sur le *signare* du latin, incomplètement traduit par *traits* et *tracées. Parole* rend justice à *vocem.* Le sens complet de *signare* inclut la représentation ; et, puisque les éléments constitutifs de la peinture se trouvent dans les *couleurs* et les *traits,* le verbe *peindre* peut devenir un terme de rassemblement. Le premier hémistiche métaphorise l'écriture ; le second, la lecture.

« Peindre la parole »... C'est là, d'une part, une notion d'école : la peinture est une poésie muette. On lit, entre mille exemples, dans le *Trévoux* (1752) : « La Peinture est un art muet qui ne *parle qu'aux yeux.* » La réciproque est déjà formulée dans l'*Art Poétique* d'Horace : *Ut Pictura Poesis*... Mais la formule de Brébeuf est une « saillie », un « trait d'esprit », qui doit quelque chose à la préciosité, ou du moins à un goût de la périphrase métaphorique à quoi les précieux prenaient plaisir [1] : Somaize inclut Brébeuf dans la *Clef du Grand Dictionnaire des prétieuses,* sous le nom de Bardesanne (p. 17). On lui attribue dans ce *Dictionnaire* (t. II, p. 172) ces définitions métaphoriques et périphrastiques de la foudre : « Une ardeur pénétrante, un orage fumant, une brûlante vague, un torrent enflammé. » On aimerait pouvoir lui attribuer aussi cette manière de nommer les peintres : « Les poëtes muets. » La formule toutefois est de Brundesiane (t. II, p. 105), que la *Clef* identifie comme Mademoiselle le Brun... Par toute une tradition — qui est celle du genre de l'énigme — « parler aux yeux » se rattache à la fameuse devinette de la *Sapho* d'Antiphane, telle que la relate Athénée (*Déipnosophistes,* X, 73, p. 450 E-451, C) ; la devinette n'est qu'une périphrase dont les termes sont devenus des noms d'agent dans un énoncé narrativisé :

1. Sur les liens de Georges de Brébeuf avec les milieux précieux, cf. René Harmand : *Essai sur la vie et les œuvres de Georges de Brébeuf (1617?-1661),* Paris, 1897 (Repr. Slatkine, 1970), p. 391 sq. Harmand signale, p. 409-410, et n. 2, l'admiration de Corneille (selon Pierre Coste) pour les quatre vers sur l'invention de l'écriture. Je n'ai pu consulter le *Lucain travesti* du même Brébeuf (1655). Une paraphrase parodique, d'attribution incertaine, circulait au XVIIIe siècle :

C'est d'elle que nous vient le fameux art d'écrire,
Cet art ingénieux de parler sans rien dire,
Et par les traits divers que notre main conduit,
D'attacher au papier la parole qui fuit.

(Cité par René Harmand, *op. cit.*, p. 410).

Dans *Sapho* [...] Antiphane présente la poétesse soumettant des devinettes [...] Sapho dit : « Il existe un être féminin qui protège ses nourrissons sous son sein ; ceux-ci, bien que dépourvus de voix, lancent un cri sonore, pardessus les vagues de la mer et à travers l'immensité des terres, atteignant ceux qu'ils désirent parmi les mortels ; mais ceux qui se tiennent tout à côté n'entendent pas, car leur sens de l'ouïe est sans force. »

La réponse juste est la suivante :

L'être féminin est une lettre (*epistolè*) ; ses nourrissons sous son sein sont les lettres (*grammata*) qu'elle transporte ; bien que privées de voix, celles-ci parlent aux destinataires lointains qu'elles veulent atteindre ; mais si quelque autre se tient à proximité du lecteur, il n'entendra rien.

Il s'agit bien, ici, de « parler aux yeux », de donner « corps » à la voix ou à la pensée : la devinette va à l'hyperbole, car la parole est un *cri*, et la lettre est un *nourrisson*. Manque, il est vrai, la notion de *peinture*.

Une formule déplacée

Rousseau voulait-il s'approprier, dans l'*Essai sur l'origine des Langues*, une expression devenue si commune, et, pour le lecteur de l'époque, si reconnaissable ? Nullement. Charles Bonnet, faisant le même emprunt, n'en révèle pas davantage la source.

De fait, Rousseau ne pouvait mentionner sa source qu'au prix d'une longue et oiseuse explication. Car les vers de Brébeuf concernent l'invention de l'alphabet — où Rousseau voit un troisième type d'écriture, qui analyse et ne peint pas. En revanche, le verbe peindre, pour Rousseau, paraît s'appliquer à l'idéogramme chinois — représentation graphique d'un mot entier ou d'une proposition. Rousseau *déplace* donc le point d'application — le signifié — de la formule de Brébeuf. Et il le signale discrètement, par le moyen de l'adverbe, au bon entendeur : « Telle est l'écriture des Chinois ; c'est là *véritablement* peindre les sons et parler aux yeux. » On peut y lire une rectification. On aura compris que, pour Rousseau, le vers de Brébeuf accordait à l'écriture alphabétique des pouvoirs mimétiques excessifs... (Claudel, au contraire, proposera de très ingénieux rapprochements entre la lettre occidentale et l'idéogramme.)

Bonald

Rousseau, dans le passage de l'*Essai* que nous avons mentionné, voit intervenir dans l'écriture « idéo-phonographique »[1] une « double convention » :

> [La première façon d'écrire est celle qui peint les objets mêmes] La seconde manière est de représenter les mots et les propositions par des caractéres conventionnels, ce qui ne peut se faire que quand la langue est tout à fait formée et qu'un peuple entier est uni par des lois communes ; car il y a déjà ici double convention. Telle est l'écriture des Chinois [...]

1. La formule est de Jacques Derrida, dans son commentaire de l'*Essai sur l'origine des langues (De la grammatologie*, Paris, 1967, p. 413-414).

Rousseau utilise la notion de *double convention* dans le sens même où Diderot avait pris cette expression ; celui-ci avait écrit, dans l'article *Encyclopédie :*

> L'institution de signes vocaux qui représentassent des idées, et de caractères tracés qui représentassent des voix, fut le premier germe des progrès de l'esprit humain [...] Sans la *double convention* qui attacha les idées aux voix, et les voix à des caractères, tout restait au-dedans de l'homme et s'y éteignait [1] [...]

Rousseau, dans le second *Discours,* a ostensiblement laissé indécise la question de savoir si le langage est d'origine humaine et conventionnelle, ou s'il résulte d'une révélation divine. Mais quant à l'écriture, à laquelle Rousseau, dans l'*Essai,* attribue une influence pernicieuse, elle est assurément d'*institution.* C'est le perfectionnement de l'écriture qui dépouille les langues de leur *accent* originel, de leur chaleur primitive.

On le sait, les théoriciens de la Restauration prendront au mot Rousseau, pour confirmer, par un aveu de la partie adverse, leur doctrine de la révélation de la parole. Ainsi fait Bonald, dans le long chapitre II (*De l'origine du langage*) de ses *Recherches philosophiques* (1817). Pour ce qui est de l'écriture, au chapitre suivant, il fera de même. Il utilisera non seulement le nom de Rousseau, mais il amplifiera à son tour les quatre vers fameux de Brébeuf, qui avait amplifié lui-même deux vers de Lucain. Bonald écrit de manière

1. Diderot, *Œuvres complètes,* t. II, Club français du livre, 1969, p. 381-382.

prolixe. On voudra bien m'excuser de le citer de manière un peu étendue :

> L'HOMME en naissant entouré de prodiges, et prodige lui-même, admire bien moins ce qui est merveilleux que ce qui lui paroît nouveau. Qu'un homme industrieux invente une encre indélébile ou un papier incombustible, on s'extasie sur les progrès des arts et l'industrie de l'homme, et presque personne ne réfléchit à l'art miraculeux de donner une figure, une *couleur,* un *corps* enfin à la pensée. Cet art, dont le seul énoncé présente la plus étonnante contradiction que l'esprit puisse apercevoir entre deux objets, se confond, dans nos souvenirs et nos habitudes, avec les occupations puériles de l'enfance et les pratiques les plus vulgaires de la vie, parce que nous l'avons appris dans le premier âge, et que tous les hommes, même les plus bornés, sont capables d'en acquérir la connoissance ; et l'on a bien plus remarqué l'art de multiplier l'écriture par l'impression que l'art de fixer la parole par l'écriture, et comme le dit un poète :
>
> *De peindre la parole, et de parler aux yeux.*
>
> Cependant l'art d'écrire offre à la méditation quelque chose peut-être de plus incompréhensible encore que l'art de parler. La parole n'exprime que la pensée et se confond avec elle. L'homme ne prend point hors de lui les moyens de se faire entendre : c'est avec ses seuls organes et sans rien d'accessoire ni d'étranger, qu'il rend sensible son opération intellectuelle ; et sa parole est lui-même, son expression et son image. Mais l'écriture exprime à la fois la pensée et la parole : elle les grave l'une et l'autre sur des matières insensibles ; et c'est au moyen de ces interprètes muets et sourds, que l'homme rend visible et palpable (car les aveugles lisent par les doigts) ce qu'il y a en nous, et même dans l'univers, de plus invisible et de plus impalpable, la pensée ; qu'il rend fixe, permanent, transportable, ce qu'il y a de plus mobile et de plus fugitif, la parole ; et

qu'il renouvelle en quelque sorte le prodige de la création, qui est une vaste pensée rendue visible, et comme l'écriture d'une grande parole[1].

Or si le monde, si l'homme sont l'écriture de la parole divine, que dire de l'écriture humaine ? Ne procéderait-elle pas, elle aussi, de Dieu ? C'est la conclusion à laquelle Bonald veut nous amener.

Bonald commence par demander :

> Mais enfin, où était pour l'homme la nécessité ou même le besoin de l'art d'écrire ? car on ne peut s'empêcher de penser, avec J.-J. Rousseau, qu'un art si merveilleux n'a pas été inventé sans nécessité[2].

Même s'il est difficile de repérer le texte de Rousseau auquel Bonald fait allusion, la stratégie est claire : il s'agit de présenter Jean-Jacques comme un allié, non suspect de complicité. Il fait de même avec Cicéron[3]. Et l'argumentation consistera à déclarer que « l'écriture n'a pas été *nécessaire* (à prendre ce mot dans son acception métaphysique) *pour l'homme, mais contre l'homme,* je veux dire pour conserver la société contre les passions de l'homme en fixant et en rendant à jamais inaltérable le texte des lois divines, fondamentales et primitives que l'homme tend sans cesse à corrompre, pour mettre à leur place des lois de son invention[4] »... A l'évidence, Bonald souhaite affirmer

1. Je cite d'après la seconde édition, Paris, 1826, 2 vol., t. I, p. 240-241.
2. *Op. cit.,* p. 260.
3. *Op. cit.,* p. 242.
4. *Op. cit.,* p. 262.

que l'écriture elle-même a été donnée à l'homme par une révélation divine. Cadmus n'est pas oublié ; mais il n'est, comme Thot, qu'un substitut fabuleux de Moïse. La tradition païenne s'est trompée de personne. Cette analogie de la fable et des livres sacrés permet de reprendre les citations devenues rituelles :

> C'est donc en Orient, chez les Phéniciens ou les Égyptiens, qu'il nous faut chercher, selon la fable, l'origine de l'art d'écrire et sans doute de l'art de parler.
>
> *Phœnices primi, famae si creditur, ausi*
> *Mansuram rudibus vocem signare figuris*
>
> « C'est de lui (de Cadmus) que nous vient cet art ingénieux
> De peindre la parole et de parler aux yeux,
> Et par les traits divers des figures tracées
> Donner de la couleur et du corps aux pensées. »
>
> D'autres traditions plaçoient l'origine de l'écriture chez les Égyptiens, et en attribuoient l'invention à un secrétaire ou ministre d'un roi d'Egypte, nommé *Thot*, fils d'*Hermès* ou *Mercure Trismégiste*, personnage commode à qui l'antiquité fabuleuse étoit convenue d'attribuer l'invention de tout ce dont on ignoroit l'inventeur.
>
> Mais les Phéniciens, plus connus dans le monde politique que leurs voisins, à cause de leur commerce, de leur navigation et de leurs colonies, ont presque toujours été confondus par les anciens avec les Hébreux. Leur pays étoit limitrophe de la Palestine, leur alphabet étoit l'alphabet hébreu, et leur langue un dialecte de la langue hébraïque. Mais les Égyptiens avoient eu long-temps les Hébreux au milieu d'eux, et suivant un ancien auteur cité par Eusèbe, devoient à un personnage fameux de cette nation, au patriarche Joseph, les réglemens les plus sages d'administration, et plusieurs de leurs plus célèbres monu-

mens. Mais ce *Thot* ou *Hermès,* prétendu secrétaire ou ministre d'un roi d'Égypte, inventeur prétendu des lettres, fils de Mercure Trismégiste, qui d'Égypte a passé dans la mythologie grecque et latine avec le titre du dieu de l'éloquence et des lettres, ressemble beaucoup à Moïse élevé à la cour de Pharaon, et qui a transmis au peuple de Dieu l'écriture de la loi. Mais l'histoire de l'Égypte elle-même et de ses fabuleuses dynasties, et de ses conquérans, et de ses législateurs, n'est toute entière que l'histoire retournée du peuple hébreu, particulièrement en ce qui concerne Moïse, et le livre ou l'écriture qu'il porta aux Hébreux [...]

Ainsi, par les Phéniciens ou les Egyptiens, inventeurs de l'art d'écrire selon la fable, nous remontons également au peuple hébreu, premier dépositaire de la loi *écrite,* nous apercevons à travers le voile que la fable à répandu sur l'histoire des premiers temps, la nation hébraïque, le peuple de Dieu, la société aînée ; et nous retrouvons chez toutes les nations policées, et à la tête de la société, quelques traces de sa langue, de ses livres, de ses lois, de ses traditions, de son histoire, comme nous retrouvons Dieu lui-même à la tête du genre humain.

Ainsi Dieu lui-même constitue la première société en promulguant et fixant par l'écriture la loi positive, comme il avoit constitué la première famille en lui enseignant avec la parole les devoirs naturels [1].

Cadmus n'est désormais plus qu'une invention de la *Grèce menteuse* (p. 275). Faut-il, pour le coup, ne plus respecter l'autorité de Lucain, ni la formule piquante de Brébeuf ?

Reste une voie de salut, qui est de modifier les vers de Brébeuf. Il suffit de changer le sujet de la phrase, et de remplacer Cadmus par un Inventeur divin. C'est le pas que franchit le fils de Louis de Bonald, Victor, qui

1. *Op. cit.,* p. 273-276.

sous les initiales V. de B. publie en 1833 des *Vrais principes opposés aux erreurs du XIXe siècle* [...], véritable compendium de la pensée de son père, dont les ouvrages sont constamment loués, résumés, paraphrasés. Voici Brébeuf corrigé en tous points :

> Disons, avec l'ancien traducteur de Lucain, mais en retouchant légèrement ses beaux vers pour les rendre plus conformes à la raison et aux lois de la grammaire :
>
> *C'est du Ciel que nous vient cet art ingénieux*
> *De peindre la parole et de parler aux yeux,*
> *Et, par les traits divers de figures tracées,*
> *De donner la couleur et le corps aux pensées*[1].

Cadmus, ainsi retouché, se perd dans les nuées. Il est christianisé. Mais puisque « peindre la parole » et « parler aux yeux » n'ont pas cessé de nous intéresser, il valait la peine de suivre le sillage du navigateur phénicien, dans un périple où quelques textes littéraires français lui offrent l'occasion d'un bref passage, jusqu'à l'apothéose.

1. V de B., *Les vrais principes opposés aux erreurs du XIXe siècle ou notions positives sur les points fondamentaux de la philosophie, de la politique, et de la religion.* Avignon, F. Seguin aîné; Montpellier, A. Seguin, 1833, p. 98. Dès le XVIIIe siècle, une version infléchie du côté de l'orthodoxie religieuse avait déjà cours. En 1752, un érudit allemand cite Brébeuf de la façon suivante :

> C'est de Dieu que nous vient cet art ingénieux
> De peindre la parole, et parler aux yeux (sic)

Georg Wachter, *Naturae et Scripturae concordantia* [...], Leipzig et Copenhague, 1752, p. 49. Ces vers sont déclarés dignes d'Homère.

*

Sait-on par combien de lecteurs la *Pharsale,* dans la version de Brébeuf, fut encore lue au XVIIIe et au XIXe siècle [1] ? J'ai tout lieu de croire qu'ils ne furent pas

1. Le catalogue de la Bibliothèque Nationale (Paris) mentionne plusieurs rééditions de 1655 jusqu'à 1683, moment où le « goût classique » condamne et ridiculise Brébeuf. Comme nous l'avons vu par les exemples empruntés à divers dictionnaires, les vers sur l'écriture survivent. On les retrouve notamment dans un ouvrage qui fut très lu au XVIIIe siècle, le *Traité de l'Opinion* (2 vol., Paris, 1735) de G.-C. Legendre de Saint-Aubin, t. I, Livre II, 10, p. 107. Le texte français de Brébeuf n'est republié qu'en 1796, pour escorter une édition latine de Billecocq. Dans l'intervalle, le poème de Lucain aura été traduit deux fois : par Pierre-Toussaint Masson (deux éditions, 1765 et 1766), puis avec un plus durable succès par Marmontel (1765, nombreuses rééditions jusqu'en 1828). Dans la préface, Marmontel ne se prive pas de critiquer Brébeuf, qui a ajouté des « épisodes entiers » au texte latin, et dont la traduction n'est au mieux qu'une « libre imitation ». Marmontel traduit en prose, sans donner le texte latin, sinon dans des notes fragmentaires. Les vers sur l'écriture deviennent : « Ce peuple est le premier, si l'on en croit la Renommée, qui ait essayé de rendre la parole visible et de la fixer sous les yeux. » Traduction où le texte latin n'a été que très partiellement interprété. Un appel de note (*h*) permet au lecteur de trouver, en appendice du Chant III, les vers de Lucain, et la traduction de Brébeuf. Dans son édition critique de *La Pharsale* (texte latin seul et annotations en latin), P. A. Lemaire écrit, pour annoter le vers sur les Phéniciens : *Ad hunc eleganter Brébeuf* [suit la citation des quatre vers français] *alias poeta ampullatus.* L'abbé R. A. Sicard, dans la Préface de ses *Elémens de grammaire générale* (Paris, an VII), s'était réclamé de Cadmus et de Brébeuf.

Le *Grand Dictionnaire Universel* de Pierre Larousse, à l'article *Ecriture* (1870), cite à nouveau Brébeuf. Quant à l'article *Brébeuf* de ce même *Dictionnaire,* il déclare que « tout le monde connaît ces

très nombreux. Mais la persistance d'un vers, ou plutôt d'une formule — « peindre la parole et parler aux yeux » — atteste la mémoire vivace qui s'attache aux rares énoncés où un rôle fonctionnel précis et une qualité ludique évidente se composent en proportion égale. Un rôle fonctionnel et quasi didactique : car la formule *définit* l'écriture. Une qualité ludique : car l'oxymore et le chiasme, accentués par l'allitération, y font jouer leur séduction, jusqu'à atteindre l'un de ces « bonheurs d'expression » qui contribuent à faire vivre une culture fondée largement sur le langage : pour nous, modernes, ce court texte parle de ce qui le constitue. Il décrit le pouvoir descriptif de l'écriture[1].

---

quatre vers de *La Pharsale* ». Avec une épigramme contre une femme fardée, c'est tout ce qui est cité de ce poète. A son avantage, deux vers de Boileau sont mentionnés :

> Malgré son fatras obscur
> Souvent Brébeuf étincelle.

Ce sont là circonstances atténuantes. Boileau (ainsi que le rappelle Pierre Larousse) avait condamné Brébeuf au Chant I de l'*Art Poétique*; et, dans l'une des Lettres à Brossette (LXV), il avait qualifié Brébeuf d'écrivain « guindé » cherchant en vain le sublime, et ne réussissant à s'élever qu'aux *meteora orationis*.

1. Nous reprenons dans cette première annexe, un texte que nous avons publié dans *Wolfenbütteler Forschungen*. Vol. 34. *Formen innerliterarischer Rezeption* (Hommage à Jürgen von Stackelberg), 1987, pp. 413-421.

II

L'inclinaison de l'axe du globe

Le passage de l'état « sauvage » à « l'état de société », selon le *Discours sur l'inégalité* et l'*Essai sur l'origine des langues*, a donné lieu à de nombreux commentaires. L'essentiel a été parfaitement mis en lumière par Bronislaw Baczko : « L'homme sort de l'état de nature " naturellement ", et ce dans un double sens. Premièrement, à la suite de causes naturelles, l'équilibre entre l'individu et son milieu naturel fut ébranlé ; la stabilité des rapports entre l'homme naturel et le milieu naturel [...] fut rompue [...] L'homme se trouva en conflit avec son milieu, il dut " arracher à la nature " ce qu'elle lui offrait jusqu'alors [...] Mais la dénaturation est également naturelle dans un autre sens [...] Elle est fondée dans la nature même de l'homme, dans sa vocation [1]. » Dans l'état présocial l'homme possédait des facultés virtuelles qui demeuraient en réserve, en puissance, et

1. Bronislaw Baczko, *Rousseau, Solitude et communauté*, en polonais, Vienne 1970 ; trad. C. Brendhel-Lamhout, Mouton, Paris-La Haye, 1974, pp. 91 et suiv.

qui ne pouvaient se développer que sous la provocation des « circonstances ».

Le rôle dévolu aux circonstances — constituant un obstacle et mettant au défi les individus résolus à survivre — est le même dans le second *Discours,* dans l'*Essai,* dans le *Contrat* et dans les textes recueillis parmi les *Fragments politiques.* Mais leur mise en scène est différente. Dans le *Discours,* Rousseau s'en tient à des causes naturelles immédiates. Il parle des « difficultés » qu'il fallut « apprendre à [...] vaincre », et il évoque « la différence des terrains, des climats, des saisons », puis « des années stériles, des hivers longs et rudes, des étés brûlants qui consument tout ». Plus loin, il est question de « grandes inondations », de « tremblements de terre » et des « révolutions du globe [1] ». Le tableau de ces bouleversements a paru, à juste titre, inspiré par la *Théorie de la Terre* de Buffon (1749). En revanche, dans l'*Essai sur l'origine des langues,* où les références bibliques sont nombreuses, Rousseau ne s'est pas contenté d'évoquer l'inégalité des climats, « les accidents de la nature, les déluges particuliers, les mers extravasées, les éruptions des volcans, les grands tremblements de terre [2] », etc. Il est remonté à leur cause, et il a recouru au langage figuré. Relisons ces lignes fameuses :

> Celui qui voulut que l'homme fût sociable toucha du doigt l'axe du globe et l'inclina sur l'axe de l'univers. A ce

1. Jean-Jacques Rousseau. *Discours sur l'inégalité,* in *Œuvres complètes,* t. III, Paris, Pléiade, 1964, pp. 165-169.
2. *Essai sur l'origine des langues,* ch. IX, *supra,* p. 101. La notion du « déluge particulier », dans le lexique du XVIIIe siècle, s'oppose à celle du « déluge universel ».

léger mouvement *je vois* changer la face de la terre et décider la vocation du genre humain : *j'entends* au loin les cris de joie d'une multitude insensée ; *je vois* édifier les palais et les villes ; *je vois* naître les arts, les lois, le commerce [1] [...]

En ces lignes, l'animation rhétorique va de pair avec l'insistance théorique. L'hypotypose, développée par la répétition du « je vois », expose en raccourci les transformations qu'avait énumérées le second *Discours*, la situation qu'avait incriminée le premier *Discours*. Pour décrire les conséquences de l'inclinaison de l'axe de la terre, Rousseau recourt à la formule d'éloquence traditionnellement mise en œuvre pour produire l'effet d'*evidentia* ou d'*enargeia*. Buffon l'avait utilisée de son côté pour rendre plus impressionnante, dans la *Théorie de la Terre*, son évocation de l'Océan : « Plus loin, *je vois* ces gouffres [...] *j'aperçois* ces vastes plaines [...] enfin, portant les yeux jusqu'à l'extrémité du globe, *je vois* ces glaces énormes »... Même procédé, chez Buffon, pour mettre sous nos yeux les fleuves, les montagnes, leurs multiples couches. Le texte fait de nous les contemplateurs d'une scène où tout a pris l'autorité du *fait réel*. Je vois est le verbe modalisateur de l'irréfutable constat, que l'écrivain spectateur nous oblige à partager avec lui. Il nous place à son point de vue : nous le croirons sur parole lorsqu'il décrit la face de la terre. Et nous devons semblablement croire Rousseau sur parole lorsqu'il *voit* « les peuples se former, s'étendre, se

1. *Supra*, pp. 99-100. Nous soulignons (italiques). J. Derrida, dans *De la grammatologie* (Paris, 1967), commente ce passage dans le contexte des écrits de Rousseau. Cf. J. Roger, *Buffon*. Paris, 1989, p. 144 sq.

dissoudre, se succéder comme les flots de la mer[1] »... Le constat moral a pris la place du constat physique, en lui empruntant ses images.

Si Rousseau doit beaucoup à Buffon, ce n'est cependant pas à lui qu'il reprend l'idée de l'inclinaison de l'axe de la terre après une période de « printemps perpétuel sur la terre ». Pour Buffon, l'inclinaison de l'axe terrestre est aujourd'hui ce qu'elle a toujours été. Détachée du soleil par le choc d'une comète, la terre a pris dès son origine la position qui est la sienne. Nulle catastrophe ne l'a changée : en son centre elle est « homogène », « son axe demeurera perpétuellement incliné comme il l'est aujourd'hui, et comme il l'a toujours été[2] ». Le « léger mouvement » du doigt de Dieu, dans le texte de Rousseau, est une explication du déluge, nié par Buffon, et c'est en même temps une théorie qui fait advenir après le déluge l'inégalité des saisons (que d'autres auteurs, avant lui, avaient fait commencer au moment de l'expulsion d'Adam et d'Eve hors du Paradis[3]). Rousseau tenait à cette idée, et l'on a souvent rappelé le « fragment politique » qui la présente en termes presque semblables :

> Si l'écliptique se fût confondu avec l'Equateur peut-être n'y eût-il jamais eu d'émigration de peuple, et chacun, faute de pouvoir supporter un autre climat que celui où il étoit né, n'en seroit jamais sorti. Incliner du doigt l'axe du monde ou dire à l'homme : couvre la terre et sois sociable, ce fut la même chose pour celui qui n'a besoin ni de main pour agir ni de voix pour parler[4].

1. *Supra*, p. 100.
2. Buffon, *Œuvres complètes*, Paris, Duménil, 1832, t. I, p. 98.
3. Ainsi Milton, au Livre X du *Paradis perdu* (vers 668-687).
4. Jean-Jacques Rousseau, *O.C.*, Pléiade, t. III, p. 531.

Jean Ehrard[1], puis Henri Grange[2], ont eu raison de rappeler que l'image de l'intervention divine, chez Rousseau, est très semblable à celle que propose l'abbé Pluche, dont Rousseau connaissait bien l'ouvrage : dans *L'usage du spectacle de la nature,* ou *Lettre du Prieur au Chevalier,* Pluche décrit longuement le printemps perpétuel qui régnait sur une terre « n'inclinant point son axe sur le plan de sa route annuelle ». A l'exception de la zone torride de l'Equateur, le climat y était partout délicieux. Mais sur cette première terre les hommes deviennent méchants, et Dieu résout de les faire vivre sur une seconde terre :

> Par quel moyen ce changement terrible a-t-il pu s'opérer ? Une ligne déplacée dans la nature suffit à Dieu pour en changer la face. Il prit l'axe de la terre et l'inclina quelque peu vers les étoiles du Nord [...] Les cataractes du ciel furent ouvertes. La terre ébranlée par une secousse universelle, se brisa sous les pieds de ses infâmes habitants, s'éboula dans les eaux souterraines. Les réservoirs du grand abîme furent rompus et les eaux s'en élancèrent par des mares proportionnées au volume des terres qui les chassaient en s'y abaissant. Du concours des eaux supérieures et des eaux inférieures, il se forma un déluge universel, et le globe fut noyé[3].

1. Jean Ehrard, *L'idée de nature en France dans la première moitié du XVIIIe siècle,* Paris, 1963, et Genève, Slatkine, 1981, pp. 621-625.
2. Henri Grange, « L'Essai sur l'origine des langues dans ses rapports avec le Discours sur l'origine de l'inégalité », in *Annales historiques de la Révolution française,* n° 189, juillet-septembre 1967, pp. 291-307. Voir aussi, du même auteur « Rousseau et l'obliquité de l'écliptique », in *Mélanges Ch. Dédéyan*. Paris, 1985, pp. 23-28.
3. Pluche, *Le Spectacle de la nature,* 9 vol. (1735). Nous citons d'après l'édition de 1768, t. III, pp. 522-527.

Cette représentation du déluge, chez Pluche, fait écho à l'image qu'en avait donnée Thomas Burnet, dans sa *Telluris theoria sacra* (1680). Jean Ehrard, qui signale cette influence, rappelle que le système de Burnet a été très largement connu et cité. Il mentionne deux relais importants : Boulainvilliers (*Astrologie mondiale*, 1721) ; Diderot (article sur la *Philosophie mosaïque et chrétienne*, dans l'*Encyclopédie*). L'accueil, dans les milieux religieux, fut loin d'être favorable. Dom Calmet, dans son *Dictionnaire de la Bible* [1], formule une objection majeure, que l'on peut résumer aisément : le Déluge fut un événement miraculeux, et Thomas Burnet a prétendu l'« expliquer d'une manière physique » : sa « théorie sacrée » ne fait intervenir que des forces mécaniques, déterminant l'effondrement partiel de la croûte terrestre. Même résumé (un peu plus succinct), mêmes accusations, mêmes renvois à la lettre de la Bible, dans le *Dictionnaire de Trévoux* à l'article *Déluge* :

> Par le ravage du Déluge le globe de la terre fut non seulement fracassé et brisé en mille endroits, mais l'ébranlement et l'émotion qu'il souffrit en changèrent la situation en sorte que la terre est maintenant posée obliquement sous le Zodiaque : ce qui cause la diversité des saisons. Avant le Déluge l'on n'était point exposé à cette importune variété. BURNET. Ce que dit ici Burnet, aussi bien que tout ce qu'il avance dans son livre intitulé *Telluris theoria sacra*, où il prétend expliquer le Déluge sans miracle et selon le système de Descartes sont des imaginations fausses et contraires à l'Ecriture, que Leidekker et d'autres

1. *Dictionnaire de la Bible*, seconde éd., 4 vol., Genève, 1732, t. II, p. 223.

Protestants même ont réfutées. Au Ch. VIII de la Genèse, v. 22, Dieu promettant aux hommes qu'il n'affligera plus la terre d'un déluge, et qu'il va pour jamais rétablir les choses comme auparavant leur dit : que le froid et le chaud, l'été et l'hiver, le jour et la nuit et toutes ces vicissitudes ne cesseront plus. Il y avait donc eu des différence de saisons avant le déluge [1].

Ces objections de l'orthodoxie, Burnet les avait prévues et s'en était défendu en alléguant « l'accord établi par la providence divine entre le monde des causes naturelles et le monde moral. Le Déluge a pu se produire par des causes physiques parfaitement naturelles, et n'en être pas moins la punition des hommes coupables [2] ». Il n'a pu réussir à persuader les tenants de l'orthodoxie. Diderot parle de lui avec sympathie : « Ses idées [...] ne furent pas accueillies des théologiens avec la même indulgence que des philosophes. Son christianisme fut suspect. On le persécuta ; cet homme paisible se trouva embarrassé dans des disputes, et suivi par des inimitiés qui ne le quittèrent qu'au bord du tombeau [...] Si l'on veut oublier quelques observations qui ne s'accordent point avec l'hypothèse de Burnet, on conviendra qu'il était difficile d'imaginer rien de mieux. C'est une fable qui fait beaucoup d'honneur à l'esprit de l'auteur [3] ».

Buffon, moins indulgent, avait rangé Burnet parmi

1. Nous citons le *Dictionnaire de Trévoux* d'après l'édition de 1752.
2. Th. Burnet, *Telluris theoria sacra* (1680), Amsterdam, 1699, p. 34. Cf. Paolo Rossi, *I segni del tempo*, Milano, 1979, pp. 54-62 ; et Ch. C. Gillispie, *Genesis and Geology. The impact of scientific discoveries upon religious beliefs in the decades before Darwin*, New York, 1959.
3. *Encyclopédie*, article « Mosaïque et chrétienne (philosophie) ».

les faiseurs de systèmes : « ... C'est un roman bien écrit, et un livre qu'on peut lire pour s'amuser, mais qu'on ne doit pas consulter pour s'instruire. L'auteur [...] a tout tiré de son imagination[1]. » C'est que Buffon avait ses propres inductions à proposer, sa propre imagination à faire prévaloir. La *Théorie de la terre* contient, sans le dire, des échos de Burnet. Buffon, par exemple, décrit l'aspect actuel de la terre, « qui ne nous présente d'autre image que celle d'un amas de débris et d'un monde en ruine [...] Cependant *nous habitons ces ruines* avec une entière sécurité[2] »... C'est Burnet qui avait fourni l'image : « *Fractus orbis collapsus est, et nos habitamus ipsius ruinas*[3]. » Buffon, tout en rendant hommage au « Créateur », était allé beaucoup plus loin dans son indépendance à l'égard des récits de l'Ecriture. Sa cosmologie ne cherche aucune concordance avec celle de la Bible. On sait que les gardiens de la tradition lui en tinrent rigueur. Buffon, ne pouvant attaquer de front les théologiens, s'est rabattu sur les faiseurs de systèmes qui tentaient de respecter le dogme, et dont les théologiens ne pensaient pas beaucoup de bien. Il ne courait pas grand risque en prenant pour cible le parti intermédiaire des physico-théologiens, qui voulaient parler le langage de la science sans offenser la Bible. Sa tactique consistait à rappeler les principes maintenus par l'Eglise, avec laquelle, l'espace d'un paragraphe, il faisait cause commune. En mettant au pied du mur les physico-

1. Buffon, *op. cit.*, p. 102.
2. *Id.*, p. 63.
3. Th. Burnet, *op. cit.*, Livre I, chap. 10, p. 63.

théologiens, il laissait bien deviner, au bon entendeur, qu'il n'y avait pas de moyen terme entre les observations précises, les conjectures rationnelles, et les fables pieuses postulant l'intervention miraculeuse :

> Nous ne pouvons nous dispenser d'observer que la plupart des auteurs dont nous venons de parler, comme Burnet, Whiston et Woodward, ont fait une faute qui nous paraît mériter d'être relevée, c'est d'avoir regardé le déluge comme possible par l'action des causes naturelles, au lieu que l'Ecriture Sainte nous le présente comme produit par la volonté immédiate de Dieu [...] Rien ne caractérise mieux un miracle que l'impossibilité d'en expliquer l'effet par des causes naturelles. Nos auteurs ont fait de vains efforts pour rendre raison du déluge : leurs erreurs de physique au sujet des causes secondes qu'ils emploient, prouvent la vérité du fait tel qu'il est rapporté dans l'Ecriture Sainte et démontrent qu'il n'a pu être opéré que dans la cause première, par la volonté de Dieu [1].

Buffon a le mérite de formuler clairement l'alternative : il faut choisir, pour l'explication du déluge, entre les causes secondes (les lois physiques) et le miracle, c'est-à-dire la cause première, la main de Dieu. Dans *Les Epoques de la Nature*, le choix de Buffon est évident. La troisième époque est celle où « les eaux ont couvert nos continents » : mais il ne s'agissait nullement d'un déluge destiné à punir des hommes devenus méchants : la vie prit naissance dans les océans, et l'homme apparut sur terre plus tard [2]. Toutefois d'au-

1. Buffon, *op. cit.*, p. 107.
2. Buffon. *Les Epoques de la Nature*, Edition critique par Jacques Roger, Paris, 1962. Voir en particulier la note 54, pp. 274-275, qui apporte sur notre problème une très riche information.

tres auteurs hétérodoxes, pour des raisons de prudence, et surtout lorsque leurs hardiesses portaient sur d'autres objets, ont concédé l'origine miraculeuse du déluge. L'abbé de Prades, dans sa fameuse thèse, soutenait, sur l'origine des connaissances, des idées proches de celles des encyclopédistes : il avait recours au déluge pour proposer l'image d'une humanité éparse au lendemain du cataclysme. La hardiesse consistait à omettre l'apprentissage paradisiaque, à effacer la première révélation du langage, pour supposer, comme Condillac, après les grandes eaux destructrices, un mutisme et une ignorance absolus. Sur la cause même du déluge, il était possible de donner satisfaction à la doctrine orthodoxe :

> Il y a eu un temps, où la Terre balancée par son propre poids, décrivait autour du soleil son orbite sans pencher son axe d'un côté plus que de l'autre sur le plan de cette orbite. Cette disposition constante de son axe ne pouvait manquer d'influer sur la vie des hommes qu'elle rendait plus longue. Des jours purs et sereins se levaient sur leurs têtes et semblaient ne se reproduire que pour leur annoncer une espèce d'immortalité. Un printemps éternel régnait alors, et embellissait la terre ; toute la nature était riante ; l'air était parfumé des odeurs les plus suaves [...] Mais quelle secousse terrible a pu dans la suite des temps ébranler le globe jusque dans ses fondements, et faire changer son centre de gravité ? De quelque manière qu'on explique ce grand changement dans la nature, une chose du moins qu'on peut assurer, c'est qu'il n'est point possible par l'action des causes naturelles (*causarum secundarum*). Nous ne pouvons nous empêcher de reconnaître *la main de Dieu* qui l'a opérée par le moyen du Déluge, dont il a fait servir les eaux à nettoyer la terre de cette corruption générale dont les hommes l'avaient souillée. (*Ergo magnum*

> *est portenti genus, quod nos quasi manu perducit ad diluvium, in terras a Deo videlicet immissum* [...])[1].

L'abbé de Prades, qui a suivi de très près l'histoire du globe narrée par Burnet (à la différence près de l'intervention *immédiate* de la divinité), a beau jeu dès lors de désavouer Whiston et sa queue de comète, Burnet lui-même et son effondrement de la croûte terrestre tombant dans « l'abîme d'eau »...

Dieu « prit l'axe de la terre et l'inclina » (Pluche) ; sa « main » a opéré ce grand changement » (Prades) : à ces images de l'intervention divine succède, chez Rousseau, le « léger mouvement » du « doigt » de Celui qui « inclina » « l'axe du monde ». Pour chaque auteur, il s'est agi de théologiser plus complètement, jusqu'à lui donner l'*apparence* d'un miracle, l'interprétation burnetienne du déluge et du commencement d'une « seconde terre ». Chez de Prades, chez Rousseau, le déluge est la condition nécessaire d'un recommencement radical de l'apprentissage humain, à partir des seules ressources naturelles de l'homme. Les gardiens de l'orthodoxie n'aimaient pas cette seconde

1. La thèse de l'abbé de Prades (texte latin et traduction française en regard) est incluse dans son *Apologie*, Amsterdam, 1752. Nous citons des extraits des pp. 27-29. Le printemps perpétuel, antérieur à l'inclinaison de l'axe terrestre et au déluge, permet d'amalgamer l'image du Paradis, celle de la terre avant le déluge, et l'image de l'âge d'or et des âges subséquents telle qu'on la trouve chez Ovide (*Métamorphoses*, I, vv. 89-150). Sur « l'affaire de Prades », voir J. S. Spink, « Un abbé philosophe : L'affaire de J. M. de Prades », in *Dix-huitième siècle*, 3, 1971, pp. 145-180. Voir également U. Ricken, *Sprache, Anthropologie, Philosophie in der französischen Aufklärung*, Berlin, 1984, pp. 109-121.

origine : ils n'acceptaient pas l'idée d'une subite inégalité des saisons, ni l'hypothèse d'un oubli total du premier langage. Rousseau n'hésita cependant pas à adopter le point de vue qu'avaient soutenu Condillac et l'abbé de Prades. Le miracle du déluge est une compensation de pure forme pour le non-miracle de l'origine des langues. C'est un miracle donnant naissance à un monde sans miracle. Dans l'*Essai sur l'origine des langues,* où l'histoire biblique est fréquemment alléguée, la langue des passions (au Sud) comme celle du besoin (au Nord) ne doivent rien à une révélation divine. Dans le *Discours sur l'inégalité,* où le récit de la Genèse avait fait partie des « faits » que le raisonnement écartait, Rousseau s'était dit « convaincu de l'impossibilité presque démontrée que les langues aient pu naître et s'établir par des moyens purement humains[1] », concession dont allaient se prévaloir de concert les apologistes catholiques de la Restauration. Bien qu'il donne une place beaucoup plus considérable aux *faits* bibliques, l'*Essai sur l'origine des langues* exclut toute hypothèse touchant l'origine divine de notre langage post-diluvien :

> Adam parlait ; Noé parlait ; soit. Adam avait été instruit par Dieu même. En se divisant les enfants de Noé abandonnèrent l'agriculture, et la langue commune périt avec la première société [...] Epars dans ce vaste désert du monde les hommes retombèrent dans la stupide barbarie où ils se seraient trouvés s'ils étaient nés de la terre[2].

1. *O.C.*, III, p. 151.
2. *Essai sur l'origine des langues,* ch. IX. Orth. modernisée.

Dès lors, il n'est plus nécessaire de séparer, comme Rousseau l'avait fait dans le second *Discours,* l'histoire racontée dans les « livres sacrés » et l'histoire développée par des « raisonnements hypothétiques et conditionnels[1] ». En renonçant à l'argument de la double vérité, Rousseau tire avantage pour la démonstration de l'origine naturelle du langage. La concession faite au miracle du déluge, dans l'*Essai,* ne laisse plus rien subsister de la concession faite, dans la première partie du *Discours,* à la révélation primitive instituant à tout jamais la parole. Et les lignes de l'*Essai* que je viens de citer prouvent que la dispersion et la « stupide barbarie » de l'humanité post-diluvienne ne sont plus considérées, contrairement à ce que Rousseau affirmait au début du *Discours,* comme un « paradoxe fort embarrassant à défendre[2] ». L'*Essai* de Rousseau, au chapitre IX, envisage deux dispersions du genre humain : la première est celle de Caïn et de sa progéniture ; la seconde, celle des enfants de Noé, oublieux du langage qui fut parlé antérieurement selon l'instruction donnée par Dieu à Adam. Sans faire la moindre allusion à la fonction *punitive* du déluge, Rousseau (cautionné implicitement par l'abbé Pluche) satisfait l'orthodoxie aux moindres frais, et peut néanmoins maintenir la fonction déterminante qu'il avait d'emblée attribuée aux changements du milieu extérieur, cause occasionnelle du développement de la perfectibilité humaine. Ce n'est désormais plus une « hypothèse », mais un

1. *O.C.*, III, p. 133.
2. *O.C.*, III, p. 132. La remarque est faite par H. Meier dans son excellente édition critique du *Discours sur l'inégalité,* UTB, Schöningh, 1984, pp. 70-71, note 81.

« fait », lequel permet l'énumération et l'examen d'autres faits subséquents : la musique des Grecs, l'invasion des barbares, l'invention de l'harmonie, la musique de Rameau... Il ne serait pas illégitime d'avancer que, résolu à porter la discussion ultérieure sur des problèmes musicaux situés *dans* l'histoire, Rousseau devait nécessairement construire son écrit tout entier (contrairement à la méthode conjecturale du second *Discours*) en mentionnant des civilisations et des moments historiques nettement déterminés : l'argumentation se déploie sur un plan continu de narration. Mais cette argumentation, sur le fond, est semblable dans l'*Essai* et dans le *Discours*.

Rousseau ne pouvait-il se dispenser, dans l'*Essai*, d'invoquer une intervention miraculeuse[1] ? Il voulait se mettre au diapason de l'histoire de la Genèse. Il avait accepté de nommer Adam, d'en faire le dépositaire d'un premier langage révélé, puis oublié, sans lui imputer le péché ni la chute. Celle-ci devait donc être déplacée : l'inclinaison de l'axe de la terre remplace l'expulsion du Paradis. La faute, dès lors, n'est plus dans la première désobéissance, mais dans les conséquences du développement des « arts » et des sociétés, lui-même occasionné par la brusque mutation du climat : « Je vois les hommes rassemblés sur quelques points de leur demeure pour s'y dévorer mutuellement et faire un affreux désert du reste du monde digne

1. Sur les marges accordées par Rousseau au miracle, on relira surtout la troisième des *Lettres de la montagne*. Pour Voltaire, le déluge (article : « Déluge universel ») est « un miracle », parce qu'il est « rapporté dans les saintes écritures hébraïques transmises aux chrétiens » : croira qui voudra.

monument de l'union sociale et de l'utilité des arts[1]. » Les villes sont nées. Les hommes sont devenus sociables, selon l'ordre de Dieu, mais sans couvrir « la terre », comme Il le leur demandait. La faute n'est ni dans le « léger mouvement » du doigt de Dieu, ni dans la nature de l'homme, mais dans les conséquences non maîtrisées du travail de socialisation. Au reste, si Dieu a agi immédiatement sur le globe, il n'a pu le faire, assure l'abbé Pluche, que par l'intermédiaire des « agents naturels » qu'il « emploie » « depuis la création[2] ». De la sorte, l'extériorité de l'intervention divine ne fait, relativement à l'homme, que doubler et renforcer l'extériorité des agents physiques hostiles, que l'homme eut à affronter après une longue période passée dans un « printemps perpétuel ». Le mouvement du doigt de Dieu n'est qu'une métaphore[3]. Dieu « n'a besoin ni de main pour agir ni de voix pour parler[4] ». La différence est infime entre un Dieu qui laisse agir les lois qu'il a établies (les « causes secondes ») et un Dieu qui les modifie. A la limite, Rousseau aurait pu se contenter de la théorie de Burnet. Mais celle-ci était attaquée (à la fois par Buffon et par les théologiens) et il n'en coûtait pas trop à Jean-Jacques, en un point qui ne lui imposait aucun sacrifice sur l'essentiel de sa propre pensée, de renforcer la couleur biblique d'un récit des « premiers temps » avec lequel il avait déjà pris bien des libertés. De toute manière l'inclinaison de l'axe de la terre

1. *Essai sur l'origine des langues*, ch. IX, p. 100.
2. *Le Spectacle de la nature*, éd. cit., t. III, p. 536.
3. Cf. J. Derrida *De la grammatologie*, Paris, 1967, p. 364.
4. *O.C.*, III, p. 531.

modernisait le récit mosaïque, l'ajustait à la cosmologie copernicienne et pouvait même — passé le moment catastrophique de l'inclinaison elle-même — se lire selon une vision providentialiste où tout est « le mieux possible ». On lit, sous la plume de Rousseau, dans le *Traité de sphère :*

> On voit avec quel art sublime et digne de son divin ouvrier, cette énorme masse se trouve distribuée et éclairée de manière que tous les êtres vivants qui la couvrent puissent vivre et subsister. [...] Tout [...] nous montre la *main puissante et bienfaisante* qui a préparé cette terre pour notre habitation, et que l'homme stupide et ingrat ose méconnaître[1]...

*

Les spéculations sur les variations d'inclinaison de l'axe terrestre ne plaisaient guère à Voltaire. Il s'y était arrêté dans l'édition de 1741 des *Eléments de la philosophie de Newton,* mais il leur réserve finalement des propos ironiques : son article *Axe* des *Questions sur l'Encyclopédie* (1770-1772) multiplie les doutes et les fins de non-recevoir :

> D'où vient que l'axe de la terre n'est pas perpendiculaire à l'équateur ? Pourquoi se relève-t-il vers le nord et s'abaisse-t-il vers le pôle austral dans une position qui ne paraît pas naturelle, et qui semble la suite de quelque dérangement, ou d'une période d'un nombre prodigieux d'années ?
>
> Est-il bien vrai que l'écliptique se relève continuellement par un mouvement insensible vers l'équateur, et que

1. J.-J. Rousseau, *Œuvres et correspondance inédites,* publiées par G. Streckeisen-Moulton, Paris, 1861, p. 210.

l'angle que forment ces deux lignes soit un peu diminué depuis deux mille années ?

Est-il bien vrai que l'écliptique ait été autrefois perpendiculaire à l'équateur, que les Egyptiens l'aient dit, et qu'Hérodote l'ait rapporté ? [...]

Ancienne histoire, ancienne astronomie, ancienne physique, ancienne médecine (à Hippocrate près), ancienne géographie, ancienne métaphysique ; tout cela n'est qu'ancienne absurdité qui doit faire sentir le bonheur d'être nés tard. [...]

A qui Voltaire s'en prend-il ? A l'abbé Pluche, assurément, qui invoqua un « grand dérangement ». Mais pour l'essentiel, le sarcasme est dirigé contre la doctrine que le chevalier de Louville proposa à plusieurs reprises à l'Académie des Sciences, surtout dans une communication de 1716. « Son système », lit-on dans l'*Histoire de l'Académie des Sciences,* « est donc que l'obliquité de l'écliptique diminue toujours d'une minute en 100 ans. En effet, en faisant l'histoire de la détermination de cette obliquité par les astronomes de tous les siècles depuis Pythéas, le plus ancien que nous connaissions de tous ceux qui l'ont faite, il trouve toujours cette diminution et la trouve assez proportionnée aux différents intervalles de temps [...] Mais M. le chevalier de Louville est allé plus loin. Il a recueilli des preuves de son système depuis des temps si reculés, que l'on n'y distingue plus la fable d'avec l'histoire [...] Selon une ancienne tradition des Egyptiens rapportée par Hérodote, l'écliptique avait été autrefois perpendiculaire à l'Equateur [...] Si le système de M. de Louville est vrai, l'écliptique viendra dans 140 000 ans à se confondre avec l'Equateur, supposé que la Terre dure encore. Alors on aura pendant un certain nombre d'années ou même de siècles un équinoxe perpétuel. Je dis, *pendant un certain nombre d'années ou même de siècles,* car l'écliptique, continuant son mouvement, reviendra à se séparer de l'Equateur, et passera de l'autre côté ». Résumant le débat, Fontenelle ajoute : « Malgré toutes les raisons de M. de Louville, les astronomes de l'Académie sont demeurés attachés à l'obliquité constante de l'Ecliptique de 23° 29′. » Et il commente : « Une ou deux minutes, que les observations tantôt donneront et tantôt ne donneront pas, pourront aisément être contestées, et ne suffiront pas pour accabler l'un ou l'autre parti. Quant au grand dérangement physique que l'hypothèse de M. de Louville apporterait un jour à la terre, il est vrai qu'il n'est guère vraisemblable pour le commun des hommes, mais les philosophes la digéreraient plus aisément[1]. »

Fontenelle était troublé par cette variation nouvelle introduite dans les mécanismes célestes. Il avait écrit, à propos de Louville, dans l'*Histoire de l'Académie* de 1714 : « Quoique la physique fût fort favorable aux variations, même les plus grandes, des mouvements célestes et des cycles des cercles ou orbites, l'astronomie y est d'ailleurs si contraire, qu'on ne peut les recevoir sans de fortes preuves. Cette uniformité si constante devient un des plus difficiles problèmes de la physique[2]. »

Le chevalier de Louville ne cherchait pas à accorder

1. *Histoire de l'Académie des Sciences pour l'année 1716,* Paris, in-12, 1721, pp. 59-66 ; in-4°, 1718, pp. 48-54.
2. *Histoire de l'Académie des Sciences pour l'année 1714,* Paris, in-4°, 1717, p. 69.

son système avec la Bible, mais avec l'Egypte, la Chaldée, et les diverses « grandes années » de la littérature antique : Platon, Diogène Laërce, Diodore de Sicile, Plutarque. Le débat qu'il eut avec ses confrères ne passa pas inaperçu : on le trouve mentionné dans le *Trévoux* (article *Ecliptique*), dans l'*Encyclopédie* (article *Ecliptique*, où d'Alembert cite les objections de Le Monnier et s'en tient à la seule nutation du globe, cause de la précession des équinoxes, à laquelle il avait voué une mémorable recherche). Le *Traité de l'opinion*, de G.C. Legendre[1], expose longuement le système qu'il critique, mais auquel il reconnaît « une certaine magnificence, qui n'est détruite par aucune impossibilité ». Montucla se déclare sceptique[2]...

L'obliquité de l'écliptique varie, selon Louville, au gré d'une immense révolution cyclique. L'abbé Pluche, remarque Jean Ehrard, ne semble pas avoir voulu tenir compte de ce phénomène, « peu compatible avec son ingénieuse hypothèse[3] ». En effet, Pluche reste attaché à la théorie de Burnet, qui voue la terre à une « conflagration » finale : il fallait bien traduire en termes physiques le jour du Jugement annoncé par les Ecritures. Une révolution cyclique, indéfiniment recommencée, ne fait pas l'affaire. Rousseau ne s'est pas senti attiré davantage par le « système » du

1. G. C. Legendre, *Traité de l'opinion*, 2 vol., Paris, 1735, t. I, livre IV, p. 534.

2. Montucla, *Histoire des mathématiques*, 2 vols., Paris, 1758, t. I, p. 210. Les échos ultérieurs sont critiques. L'on pourrait citer aussi bien Laplace, Delambre, etc. que le *Dictionnaire de la conversation* à l'article *Ecliptique*, par E. Dunaime.

3. Jean Ehrard, *loc. cit.*

chevalier. Le passé de la terre intéressait Jean-Jacques, parce qu'il était impossible, autrement, de comprendre l'origine des sociétés.

Mais c'étaient la société présente, et, dans une moindre mesure, la société future qui lui importaient, non l'avenir lointain du globe. Or le système de Louville, quant au passé, en disait trop ou trop peu, et il faisait attendre, dans l'avenir, rien de moins que le retour du « printemps perpétuel ». Jean-Jacques s'en était remis à « l'art perfectionné » pour « la réparation des maux que l'art commencé fit à la nature[1] » : il ne lui importait guère que l'axe de la terre se redressât. D'autres, comme Jean-Sylvain Bailly, entrevoyaient, sur le mode hypothétique, les conséquences futures du système proposé par Louville :

> On sent tout ce qui résultait de la diminution observée de l'obliquité de l'écliptique, et de l'hypothèse qui la supposait constante. L'écliptique, dans 140 000 ans devait se confondre avec l'équateur ; pendant quelques milliers d'années, les jours auraient été égaux, la température la même sur le globe, le printemps perpétuel des poètes aurait établi son séjour dans nos zones tempérées. Cette égalité des saisons de l'âge d'or aurait du moins existé dans l'avenir, si elle n'avait pas eu lieu dans le passé[2].

Le système du chevalier de Louville et la théorie du déluge selon l'abbé Pluche pouvaient, jusqu'à un certain point, se concilier. Au moment où fleurissent les cosmosophies, à la fin du XVIIIe siècle, il n'est pas

1. *O.C.*, Pléiade, t. III, pp. 288 et 479.
2. J.-S. Bailly, *Histoire de l'astronomie moderne*, 3 vol., Paris, 1779, t. II, pp. 617 et 618.

besoin d'un grand effort d'imagination pour conjoindre l'invocation des traditions religieuses et l'attente d'un âge d'or qui rouvrirait à l'humanité les portes du paradis. Qu'on prenne la peine de lire *La grande période, ou le retour de l'âge d'or, ouvrage dans lequel on trouve les causes des désordres passés, des espérances pour l'avenir, et le germe du meilleur plan de gouvernement ecclésiastique, civil et politique.* L'ouvrage porte en épigraphe le fameux vers de la quatrième églogue de Virgile : *Magnus ab integro saeclorum nascitur ordo.* Il paraît en 1790, avec une dédicace « aux Français régénérés », datée du 25 janvier. Son auteur est D.[elormel], « avocat et ancien professeur ». En plus de Louville et de Pluche, il met à contribution — comment s'en étonner ? — Goguet, Boulanger, J.-S. Bailly et F. Dupuis. Tous les mystères, toutes les fables s'éclaircissent : car « l'histoire sacrée et la mythologie apprirent la vérité de notre système » (chap. III). Rousseau, lui, n'est nulle part mentionné. Delormel multiplie les promesses : il croit à la métempsycose : les hommes, après leur mort, iront revivre dans « les globes épars dans l'immensité des cieux », ils y trouveront « de nouvelles récompenses et punitions[1] ». Sur terre le progrès est assuré, au gré d'un mouvement qui ne s'arrêtera pas et qui sera suivi de nouveaux cycles. « C'est ainsi que tout est révolu-

1. *La grande période,* 1790, pp. 308 et 309. Cette doctrine de la réincarnation a été prise très au sérieux, tout au moins par André Pezzani, qui tient Delormel pour un « initié », qui aurait « trahi des secrets ». Cf. André Pezzani, *La pluralité des existences de l'âme,* Paris, Perrin, 1865, notamment pp. 175-184. L'auteur ne manque pas de rappeler que « Fourier a signalé aussi les inconvénients de la position de l'axe terrestre ».

tion dans cet univers[1]. » On trouve ici la confusion la plus ingénue du concept de révolution comme grand cycle astronomique, et comme rupture politico-historique :

> L'esprit humain était encore plongé dans d'épaisses ténèbres, il y a 40 à 50 siècles : il lui en reste 12 à 14 cents jusqu'au centre du printemps perpétuel [...] Dans les siècles les plus doux, les passions seront tranquilles, la facilité de les satisfaire si grande, qu'ils deviendront insouciants, et vivront, sans peine et sans inquiétude, ainsi que sans besoin, jusqu'à ce que, réveillés de cette innocente apathie par les besoins que recausera la nouvelle obliquité de l'écliptique, ils acquerront de nouveau la connaissance de la grande période, et en conséquence celle du bien et du mal, blasphèmeront contre Dieu... [etc.]. L'industrie humaine est en activité, et fermente dans les années actuelles. En suivant, en quelque sorte, la voie que Platon nous a tracée [...] et en simplifiant les ressorts du gouvernement, on pourra établir, dans la *révolution* qui s'opère, une forme d'administration propre à rendre les peuples heureux[2] [...]

Je me garde de transcrire toutes les propositions utopiques de ce livre à la fois simple et confus. Pour accélérer sans doute un progrès que le calcul astronomique situe dans un avenir encore lointain, Delormel propose à la Convention, en l'an III, un *Projet d'une langue universelle* (Paris, chez l'auteur). En l'an V, il donne une seconde édition de son livre théorique, intitulé cette fois : *Les causes et les époques des grandes révolutions du monde, ou la grande période solaire.* En 1805, paraît une troisième édition, sous le titre de 1790, mais

1. *Op. cit.*, p. 320.
2. *Op. cit.*, pp. 319-320.

avec un sous-titre qui résume toutes les thèses de l'auteur : *Ouvrage où l'on démontre la diminution imperceptible des écarts annuels du soleil, de la disparité des saisons, les causes périodiques du déluge et de l'âge d'or, des désastres passés et du bonheur à venir, au physique ainsi qu'au moral, et où l'on donne le genre du gouvernement le plus analogue et le mieux assorti au caractère de l'homme.* La bonne nouvelle, message hétérodoxe lancé lors du début de la Révolution, n'avait rien de subversif en régime napoléonien.

Une doctrine de l'éternel retour ? Une doctrine du progrès providentiel ? Le livre donnera lieu à quelque controverse, puisqu'en 1805, Delormel fit imprimer une réponse à un article paru dans le *Journal des Débats*[1]. Il eut aussi des adeptes, ou du moins des lecteurs qui furent impressionnés par les idées qu'il soutenait. P.J.B. Buchez, dans sa jeunesse, suivait les cours de Cuvier au Jardin des Plantes. Son biographe, A. Ott, voulant faire honneur à « cette faculté d'invention, cette puissance de créer des idées qu'il possédait à un si haut degré », raconte l'événement que voici : « Un jour il déposa sur le bureau de Cuvier, qui préparait alors une nouvelle édition de son *Discours sur les révolutions du globe,* un billet où il posait sous forme dubitative l'hypothèse des changements périodiques de l'axe terrestre. Il eut la satisfaction de voir que Cuvier mentionna cette hypothèse dans son livre[2]. »

1. Cf. A. Monglond, *Bibliographie de la France révolutionnaire et impériale,* année 1805. Delormel y apparaît aussi comme l'auteur d'une brochure : « Plan d'un nouveau calendrier ou la nouvelle semaine ». Je n'ai pu prendre connaissance de ces ouvrages.

2. P.J.B. Buchez, *Traité de politique et de science sociale.* Publié par L. Cerise et A. Ott. Précédé d'une notice sur la vie et les travaux de Buchez par A. Ott, 2 vol., Paris, 1866, t. I, p. XV.

De fait, si réponse il y eut, celle-ci fut catégorique, et négative :

> Le pôle de la terre se meut dans un cercle autour du pôle de l'écliptique ; son axe s'incline plus ou moins sur le plan de cette même écliptique, mais ces deux mouvements, dont les causes sont aujourd'hui appréciées, s'exécutent dans des directions et des limites connues, et qui n'ont nulle proportion avec les effets tels que ceux dont nous venons de constater la grandeur. Dans tous les cas, leur lenteur excessive empêcherait qu'ils ne puissent expliquer des catastrophes [...] subites[1].

Or l'hypothèse de Delormel, celle du chevalier de Louville font agir une cause lente, et « aucune cause lente ne peut avoir produit des effets subits[2] ». A la page suivante, Cuvier récuse et ridiculise les « systèmes des anciens géologistes », en commençant par celui de Burnet...

La spéculation de Delormel pouvait se lire comme un corollaire critique des propositions de Rousseau : si les circonstances extérieures (l'écart de l'axe de la terre) ont pu faire sortir l'humanité de l'état de nature, ou du premier bonheur pastoral, pourquoi ne serait-elle pas ramenée à bon port par un mouvement astronomique de sens inverse ? L'histoire humaine ne serait dès lors qu'un épiphénomène de l'histoire naturelle à sa plus vaste échelle. Tout en renonçant à parler le langage de l'ancienne astrologie, l'on en garde le postulat central : les lois du ciel décident de notre

1. G. Cuvier, *Discours sur les révolutions du globe*. Nous citons d'après l'édition tardive de Hoefer, Paris, 1851, p. 27.
2. G. Cuvier, *ibid.*

destin. Et la réparation des maux de la civilisation, dans les cycles éternels, ne serait qu'une phase transitoire, destinée à se répéter de période en période. Chez Rousseau, la catastrophe métaphorisée par le « léger mouvement » du doigt de Dieu n'a lieu qu'une fois et rend irréversible le changement physique. Le reste appartient à la responsabilité humaine[1].

1. La quatrième des *Etudes de la Nature,* de Bernardin de Saint-Pierre, propose une explication du déluge par l'irrégularité des masses terrestres, entraînant l'inclinaison de l'axe et la fonte des glaces polaires. Ce fut un acte de la providence : la Bible a dit vrai... Dans ses *Révolutions de la mer. Déluges périodiques* (1842 ; rééd. 1860), le mathématicien J. Adhémar déduit, à partir de la précession des équinoxes, une période de 150 000 ans, marquée par une orientation inverse de l'axe terrestre, et un retour du déluge. Il n'est plus question d'âge d'or ! La théorie s'applique au climat, certes, mais dans ses seuls rapports avec la végétation et la géologie. L'homme n'entre pas en ligne de compte.

Cette deuxième étude annexe reprend le texte précédemment publié dans la *Revue européenne des sciences sociales,* t. XXVII, 1989, n° 85. *Lumières, utopies, révolutions : espérance de la démocratie. A Bronislaw Baczko,* pp. 51-63.

VARIANTES

AVERTISSEMENT SUR LA PUBLICATION, LA COMPOSITION ET LES SOURCES MANUSCRITES DE L'OUVRAGE

R. n'a pas publié l'*Essai sur l'origine des langues* de son vivant. Il en a soigneusement préparé le manuscrit, qu'il a confié à Du Peyrou, et qui paraît en 1781, trois ans après sa mort, dans un recueil intitulé *Traités sur la musique* (Genève, 1781), puis au t. XVI de ses *Œuvres,* en 1782. Il ne s'agit donc en rien d'un texte que Rousseau aurait négligé après l'avoir composé. Il en a parlé à diverses reprises. Voici les documents dont nous pouvons faire état :

1. Au livre XI des *Confessions,* écrit à Monquin et 1769-1770, R. parle des projets qui l'occupaient à Montmorency en 1761 au moment de l'achèvement de l'*Emile* et du *Contrat social :*

> Outre ces deux livres et mon *Dictionnaire de Musique,* auquel je travaillois toujours de tems en tems, j'avois quelques autres écrits de moindre importance, tous en état de paroitre et que je me proposois de donner encore, soit séparément, soit avec mon recueil général si je l'entreprenois jamais. Le principal de ces écrits dont la pluspart sont encore en manuscrit dans les mains de Du Peyrou, étoit un *Essai sur l'origine des langues* que je fis lire à M. de Malesherbes et au Chevalier de Lorenzy, qui m'en dit du bien. (*O.C.,* Pléiade, t. I, p. 560.)

2. Le 25 septembre 1761, R. communiquait le manuscrit de son ouvrage à Malesherbes. Il l'accompagnait d'une lettre (qui porte le n° 1495, au t. IX, p. 131 de la *Correspondance complète,* éditée par Ralph A. Leigh) :

> Madame la Mareschale de Luxembourg veut bien se charger, Monsieur, de vous remettre le petit écrit dont je vous avois parlé et

que vous avez bien voulu me promettre de lire non seulement comme Magistrat, mais comme homme de Lettres qui daigne s'intéresser à l'Auteur et veut bien dire son avis. Je ne pense pas que ce barbouillage puisse supporter l'impression séparément, mais peut-être pourra-t-il passer dans le recueil général, à la faveur du reste : Toutefois, je souhaiterois qu'il pût être donné à part à cause de Rameau qui continue à me tarabuster vilainement et qui cherche l'honneur d'une réponse directe qu'assurément je ne lui ferai pas. Daignez décider, Monsieur, vôtre jugement sera ma loi à tous égards.

Le 18 novembre 1761, sans se prononcer sur les idées exposées par R., Malesherbes lui renvoie son manuscrit et lui confirme la réponse favorable qu'il lui avait déjà communiquée le 25 octobre : « Je crois que vous feriés grand tort au public de l'en priver ou d'attendre l'Edition entière de vos œuvres pour le donner » (Lettre 1552, *C.C.*, t. IX, p. 251).

3. En 1763, R. projette de publier simultanément *Le Lévite d'Ephraïm, De l'Imitation théâtrale*, et l'*Essai sur l'origine des langues*. Il écrit un projet de préface (d'abord transcrit par Jansen, puis par plusieurs éditeurs) dont on trouvera ici le texte à la p. 57. De la même manière que dans sa lettre à Malesherbes de 1761, R. présente l'ouvrage comme une réponse aux attaques de Rameau. Les publications de Rameau contre R. se sont échelonnées entre 1754 *(Observations sur notre instinct pour la musique)* et 1761 *(Réponse à la lettre de M. d'Alembert)*.

La plus offensante de ces attaques, pour R., était la brochure anonyme parue dans la seconde moitié de 1755, *Erreurs sur la musique dans l'Encyclopédie*. Rameau y rappelait la scène pénible de la répétition des *Muses galantes* dans le salon de La Pouplinière.

4. Au livre IV de l'*Emile* (*O.C.*, Pléiade, t. IV, pp. 671-672), on lit un développement sur le goût :

On doit distinguer encore les loix du goût dans les choses morales et ses loix dans les choses physiques. Dans celles-ci les principes du goût semblent absolument inexplicables, mais il importe d'observer qu'il entre du moral dans tout ce qui tient à l'imitation.

Le mot « imitation » comporte un renvoi à une note en bas de page :

Cela est prouvé dans un essai sur le *principe de la mélodie* qu'on trouvera dans le recueil de mes écrits.

Nous savons qu'une copie autographe et un exemplaire corrigé de la main de Rousseau substituent la mention de l'*Essai sur l'origine des langues* à celle du *Principe de la mélodie* (*O.C.*, IV, Pléiade p. 1618 : variantes importantes, transcrites par Charles Wirz). Ces deux titres ne s'appliquent pas à un seul et même ouvrage. *Du Principe de la mélodie ou Réponse aux erreurs sur la Musique* (Ms : R. 60 de la B.P.U. de Neuchâtel) est un manuscrit indépendant et complet. Dans ses pages initiales et finales, il peut être considéré comme le brouillon de l'*Examen de deux principes avancés par M. Rameau* (que R. n'a pas publié de son vivant). Dans sa partie centrale, moins surchargée de corrections, on trouve les idées exposées dans les chapitres XII à XIX de l'*Essai sur l'origine des langues,* et, pour ce qui concerne les chapitres XVIII et XIX, un texte très proche de la version définitive. Cette partie centrale a été publiée en 1974 par deux chercheurs qui travaillaient indépendamment l'un de l'autre : Marie-Elisabeth Duchez, « *Principe de la mélodie* et *Origine des langues.* Un brouillon inédit de Jean-Jacques Rousseau sur l'origine de la mélodie », *Revue de musicologie,* tome LX, 1974, N°s 1-2, pp. 33-86 ; Robert Wokler : « Rameau, Rousseau and the *Essai sur l'origine des langues* », *Studies on Voltaire and the Eighteenth Century,* CXVII, 1974, pp. 202-220. Plus récemment Robert Wokler a publié le texte complet du *Principe de la mélodie,* incluant le brouillon de l'*Examen de deux principes.* On consultera : *Rousseau on Society, Politics, Music and Language,* Garland Publishing, New York et Londres, 1987, pp. 436-501. L'élaboration du *Principe de la mélodie* date très vraisemblablement de la fin de 1755, c'est-à-dire du moment où Rousseau, provoqué par Rameau, a éprouvé le besoin de lui répliquer. Et il est très probable qu'à cette date il ait inséré dans son manuscrit le fragment qu'il avait écarté du *Discours sur l'inégalité* au moment de la dernière « mise au point ». Si tel était le cas, nous tiendrions la confirmation de ce que déclare R. dans le « projet de préface » : L'*Essai sur l'origine des langues* « ne fut aussi d'abord qu'un fragment du discours sur l'inégalité que j'en retranchai comme trop long et hors de place. Je le repris [première version biffée : *je l'achevai*] à l'occasion des Erreurs de M. Rameau sur la musique »... Pour Marie-Elisabeth Duchez, pour Charles Porset, et surtout pour Robert Wokler, il est hautement vraisemblable que la digression centrale du *Principe de la mélodie,* évoquant la naissance et la dégénérescence de la musique, soit le fragment qui a fait partie d'une version plus étendue du second *Discours.* Il faut donc renoncer à chercher dans le chapitre IX de l'*Essai,* comme beaucoup l'avaient fait, le fragment transféré d'une œuvre à l'autre. La rédaction du *Discours* commença en novembre-décembre 1753, au moment du tumulte suscité par la *Lettre sur la musique française.* En 1754 et 1755, R. fait état de son projet d'un *Dictionnaire de musique* : l'*Essai* cite des ouvrages parus en 1754 (Duclos, Terrasson)... De nombreux historiens, dont Pierre-Maurice Masson au début de ce siècle, ont considéré que la rédaction de l'*Essai* a pris place entre 1754 et 1761. Pierre-Maurice Masson a conjecturé que la subdivision en chapitres, et certaines corrections, d'une écriture moins appliquée, ou confiées à Jeannin, secrétaire de Du Peyrou, pourraient être contemporaines du projet de préface de 1763. Rien n'infirme cette opinion. Remarquons que le titre de *citoyen de Genève,* qui fait suite au nom de R. sur la page de titre, est biffé dans le manuscrit. Si le trait de plume est de la main de R., on peut croire qu'il a relu son manuscrit après le 12 juin 1763, date où il renonce publiquement à sa qualité de citoyen.

5. A l'article MUSIQUE du *Dictionnaire de musique* (1768), R. parle de l'injuste mépris que nous avons pour la musique grecque. Il cite avec éloge un livre auquel il s'est souvent référé, le *De poematum cantu et viribus rhythmi* (1673) d'Isaac Vossius. Et il ajoute : « J'ai jeté là-dessus quelques idées dans un autre écrit non public encore, où mes idées seront mieux placées que dans cet ouvrage, qui n'est pas fait pour arrêter le lecteur à discuter mes opinions. » Cette allusion à l'*Essai sur l'origine des langues* est une adjonction à l'article préparé en 1749 pour l'*Encyclopédie* et publié dans celle-ci sans aucune mention d'un « autre ouvrage ». Le *Dictionnaire* comporte d'autres allusions à l'*Essai.*

6. Dans la lettre à Du Peyrou du 24 janvier 1765 (*Correspondance complète*, éd. R. A. Leigh, t. XXIII, lettre 3921, pp. 179-182), R. propose le plan d'un recueil de ses œuvres en six volumes. Au sommaire du tome 6, l'*Essai sur l'origine des langues* figure à la suite de la « Réponse à M. Rameau » (c'est-à-dire de l'*Examen de deux principes*), placée elle-même à la suite de la *Lettre sur la musique française*. R. signale que la *Réponse* et l'*Essai* sont encore en manuscrit. Le groupement est très significatif.

7. Dernier indice; dans le fragment manuscrit, édité sous le titre « Prononciation » (*O.C.*, Pléiade, t. II, pp. 1248-1252), deux paragraphes, sur la corrélation entre le développement de la langue écrite et l'altération de la voix vive et de l'éloquence, laissent entendre que le chapitre XX de l'*Essai* est déjà écrit et fait partie du « corpus » auquel Rousseau peut se référer :

> [...] La langue en se perfectionnant dans les livres s'altère dans le discours [...] Bientôt elle ne sera plus bonne qu'à lire et tout son prix sera dans les bibliothèques.
>
> La raison de cet abus est *comme je l'ai dit ailleurs* dans la forme qu'ont pris les gouvernemens et qui fait qu'on n'a plus rien à dire au peuple que les choses du monde qui le touchent le moins et qu'il se soucie le moins d'entendre. Des sermons, des discours académiques.

Il est vrai qu'il est difficile de dater le fragment « Prononciation », qui doit quelques-uns de ses exemples aux *Remarques* de Duclos sur la *Grammaire* de Port-Royal (1754).

Les repères chronologiques sont donc les suivants :

Novembre 1753 : début de la rédaction du second *Discours*. Parution de la *Lettre sur la musique française*.

Juin-octobre 1754 : séjour à Genève.

Octobre 1754 : remise (à Paris) du manuscrit du *Discours sur l'inégalité* à Marc-Michel Rey, libraire à Amsterdam. R., dans l'intervalle, a retiré de son texte un « fragment », qu'il estime « trop long et hors de place ».

Mai 1755 : le *Discours* paraît.

Derniers mois de 1755 : R. reprend le « fragment » dans sa « Réponse à Rameau ». Le manuscrit, intitulé *Du Principe de la mélodie ou Réponse aux erreurs sur la musique* contient : 1) une première version de l'*Examen de deux principes avancés par M. Rameau*; 2) des pages où s'esquissent les chapitres XII à XVII de l'*Essai sur l'origine des langues,* ainsi que des paragraphes qui seront intégralement repris, avec quelques modifications, aux chapitres XVIII et XIX.

Septembre 1761 : un manuscrit achevé de l'*Essai* est soumis à Malesherbes.

1763 (juin?) : rédaction du projet de préface en vue de la publication d'un volume qui contiendrait l'*Essai,* l'*Imitation théâtrale* et *Le Lévite d'Ephraïm.* Le manuscrit subit peut-être, à cette date, une dernière révision. C'est sans doute aussi à cette date qu'il est subdivisé en vingt chapitres. Seul le texte sur l'*Imitation théâtrale* paraît en 1764.

Comme beaucoup d'interprètes, j'ai émis, en 1964, l'hypothèse selon laquelle le fragment provenant d'une première version du *Discours sur l'inégalité* pourrait être le chapitre IX de l'*Essai,* ou une partie de celui-ci. Mon hypothèse était mal fondée : je supposais que dans un premier jet, R. avait formulé une théorie de la pitié mettant en jeu les pouvoirs de la réflexion; dans une seconde élaboration, R., radicalisant son image de l'homme de la nature, aurait fait de la pitié, selon ses propres termes, un « mouvement [...] antérieur à toute réflexion ». R. aurait néanmoins réemployé son premier jet dans l'*Essai.* Mais rien ne me permettait de parler, à propos du *Discours,* d'un « état définitif de la pensée de R. à ce sujet ». Les lignes que R. consacre à la pitié dans le chapitre IX de l'*Essai* se retrouvent au livre IV de l'*Emile.* Dans le deuxième *Dialogue,* en revanche, R. définit la « commisération » comme l'une des « premières inclinations de la nature », et la distingue des « passions secondaires », « haineuses et cruelles », « produites par la réflexion ». L'on retrouve la théorie du second *Discours*! J'ai donc dû modifier, parmi d'autres corrections, cinq lignes de la note 2 de la page 154, au tome III des *Œuvres complètes* de la Pléiade. Le problème concerne autant le statut de la réflexion que celui de la pitié, et demande à être repris. On trouvera un intéressant développement sur l' « économie de la pitié » dans Jacques Derrida, *De la grammatologie,* Paris, 1967, pp. 243-272.

Je n'avais cependant pas rouvert, sur la date de la rédaction de l'*Essai*, le débat que l'on pouvait considérer comme clos depuis la publication du remarquable article de P.-M. Masson dans les *Annales J.-J. Rousseau* de 1913. Parler d'un texte comme antérieur à la « mise au point » (c'étaient mes termes) du *Discours sur l'inégalité*, ce n'est pas le déclarer antérieur au début de sa rédaction. Je ne me suis donc jamais considéré comme partie prenante dans un débat tendant à assigner à l'*Essai* une date antérieure au travail de rédaction du second *Discours*. Sur la question de la chronologie du texte, mes hypothèses, somme toute, coïncidaient par avance avec celles que défend, en 1967, l'auteur de la *Grammatologie* : le chapitre IX de l'*Essai* aurait appartenu à la première version du *Discours* (cf. *De la grammatologie*, Paris, 1967, pp. 313-314 et 329-330). J'ai abandonné cette hypothèse, à la suite de Porset (1976) et de Wokler (1987). Les précisions que j'ajoute ici sont destinées à décourager les recherches sur le débat que j'aurais pu avoir avec Jacques Derrida. Ceux qui chercheraient les traces d'une « discussion » (comme il en est fait mention, p. IX, dans la bonne édition commentée de l'*Essai* en version italienne par Paola Bora, 1989) resteront bredouilles : il n'y eut ni réplique ni duplique. Dans les éditions plus récentes du tome III des *Œuvres complètes* de R. (Paris, Pléiade, p. 1330), cinq lignes de ma note sont donc corrigées, dans les conditions étroites exigées par le respect de la disposition typographique de 1964. L'édition critique du *Discours sur l'inégalité* vient d'ailleurs d'être à nouveau mise à jour ; elle a paru séparément dans la collection Folio Essais (1989).

Le manuscrit de l'*Essai sur l'origine des langues* est conservé à la Bibliothèque Publique et Universitaire de Neuchâtel (Ms. R. 11, ancienne cote 7835). C'est un cahier cousu de 117 pages, de 15 sur 23,5 cm. A l'exception de notes additionnelles mises au net, très probablement, par Jeannin, secrétaire de Du Peyrou (en particulier pp. 116-117), le manuscrit est une rédaction soignée, de la main de R. La subdivision en chapitres (insérée dans la marge, avec parfois des ratures dans l'intitulé), ainsi que diverses notes et corrections sont d'une écriture moins bien formée, et donnent l'impression d'avoir été introduites par Rousseau lors du projet de publication de 1763.

Concernant le projet de préface, il est très probable que R. l'ait rédigé en juin 1763, au moment où, écrivant au libraire Duchesne, il lui proposait le texte de l'*Imitation théâtrale,* en ajoutant que cet ouvrage pourrait paraître « soit tout seul, soit avec d'autres morceaux pour en faire un volume » (*Correspondance complète,* éd. R.A. Leigh, XVI, lettre 2743, p. 284). Sur la partie du projet de préface qui présente *Le Lévite d'Ephraïm,* cf. *O.C.,* Pléiade, t. II, pp. 1205-1206, et pp. 1920-1921. Le texte du projet de préface fait partie du ms. R. 91 (ancienne cote 7887) de la Bibliothèque Publique et Universitaire de Neuchâtel, pp. 103 *verso*-105 *verso.*

L'*Imitation théâtrale* paraît en 1764, chez Duchesne, et M.M. Rey, avec un avertissement rédigé pour la circonstance, où l'on retrouve presque mot pour mot la partie du projet de préface qui concerne cet ouvrage. Aucune préface ne précède l'*Essai sur l'origine des langues,* lorsqu'il paraît pour la première fois en 1781, au t. 2 des *Œuvres posthumes,* contenant les ouvrages sur la musique.

Le projet de préface a été transcrit pour la première fois par A. Jansen, dans *Rousseau als Musiker,* Berlin, 1884, repr. Genève, 1971. Il a été republié, depuis lors, à plusieurs reprises, notamment par Pierre-Maurice Masson, Charles Porset, Robert Wokler, Marie-Elisabeth Duchez. Cf. Robert Wokler, *Rousseau on Society, Politics, Music and Language* [...], Garland Publishing, New York et Londres, 1987, pp. 303-308. On trouvera dans ce dernier ouvrage, aux pp. 304-305, la transcription la plus complète du ms., avec l'indication de toutes les biffures et intercalations. Nous ne retiendrons ici que les plus significatives de ces traces de premier jet.

VARIANTES

PROJET DE PRÉFACE

Page 57

a. n'est... qu'un biffé.

b. l'achevai biffé.

c. Rousseau a d'abord écrit : « *aux deux mots près* dans l'Encyclopédie *qu'il faut ôter.* » Il a biffé ce fragment de phrase pour rajouter dans l'interligne : *aux deux mots près que j'ai retranchés*

d. *l'ayant montré à* biffé.

e. R. a d'abord écrit : *éclairé.* Il biffe et écrit : *illustre* dans l'interligne.

f. R. a ajouté puis biffé : *ayant désiré de le voir.*

I. DES DIVERS MOYENS DE COMMUNIQUER NOS PENSÉES

Page 59

a. La numérotation et le titre du chapitre figurent dans la marge du manuscrit, en une plus petite écriture, qui est celle de tous les ajouts.

b. Ce paragraphe est un ajout. Précédé d'un signe de renvoi, il est inséré au bas de la deuxième page du manuscrit.

III. QUE LE P[REMI]ER LANGAGE DUT ÊTRE FIGURÉ

Page 69

a. Toute la fin du chapitre est un ajout, introduit à la suite de *phrases,* qui terminait d'abord le paragraphe ; à partir d'*inventé,* l'ajout figure au haut de la p. 16 du manuscrit.

b. R. a d'abord écrit, puis biffé : *eut connu la vérité*

c. R. a d'abord écrit, puis biffé : *l'expression* ; il écrit, puis biffe ensuite : les *termes,* avant d'écrire et de retenir : *les expressions*

IV. DES CARACTÉRES DISTINCTIFS DE LA P[REMIÈ]RE LANGUE ET DES CHANGEMENS QU'ELLE DUT ÉPROUVER

Page 70

a. distinctifs est un ajout.

b. La phrase sur le père Lamy est un ajout. Précédée d'un signe de renvoi, elle est insérée, à la page 16, dans la marge inférieure du manuscrit.

c. R. a d'abord écrit, puis biffé : celle *de la prosodie ou* quantité.

Page 71

a. La proposition finale est un ajout.

b. Le texte, d'une écriture plus serrée jusqu'à : *la beauté des sons* est d'une écriture beaucoup plus serrée, et paraît remplacer un texte effacé.

Page 72

a. à l'arabe à d'autres est un ajout dans l'interligne.

V. DE L'ÉCRITURE

Page 73

a. R. a d'abord écrit, puis biffé : *se multiplient,* qu'il remplace par *s'embrouillent,* au-dessus du mot biffé.

Page 75

a. R. a écrit puis biffé : aussi haut *dans l'antiquité*
b. Phrase ajoutée.

VI. S'IL EST PROBABLE QU'HOMÉRE AIT SU ÉCRIRE

Page 81

a. Une première version, pp. 29-30 du manuscrit, est biffée : *Il paroit très douteux, non seulement qu'Homére sut écrire, mais qu'il eut même quelque idée de l'écriture. Il est sur au moins que dans l'Iliade ni dans l'Odyssée on ne voit pas la moindre trace de cet art. La diversité des dialectes employées dans ces deux Poëmes forme encore un préjugé contraire.* R. fait ici de *dialecte* un féminin. Au haut de la page 30 du manuscrit, R. ajoute, d'une écriture hâtive : *NB ceci est une bétise qu'il faut ôter puisque l'histoire de Bellerophon dans l'Iliade même prouve que l'art d'écrire étoit en usage du tems de l'auteur ; mais cela n'empêchoit pas que son ouvrage ne fut chanté plustôt qu'écrit.*

Dans la marge de droite, p. 29, d'une autre main (sans doute Jeannin, secrétaire de Du Peyrou), on lit : *Voyez p. 116 pour le commencement de ce chapitre.* On trouve effectivement, de cette même main de copiste, à la p. 116, la version définitive du début de ce chapitre.

b. Ce passage est un ajout, précédé d'un signe de renvoi, en haut de la p. 31 du manuscrit.

VII. DE LA PROSODIE MODERNE

Page 83

a. R. a écrit, puis biffé : De la prosodie *françoise* moderne
b. La note, dont l'appel figure ici, constitue les pages 117a et 117b du manuscrit. Le brouillon de la main de Rousseau précède la copie par Jeannin.
c. R. a d'abord écrit, puis biffé : *contre le témoignage*
d. R. a d'abord écrit, puis biffé : ils *autorisent*

Page 84

a. R., dans son brouillon, biffe d'un trait oblique cinq lignes et demie où l'on lit, après des mots barrés : *Il seroit fort étonnant que s'ils eussent été connus du tems de Ciceron* [,] *Quintilien qui vint longtems après n'en eut pas dit un seul mot.* Les mots barrés qui précèdent semblent pouvoir se lire : *Quand de la modulation des voix quand on même on*

Jeannin et tous les éditeurs ont transcrit : *les signes écrits, les accens.* Le manuscrit, de manière plus vraisemblable, me paraît imposer une autre leçon : *les signes écrits des accens,* expression reprise quelques lignes plus bas : *les signes des accens.*

Page 86

a. R. a biffé : *sonore ou*

Page 87

a. R. a biffé : *tout cela sans beaucoup de succés* ; et *rétabli* est substitué à *fixé,* biffé.

IX. FORMATION DES LANGUES MÉRIDIONALES

Page 91

a. La numérotation porte : VIII de la main de Rousseau. Sans doute la mention de l'actuel chap. VIII a-t-elle été introduite après coup, après un premier numérotage. Les chiffres rectifiés : IX et X sont nettement de la main du copiste.

Page 93

a. Le texte définitif est dans l'interligne, au-dessus des mots biffés : *ne l'éloignaient pas de son domicile.*

Page 95

a. R. biffe : *prémiers* devant : patriarches.

Page 97

a. R. avait écrit, en fin de phrase : *depuis longtemps*. Ces deux mots sont biffés.

b. A partir de *pour s'en nourrir* jusqu'à *multiplier,* le texte est ajouté dans l'interligne.

Page 98

a. R. a d'abord écrit : *on diroit que* (biffé puis récrit dans l'interligne) le premier laboureur *eut porté* dans son caractére *l'image des* effets de son art. R. biffe *l'image des* et écrit dans l'interligne : *les mauvais.*

Page 102

a. R. a biffé : *forcés*

Page 104

a. Première version biffée : *maintient.*

b. R. a écrit d'abord : *maintenoit,* qu'il biffe et remplace par : *conservoit* (au-dessus de la ligne) ; il biffe *conservoit* et restitue *maintenoit,* dans l'interligne inférieure. Idem en fin de phrase.

c. R. a écrit d'abord : *régnoit.*

d. *un déluge* est un ajout qui prolonge deux lignes en empiétant sur les marges, de droite puis de gauche.

Page 107

a. Mots biffés : *si l'on veut*

b. R. a écrit : *d'honneté*

XII. ORIGINE DE LA MUSIQUE

Page 114

a. R. biffe : *à la fois*

Page 115

a. Le mot *rapports* figure dans la marge de droite, sous un trait analogue à celui que trace R. pour séparer ses différents chapitres.

XIII. DE LA MÉLODIE

Page 120

a. Mot biffé : *tons* (?).
b. Mot biffé : *vrais*
c. Mot biffé : *nuer*

Page 121

a. Mots biffés : *harmonie la source,* répétés par inadvertance.

XIV. DE L'HARMONIE

Page 125

a. R. a d'abord écrit : *vaine* imitation. *Maussade* est introduit dans l'interligne.

XV. QUE NOS PLUS VIVES SENSATIONS AGISSENT SOUVENT PAR DES IMPRESSIONS MORALES

Page 126

a. Pour le titre du chapitre, R. hésite. Il écrit puis biffe d'abord : *Comment.* Il écrit sur deux lignes : *Que nos sensations,* puis ajoute dans l'interligne : *plus vives.* Le manuscrit ne comporte pas les mots : *le plus* qu'un éditeur a introduits avant : *souvent.*

Page 127

a. Mot biffé : *airs*

XVII. ERREUR DES MUSICIENS NUISIBLE À LEUR ART

Page 134

a. Mots biffés : *qui nuit.*

XVIII. QUE LE SYSTÈME MUSICAL DES GRECS N'AVOIT AUCUN RAPPORT AU NÔTRE

Page 135

a. Le manuscrit porte clairement : *n'avoit,* contrairement à la leçon proposée par un récent éditeur : *n'a.*

Pour l'état antérieur du texte des ch. XVIII et XIX, cf. *L'Origine de la mélodie, O.C.,* Pléiade, t. V.

Page 136

a. Jusqu'à la fin du chapitre, le texte est presque identique à celui du *Principe de la mélodie* (Ms. R. 60). L'avant-dernier paragraphe figure également dans l'*Examen de deux principes.* Idée centrale : la musique grecque ignorait notre harmonie.

XIX. COMMENT LA MUSIQUE A DÉGÉNÉRÉ

Page 138

a. A quelques détails près, le chapitre XIX correspond à un développement de *L'Origine de la mélodie.* Cf. *O.C.,* Pléiade, t. V.

b. Toute cette phrase, jusqu'à :. *Ainsi* est un ajout, en bas de la page 105 du manuscrit.

Page 141

a. Cette longue note s'inscrit, sous un trait horizontal, du milieu au bas de la p. 110 du manuscrit. L'écriture, quoique plus fine, en est très soignée. La note semble donc contemporaine de la mise au net du texte, antérieurement aux derniers ajouts.

b. R. avait d'abord écrit : elle ne fait *vibrer que son unisson et ses aliquotes ni reson.* Ces mots sont biffés et R. les remplace dans l'interligne par : *point résoner ni*

XX. RAPPORT DES LANGUES AUX GOUVERNEMENS

Page 143

a. R. a écrit : *formes,* au pluriel.

NOTES

[PROJET DE PRÉFACE]

Page 57

1. Les *Erreurs sur la musique dans l'Encyclopédie* paraissent sans nom d'auteur, en automne 1755, à Paris, chez Sébastien Jorry. Le privilège est daté du 4 août 1755. Rameau s'attaque aux articles *Accompagnement, Accord, Cadence, Chœur, Chromatique* et *Dissonance,* la plupart dus à R. Aux pp. 41-42 il évoque l'épisode de la présentation des *Muses Galantes* chez M. de la Pouplinière, dont R. parle au Livre VII des *Confessions (O.C.,* I, Pléiade, pp. 333-335). Dans les *Erreurs (loc. cit.),* Rameau accuse R. de plagiat :... « Je vis bien [...] qu'il n'avoit fait que la Musique Françoise, et avoit pillé l'Italienne. » On sait que Rameau avait déjà répondu à la *Lettre sur la musique française* (1753) par les *Observations sur notre instinct pour la musique* (1754). Par la suite, il s'en prendra à l'article *Enharmonique* de R. dans la *Suite des Erreurs sur la musique dans l'Encyclopédie* (1756). Diderot et d'Alembert ayant pris la défense de leur collaborateur dans l'Avertissement du t. VI de l'*Encyclopédie* (1756), Rameau publiera en 1757 sa *Réponse de M. Rameau à MM. les Editeurs de l'Encyclopédie sur leur dernier Avertissement.* On trouvera ces divers textes aux t. III et IV de : Jean-Philippe Rameau, *Complete Theoretical Writings (C.T.W.R.),* éd. Erwin R. Jacobi, American Institute of Musicology, 1968-1969. R. est encore une fois attaqué par Rameau, en 1760, dans la *Lettre à M. d'Alembert, sur ses opinions en Musique, insérées dans les articles « Fondamental et « Gamme » de l'Encyclopédie*

(*C.T.W.R.*, IV, p. 267-280). R. a donc raison de dire, en 1761, que Rameau « continue » à le « tarabuster vilainement ».

2. C. G. de Lamoignon de Malesherbes, directeur général de la Librairie, à qui l'*Essai* fut soumis en 1761. Cf., au livre XI des *Confessions*, la liste des travaux « de moindre importance » auxquels Rousseau consacre une partie de son temps à Montmorency (*O.C.*, I, p. 560, et n. 3 et 4). Le 25 septembre 1761, R. écrit à Malesherbes la lettre que nous avons citée aux pp. 193-194. (*C.C.*, IX, lettre 1495, p. 131). Malesherbes, le 25 octobre (*vol. cit.*, lettre 1523, p. 205) répond qu'il n'a pas eu encore le temps de lire attentivement le manuscrit, mais conseille néanmoins d'éditer l'*Essai* « séparément du recueil de vos ouvrages ». Le 18 novembre (*vol. cit.*, lettre 1552, p. 251), Malesherbes s'excuse de son retard, et approuve l'ouvrage sans le commenter ni le discuter : « Ce seroit mettre [...] votre patience à une plus grande épreuve que de vous donner mon avis détaillé sur une théorie qui, par mille raisons, est au-dessus de ma portée. Je me contente de vous assurer que l'ouvrage entier m'a fait le même plaisir que tout ce qui sort de votre plume. Je crois que vous feriés grand tort au public de l'en priver ou d'attendre l'édition entière de vos œuvres pour le donner. »

I. DES DIVERS MOYENS DE COMMUNIQUER NOS PENSÉES

Page 59

1. *Local* : a le sens de « disposition des lieux » (*Dict. Acad.*, 1798). L'édition de 1762 de ce *Dictionnaire* ne connaît encore que l'adjectif. Sur les langues « nationales » et sur « l'usage », cf. *Emile*, livre II (*O.C.*, Pléiade, t. IV, pp. 346-347).

2. Sur la reconnaissance réciproque, cf. *Discours sur l'inégalité*, *O.C.*, Pléiade, t. III, p. 166.

Page 60

1. Sur la langue des gestes, cf. Platon, *Cratyle*, 422 *e*-423 *b*. R. a lu attentivement Condillac, et n'oublie pas sa théorie de l'origine

des langues telle qu'elle est développée dans l'*Essai sur l'origine des connaissances humaines* (1746). La question du geste y est exposée dans la part. II, sect. I, ch. I et IV. Cf. *Discours sur l'inégalité, O.C.*, Pléiade, t. III, p. 146 et suiv. Condillac lui-même renvoie à Warburton ou à Du Bos, dont R. pouvait avoir une connaissance directe. Sur Condillac, cf. *Condillac et les problèmes du langage*, textes recueillis par Jean Sgard, Genève-Paris, 1972. L'*Essai* de Condillac a été réédité, avec un texte liminaire de J. Derrida, « L'archéologie du frivole » (Paris, 1973).

2. R. contredit Bernard Lamy, qui assurait : « Les hommes auraient pu marquer ce qu'ils pensent par des gestes [...]. Mais [...] la facilité qu'il y a de parler les a portés à n'employer pour signes de leurs pensées que des paroles » (*La Rhétorique ou l'Art de parler*, 4e éd., 1701, pp. 3-4). Dans *L'Oiseau blanc*, Diderot prête à la princesse Lively tout un plaidoyer contre la parole : « Elle disait [...] que les dieux auraient pu se dispenser de donner aux hommes les organes de la parole, s'ils avaient eu un peu de pénétration et beaucoup d'amour ». (*Œuvres complètes*, Paris, Club français du livre, t. I, 1969, p. 483).

3. Allusion à la légende de la fille de Dibutade, racontée par Pline l'Ancien au livre XXXV, 43, 1, de l'*Histoire naturelle* :... « Celle-ci, amoureuse d'un jeune homme qui partait pour un lointain pays, renferma dans des lignes l'ombre de son visage projeté sur une muraille par la lumière d'une lampe » (trad. Emile Littré). On notera que la supériorité du dessin sur la parole concerne une scène d'*adieu*. Au chap. IX, *infra*, l'amour fait naître les langues méridionales à la vue des « *nouveaux* objets ». Le trait de baguette invente le dessin, que R. compare à la mélodie dans le domaine de la peinture (ch. XIII). Mais c'est aussi le début d'une première écriture, représentation directe de l'objet. Cf. ch. V.

4. La bréviloquence des Orientaux avait déjà été vantée par Guillaume Postel (*Histoire des Turcs*, 1560). R. a lu en tout cas ce qu'en disent Bernard Lamy (*La Rhétorique ou l'Art de parler*, 4e éd., 1701, l. I. ch. III et XIII) et Chardin, au ch. XI de sa « Description de la Perse » : « Les Orientaux sont beaucoup

moins frétillants que nous, et moins inquiets. Ils sont assis gravement et sérieusement ; ils ne font jamais de geste du corps, ou que très rarement, et seulement pour se délasser, mais ils n'en font jamais pour l'action et pour accompagner le discours » (*Voyages du chevalier Chardin en Perse* [...], Amsterdam, 1735, t. III, p. 51). Les « sentences » orientales traduites en latin par J. Scaliger et T. Erpenius (*Proverbiorum arabicorum centuriae duae*, Leyde, 1611) avaient été à nouveau compilées et présentées aux lecteurs français par Antoine Galland : *Les Paroles remarquables, les bons mots, et maximes des Orientaux*, Paris, 1694. Cf. aussi D'Arvieux, *Mémoires*, éd. J. B. Labat, Paris, 1735, t. III, pp. 190-194 : « Ils parlent peu, et jamais sans nécessité », etc.

Page 61

1. Sur les pantomimes, le traité de Lucien *Peri orcheseos (De Saltatione)* constitue la source antique la plus importante. Du Bos, dans ses *Réflexions critiques sur la poésie et sur la peinture* (1719), leur consacre une discussion très détaillée, à laquelle se référeront Condillac (*Essai sur l'origine des connaissances humaines*, 1746) et Diderot (*Entretiens sur le fils naturel*, 1757). Duclos aborde le sujet dans son *Mémoire sur les jeux scéniques des Romains*. Cf. le bref article PANTOMIME de R. dans le *Dictionnaire de Musique*, et celui de Marmontel dans l'*Encyclopédie*, beaucoup plus développé.

2. La question des hiéroglyphes sera reprise par R. au ch. VIII.

3. Cf. *Emile*, l. IV, *O.C.*, Pléiade, t. IV, p. 647 et n. 1. Le texte de l'*Emile* correspond, à quelques détails près, à l'alinéa suivant de notre texte. Nous renvoyons aux annotations de P. Burgelin. Cf. Montesquieu, *Considérations* [...], ch. XII, et *Esprit des lois*, ch. XVI du l. XI : « Le peuple romain, plus qu'un autre, s'émouvait par les spectacles. » Les exemples cités par R. sont presque tous mentionnés par Warburton dans sa *Divine Legation of Moses* (Londres, 1737-1741) ; trad. fr. : *Essai sur les hiéroglyphes des Egyptiens* (Paris, 1744), qui fut lu par de nombreux auteurs, dont Condillac. Warburton puisait son information aux sources mêmes, ou chez des compilateurs (Clément d'Alexandrie).

4. D'Espiard de la Borde, au l. V de ses *Essais sur le génie et le*

caractère des nations (3 vol., Bruxelles, 1743), développe des remarques analogues sur les Italiens.

5. *Juges,* XIX, XX, XXI. R., fuyant la France en 1762, composa le récit en prose rythmée qu'il intitula *Le Lévite d'Ephraïm* (*O.C.,* Pléiade, t. II, pp. 1205-1223).

Page 62

1. *Juges,* XIX, 30.
2. Ce récit se trouve dans I Samuel, XI, 5-10.
3. Cf. Fénelon, *Dialogues sur l'éloquence,* II : « Rien n'égale la vivacité et la force, non seulement des figures qu'ils [les prophètes] employaient dans leurs discours, mais encore des actions qu'ils faisaient pour exprimer leurs sentiments, comme de mettre de la cendre sur leur tête, de déchirer leurs habits, et de se couvrir de sacs dans la douleur. Je ne parle point des choses que les prophètes faisaient pour figurer plus vivement les choses qu'ils voulaient prédire. » Ces « images sensibles » sont énumérées par Jaucourt à l'article LANGAGE de l'*Encyclopédie.*
4. *Deipnosophistes,* XIII, 590 *e.* L'exemple est cité par Montaigne, *Essais,* l. III, XII, mais R. avait lu Athénée en latin. Cf. J.-P. Le Bouler, « Les emprunts de R. à la Bibliothèque du Roi », *Annales J.-J.R.,* t. XXXVIII, 1969-1971, pp. 255-257. R. en a rempli pour madame Dupin 19 feuilles d'extraits.
5. R. résume fidèlement les vers 180-182 de l'*Art poétique* d'Horace :

> *Segnius irritant animos demissa per aurem*
> *Quam quae sunt oculis subjecta fidelibus, et quae*
> *Ipse sibi tradit spectator.*

C'est la raison pour laquelle Candaule désirait montrer son épouse à Gygès (Hérodote, *Histoires,* A, 2).

Un défenseur du catholicisme, l'abbé F. X. de Feller, dans son *Catéchisme philosophique* (1777), recourt à ces mêmes vers d'Horace, et cite la page d'*Emile* qui correspond à notre texte, pour justifier le « langage typique des prophètes, et ce grand nombre de figures singulières dont ils accompagnent leurs prophéties »

(l. III, ch. II, art. II, § XII). Dans l'*Emile,* l'on trouve la même expression : « L'impression de la parole est toujours faible et l'on parle au cœur par les yeux bien mieux que par les oreilles » (*O.C.,* Pléiade, t. IV, p. 645). Les vers d'Horace sont cités par l'abbé Du Bos (*Réflexions* [...], 1719, 1re part., sect. XL, « Si le pouvoir de la Peinture sur les hommes est plus grand que le pouvoir de la Poësie »), dont R. semble s'être souvenu dans tout ce passage. Dans son *Mémoire sur l'action théâtrale,* Duclos écrit : « Un spectacle qui ne frappe que les yeux ne soutiendroit pas longtemps l'attention. » C'est la thèse inverse, celle même que R. s'apprête à soutenir.

6. Cf. *infra,* ch. XIII et ch. XVI.

Page 63

1. *Ailleurs :* dans la *Lettre à d'Alembert sur les spectacles, O.C.,* Pléiade, t. V. Cf. aussi *O.C.,* Pléiade, t. III, p. 155 et n. 3. La pitié témoignée au spectacle par un individu habituellement cruel dans sa conduite, est évoquée par Louis Racine, à l'aide des mêmes exemples historiques, dans son *Traité de la poésie dramatique* (Paris, 1752), ch. IV, § II.

Page 64

1. Sur le code des objets et des fleurs, cf. Du Vignau, *Le Secrétaire turc, contenant l'art d'exprimer ses pensées sans se voir, sans se parler et sans s'écrire* [...] (Paris, 1688), pp. 6-7. Cf. la lettre de Lady Wortley Montagu datée de Pera, 16 mars 1717 vieux style ; cf. également Guer, *Mœurs et usages des Turcs* (Paris, 1747), t. I, pp. 413-415, t. II, pp. 499-500. André Chénier (« L'art d'aimer », in *Œuvres complètes,* Pléiade, 1940, p. 444) et Bernardin de Saint-Pierre (*Etudes de la nature,* étude XI) se souviendront de ce mode de communication. On sait l'usage qu'en fait Balzac dans les *Mémoires de deux jeunes mariées* et dans *Le Lys dans la vallée.*

2. Ricaut avait déjà consacré tout un chapitre aux « muets », dans son *Histoire de l'état présent de l'Empire ottoman* (trad. Briot, Paris, 1670, l. I, VIII). D'autres voyageurs (dont Chardin) en ont reparlé. Leur mode de communication est évoqué par des théoriciens comme Bernard Lamy (*La Rhétorique ou l'Art de parler,*

4ᵉ éd., 1701, l. I, ch. I) et le président de Brosses (*Traité de la formation mécanique des langues* [...], Paris, 1765). Cf. Alain Grosrichard, *Structure du Sérail* (Paris, 1979), pp. 172-175.

3. Rodrigo Pereira, ou Pereire (1715-1780), venu d'Espagne en France pour cause de religion (il était juif), présenta sa méthode en 1749 à l'Académie des Sciences. Cette méthode est évoquée par Buffon dans l'*Histoire naturelle de l'homme* (1749), part. 7, « Du sens de l'ouïe ». Diderot en parle dans son article ENCYCLOPÉDIE de l'*Encyclopédie* et dans la *Lettre sur les sourds et muets*. R. le mentionne à l'article CHANT du *Dictionnaire de musique*. L'abbé de l'Epée, dans son *Institution des sourds et muets par la voie des signes méthodiques* (Paris, 1776), oppose sa propre méthode à la « dactylologie » pratiquée par Pereire.

4. « Description de la Perse », ch. XIX, in *Voyages du chevalier Chardin en Perse* [...], Amsterdam 1735, t. III, p. 122 : « Après avoir bien raisonné et discouru, [...] ils font le prix avec les doigts. Ils se tiennent par la main droite, couverte de leur manteau, ou de leur mouchoir et s'entre-parlent de cette façon ». R., secrétaire de Madame Dupin, a fait pour elle des extraits de Chardin. Cf. A. Sénéchal, « Inventaire des papiers Dupin », *Annales J.-J. R.*, t. XXXVI, 1963-1965, pp. 212-290, et J.-P. Le Bouler et C. Lafarge, « Catalogue topographique partiel des papiers Dupin-Rousseau [...] », *Annales J.-J. R.*, t. XXXIX, 1972-1977, pp. 243-280.

5. Facteur, s.m. : « Celui qui est chargé de quelque négoce, de quelque trafic pour quelqu'un » (*Dict. Acad.*, 1762). Sur le toucher, cf. *Emile*, l. II, *O.C.*, Pléiade, t. IV, p. 389.

6. Dans le *Discours sur l'inégalité*, cette faculté paraît se ramener à la *perfectibilité*, virtuelle durant l'état de nature, puis éveillée par l'obstacle et le besoin. R. reprend ici l'argumentation que Descartes, dans la 5ᵉ partie du *Discours de la méthode*, dirigeait contre Montaigne et Charron, sans les citer nommément. (Dans l'*Apologie de R. Sebonde*, Montaigne avait soutenu que les bêtes étaient capables d'un langage perfectionné.) Descartes développe et précise ses idées dans sa lettre du 23 nov. 1646 au marquis de Newcastle.

Page 65

1. Cf. B. Lamy, *La Rhétorique ou l'Art de parler,* 4e éd., 1701, l. I, ch. XVI et l. III, ch. I.

2. Le P. Bougeant, dans son *Amusement philosophique sur le langage des bêtes,* Paris, 1739, prend parti contre Descartes, refuse la théorie des animaux machines, et développe, pp. 69-80, de longues considérations sur les castors. Mais la source la plus probable de R. est Buffon, *Histoire naturelle de l'homme,* ch. I : « De la nature de l'homme ». Cf. également le *Discours sur la nature des animaux,* et le chapitre sur le *Castor,* dans l'*Histoire naturelle des quadrupèdes.*

3. Donc l'homme se distingue des animaux par la perfectibilité, comme R. l'avait affirmé dans le *Discours sur l'inégalité* (*O.C.*, Pléiade, t. III, pp. 141-142 et n.). Ce mot, inspiré peut-être par les idées de Fontenelle et de l'abbé de Saint-Pierre, n'est jamais utilisé dans l'*Essai.*

4. Cf. La Mettrie, *L'Homme-machine,* chap. 2, qui rend un « vice de conformation » responsable de l'absence du langage chez le singe. Buffon discute le problème à plusieurs reprises, notamment dans la « Nomenclature des Singes ». Condillac, dans son *Traité des animaux* (1755), discute à son tour les idées de Buffon. Dans le chapitre consacré au « langage des animaux » (II, IV), on lit : « C'est [...] une suite de l'organisation que les animaux ne soient pas sujets aux mêmes besoins, qu'ils ne se trouvent pas dans les mêmes circonstances, lors même qu'ils sont dans les mêmes lieux, qu'ils n'acquièrent pas les mêmes idées, qu'ils n'aient pas le même langage d'action, et qu'ils se communiquent plus ou moins leurs sentiments, à proportion qu'ils diffèrent plus ou moins à tous ces égards. » Il est fort possible que R. pense ici à l'ensemble du chapitre de Condillac.

II. QUE LA P[REMIÈ]RE INVENTION DE LA PAROLE NE VINT PAS DES BESOINS MAIS DES PASSIONS

Page 66

1. Dans le *Discours sur l'inégalité* (*O.C.*, Pléiade, t. III, p. 143), R. insiste sur l'étroite interdépendance des besoins et des

passions. Dans l'important article ENCYCLOPÉDIE, de l'*Encyclopédie,* Diderot attribue l'origine de la langue aux seuls besoins ; « l'essor de l'imagination » contribuera à l'enrichir.

Dans le titre du ch. II, *la p[remiè]re* est un ajout, au-dessus de la ligne.

2. Voix : le terme peut être pris ici aussi bien dans son sens général : « le son qui sort de la bouche d'un homme » (*Dict. Acad.,* 1762), que dans son sens spécial — grammatical — qui a vieilli : « Le son représenté par la voyelle » (*Dict. Acad.,* 1762). Cf. S. Auroux, *La Sémiotique des Encyclopédistes,* Paris, 1979, ch. V.

3. Idée répandue, dès le XVIIe siècle ; dans le *Parallèle* de Perrault, le chevalier déclare : « Il ne faut pas être fort habile pour savoir que le langage des Orientaux est tout plein de figures, de similitudes, de métaphores, de paraboles et de comparaisons » (*Parallèle des Anciens et des Modernes,* éd. H. R. Jauss et M. Imdahl, Munich, 1964, p. 299, correspondant au t. III, 1692, p. 62).

4. L'allusion de R. vise probablement Maupertuis et ses *Réflexions philosophiques sur l'origine des langues et la signification des mots* (Paris, 1748) ; mais R. pense peut-être à Beauzée (article LANGUE de l'*Encyclopédie*) et à Condillac (*Essai sur l'origine des connaissances humaines,* IIe partie, sect. I). L'ouvrage de Maupertuis, suivi des remarques que lui ont consacrées Turgot et Maine de Biran, a été réédité par Ronald Grimsley : *Sur l'origine du langage,* Genève, 1971. Cf. *O.C.,* Pléiade, t. III, p. 149 et n. 5. Cf. H. Aarsleff, *From Locke to Saussure* [...], Londres, 1982, pp. 176-188. Si Condillac insiste sur le rôle des besoins, il affirme, comme R., que « dans l'origine des langues, la prosodie approcha du chant » et que « le style, dans son origine a été poëtique » (*Essai sur l'origine des connaissances humaines,* part. II, sect. I, ch. VIII, § 66 et 67).

5. Cf. *Confessions,* l. I : « Je sentis avant de penser ; c'est le sort commun de l'humanité » (*O.C.,* Pléiade, t. I, p. 8). Faut-il rappeler que le *Discours sur l'inégalité* et l'*Emile* contiennent de longues considérations sur la transition de la sensation à la pensée ?

Page 67

1. Cf. *Discours sur l'inégalité, O.C.,* Pléiade, t. III, p. 161 et p. 203, et *infra,* chap. IX, p. 93.

2. Dans l'*Emile* (*O.C.,* Pléiade, t. IV, p. 506), puis dans le 2e *Dialogue,* R. distinguera « l'action positive ou attirante » et « la négative ou repoussante », d'où deux catégories de passions, « aimantes et douces » ou « haineuses et cruelles » (*O.C.,* Pléiade, t. I, p. 805). L'amour est du midi, la colère du nord. E. Claparède fait consister l'originalité de R. dans l'affirmation de l'origine *passionnelle* du langage. Cf. « R. et l'origine du langage » (*Annales J.-J. R.,* t. XXIV, 1935, pp. 95-120).

Nous avons respecté la méthode de ponctuation de R., qui omet la virgule dans les énumérations.

3. Accent : « Elévation ou abaissement de la voix sur certaines syllabes » (*Dict. Acad.,* 1762). Cf. *infra :* « Toutes les notes de la musique sont autant d'accents ». (Ch. IV, p. 70). Cf. article ACCENT, dans le *Dictionnaire de musique,* et les commentaires d'A. Wyss (*J.-J. R. et l'* « *Accent* » *de l'écriture,* Neuchâtel, 1989). R. distingue généralement « voix » (*a, e, i*...) et « son » (*do, ré, mi*...).

Dans des notes inédites (Neuchâtel, BPU, m.s. R. 72, fragment 46) relevées par J.-J. Eigeldinger, on lit : ... l' « accent oratoire n'est pour ainsi dire que l'amplification du cri de la nature modifié dans chaque langue par les inflexions qui lui sont propres ». Dans le *Dictionnaire,* R. marquera une distinction : « Autre chose est l'accent universel de la nature, qui arrache à tout homme des cris inarticulés ; et autre chose l'accent de la langue, qui engendre la mélodie particulière à une nation. » Mais l'accent *prosodique,* propre à une langue, n'est pas l'accent *oratoire,* qui le développe pour mieux persuader.

4. L'idée de l'identité de la parole et du chant dans la langue primitive apparaît ici pour la première fois dans le texte de R. La source commune est Strabon, *Geographica,* I, que citent Bernard Lamy, l'abbé Du Bos, et maints autres auteurs.

L'idée est exposée par Vico. On lit dans l'édition de 1744 de la *Scienza Nuova :* « Gli uomini sfogano le grandi passioni dando nel canto, come si sperimenta ne'sommamente addolorati e allegri [...] Gli autori delle nazioni gentili [...] dovettero formare le loro prime lingue cantando » (l. I, part. II, § LIX). « Le lingue debbon aver incominciato da voci monosillabe » [...] (l. I, part. II, § LX). Il n'existe aucune preuve que R. ait eu connaissance de l'ouvrage de Vico. Cf. *O.C.*, I, p. 1548. Sur bien des points, au long de l'*Essai,* R. soutient des idées très proches de celles de Vico, comme l'a relevé Paola Bora. Influence de Vico sur R., ou utilisation de sources communes (Isaac Vossius notamment) ? La question ne peut être tranchée.

III. QUE LE P[REMI]ER LANGAGE DUT ÊTRE FIGURÉ

Page 68

1. Le rapport entre passions et tropes est nettement affirmé par Bernard Lamy. Cf. *La Rhétorique ou l'Art de parler*, 4e éd., 1701, l. II, chap. VII, pp. 136-140. L'idée est reprise par l'abbé Fleury, au ch. I de son *Discours sur la poésie, et en particulier sur celle des anciens Hébreux* (1713). Turgot, dans ses *Lettres sur les poésies erses* (1760), écrit : « Moins un peuple a de termes pour exprimer les idées abstraites, plus il est obligé, pour se faire entendre, d'emprunter à chaque instant des images et des métaphores » (*Œuvres*, éd. G. Schelle, Paris, 1913, t. I, p. 626).

2. Bernard Lamy avait écrit : « Les tropes sont des noms que l'on transporte de la chose dont ils sont le nom propre, pour les appliquer à des choses qu'ils ne signifient qu'indirectement : ainsi tous les tropes sont des métaphores, car le mot qui est grec signifie translation » (*La Rhétorique ou l'Art de parler,* 4e éd., 1701, l. II, ch. III, p. 121).

R. associe deux notions classiques : l'antécédence de l'attitude passionnelle par rapport à l'activité rationnelle ; le recours aux tropes dans les états passionnels. C'est au regard de la plus tardive raison que l'expression de la passion primitive révèle sa qualité « métaphorique ». Cf. Condillac, *Essai sur l'origine des connaissances humaines,* IIe partie, sect. I, ch. XIV, § 140.

3. Cf. au l. II de l'*Emile,* la longue note où Rousseau cite et

discute une page de Buffon sur les erreurs relatives à la grandeur des objets, et sur les « figures gigantesques » que l'on croit apercevoir la nuit (*O.C.*, Pléiade, t. IV, pp. 382-384).

Bernard Lamy avait déclaré que les passions « grossissent les objets » (*La Rhétorique ou l'Art de parler*, 4e éd., 1701, p. 137). Dans *l'Origine des Fables*, Fontenelle attribue les premières fables moins à l'imagination qu'à l'ignorance des premiers hommes : « Ce ne sont que géants et magiciens » (*Œuvres*, 3e éd., 1742, t. III, p. 287). On trouve l'idée chez Lucrèce, VI, 674-677. Montaigne cite Lucrèce (*Essais*, l. I, XXVII) et ajoute une citation de Cicéron. *De natura deorum*, II, XXXVIII. Au chant VII de l'*Enéide*, les Troyens nouvellement arrivés sont qualifiés d'*ingentes* par le messager qui les a aperçus le premier. Servius commente : « Ingentes esse quos primum videmus opinamur » (*Servii grammatici qui feruntur in Vergilii carmina commentaria*, éd. G. Thilo et H. Hagen, Leipzig 1884, t. II, p. 138). Cf. dans le *Discours sur l'inégalité*, la remarque de R. sur « les Patagons vrais ou faux » (*O.C.*, Pléiade, t. III, p. 214 et n. 1) ; et dans l'*Encyclopédie*, les articles GÉANT et PATAGON (Cf. J. Derrida, *De la Grammatologie*, Paris 1967, p. 393. Voir aussi C. Reichler, « Comparaison n'est pas raison. Paul de Man lecteur de R. », N.R.F., février 1990.)

IV. DES CARACTÉRES DISTINCTIFS DE LA P[REMIÈ]RE LANGUE ET DES CHANGEMENS QU'ELLE DUT ÉPROUVER

Page 70

1. Sur l'appareil phonateur, tel qu'il était défini à l'époque, cf. Denis Dodart, « Mémoires sur les causes de la voix de l'homme et ses différents tons », in *Histoire de l'Académie royale des Sciences*, année 1700, en particulier pp. 244-245. R. connaît ses idées, peut-être par l'article VOICE du *Dictionnaire* de Chambers, et les mentionne aux articles CHANT, RÉSONNANCE et VOIX du *Dictionnaire de musique*. R. ignore les cordes vocales, décrites par A. Ferrein en 1741.

2. La distinction entre 1) « simples sons », ou « voix » inarticulés et 2) « articulations », prépare l'opposition entre langues à prédominance vocalique (qui impliquent le règne de la passion et du sentiment immédiat) et langues à prépondérance consonantique (qui impliquent le besoin, l'effort, le travail contre la nature, la convention triomphante). Sur la distinction entre voyelles et consonnes, cf. Bernard Lamy, *La Rhétorique ou l'Art de parler*, 4e éd. 1701, l. III, ch. II et III. On lit au ch. IV : « Les consonnes se prononcent avec plus de difficulté que les voyelles » (p. 217). On lit dans *Les vrais principes de la langue française*, de l'abbé Girard (Amsterdam, 1747) : « La prononciation [...] comprend deux espèces de modifications, dont l'une forme le son et l'autre l'articulation [...]. Le son est la voix prononcée par la seule forme du passage que lui donne la situation des organes. Il se fait entendre par lui-même, et peut être aussi varié qu'il y a de diversités possibles dans le passage de la voix. L'articulation consiste dans les mouvements que les organes ajoutent à leur situation dans le temps de l'impulsion de la voix. Elle ne saurait être entendue sans le secours du son, dont elle est l'accompagnement [...]. Le désir et le besoin de commercer avec les absents [...] ont fait inventer des caractères propres à conserver et à montrer aux yeux la Parole. Chacun de ces caractères représente un son ou une articulation. On les appelle tous d'un nom commun Lettre, mais on nomme particulièrement Voyelles ceux qui représentent les sons, et Consonnes ceux qui représentent les Articulations » (pp. 5-6). Dans son *Mémoire sur l'art de partager l'action théâtrale* (*Œuvres complètes*, Paris, 1821, t. VIII, pp. 345-372), Duclos entre dans des détails précis sur le mécanisme de la phonation et sur la technique de la déclamation. Les problèmes de notation qu'il traite à cette occasion sont proches de ceux qu'abordera R. Le *Mémoire* de Duclos a paru pour la première fois au t. XXI des *Mémoires de l'Académie des Inscriptions et Belles-Lettres*.

3. « C'est une excellente remarque de ce savant et ingénieux médecin (J. Conrad Ammann), que si Dieu n'avait point donné la parole au premier des hommes, l'usage en aurait été ignoré »... (*La Rhétorique ou l'Art de parler*, 4e éd., 1701, l. III,

ch. I, p. 194). R. indique ici ouvertement une source que nous avons fréquemment citée; sur Bernard Lamy (1640-1715), oratorien, ami de Malebranche, et sur les éditions successives de son ouvrage paru pour la première fois en 1675, remanié et augmenté au cours de plusieurs rééditions, on consultera F. Girbal, *B. Lamy, étude biographique et bibliographique,* Paris, 1964; et deux travaux de Geneviève Rodis-Lewis : « Un théoricien du langage au XVIIe siècle : Bernard Lamy », *Le Français moderne,* janvier 1968, N°. 1, pp. 19-50; « L'Art de parler et l'Essai sur l'Origine des Langues », *Revue internationale de philosophie,* n°. 82, 1967, pp. 407-420. Cf. également U. Ricken, *Sprache, Anthropologie, Philosophie in der französischen Aufklärung,* Berlin, 1984, pp. 51-57. R., aux Charmettes, avait pratiqué les *Entretiens sur les Sciences* de Bernard Lamy. « Je le lus et relus cent fois; je résolus d'en faire mon guide » (*O.C.*, Pléiade, t. I, p. 232 et n. 1). Il lira aussi ses *Eléments des mathématiques* (cf. *O.C.*, Pléiade, t. I, p. 238). Dans le *Mémoire à M. de Mably* et dans le *Projet pour l'éducation de Monsieur de Sainte-Marie,* R. propose la suppression de la logique et de la rhétorique, à l'exception de la *Logique* de Port-Royal et de « l'*Art de parler* de B. Lamy » (*O.C.*, t. IV, p. 29 et p. 50).

Dans ce chapitre, R. suit aussi d'assez près Du Bos (*Réflexions critiques sur la poésie et sur la peinture,* 1719, première partie, ch. XXXV).

4. Sur la langue chinoise, R. a pu trouver, chez B. Lamy (*La Rhétorique* [...], 4e éd., 1701, L. I, ch. X, pp. 49-50) une information que celui-ci emprunte à la *Biblia polyglotta* de Brian Walton, lequel se réfère à Alvarez Semedo, dont l'ouvrage sur l'Empire de la Chine avait été publié à Madrid en 1642. Lors de ses lectures pour Mme Dupin, R. a pris connaissance de la *Description* [...] *de la Chine et de la Tartarie chinoise* de J.-R. Du Halde, 4 vol. in-fol., 1735. R. a également pu connaître l'article CHINESE de la *Cyclopaedia* de Chambers (1741), qui transcrit un extrait du P. Louis Le Comte. Cf. *Nouveaux mémoires sur l'état présent de la Chine,* par le P. Louis Le Comte, de la compagnie de Jésus, 2 vol., 1697. Le passage cité par la *Cyclopaedia* se trouve au t. I, p. 298 : le « peu de mots » de la langue chinoise « ne suffiroit

pas pour s'expliquer avec facilité sur toutes sortes de matières [...] si l'on n'avait trouvé l'art de multiplier les sons sans multiplier les paroles. Cet art consiste particulièrement dans les differens accens qu'on leur donne. Le mesme mot prononcé avec une inflexion de voix plus forte ou plus foible a diverses significations. Ainsi la langue chinoise [...] est une espèce de musique et renferme une véritable harmonie qui en fait l'essence ». Aux pp. 306-312, Le Comte décrit les caractères de l'écriture chinoise.

Duclos, dans son *Mémoire sur l'action théâtrale*, parle aussi de la musicalité du chinois. Il évoque une expérience de Fréret sur les innombrables intonations de cette langue, comparée à une « langue presque monotone comme la nôtre ». Le sujet qui s'est prêté à l'expérience s'appelait Arcadio Hoangh, « Chinois de naissance ».

Sur l'arabe, R. a toute l'information de seconde main que possèdent ses contemporains. Pour Mme Dupin, R. a lu Jean Gagnier, *La vie de Mahomet traduite et compilée de l'Alcoran* [...], 2 vol., Amsterdam, 1732.

Page 71

1. En évoquant, hypothétiquement, les caractères qui auraient pu être ceux de la première langue, R. s'abstient de l'identifier, et ne prend pas parti dans le débat des érudits qui acceptaient ou récusaient la dignité de langue-mère accordée à l'hébreu par les théologiens. R. ici n'évoque pas l'hébreu, quoiqu'au ch. IX, pour la naissance des langues du midi, les allusions à la Bible soient nombreuses. On notera que, dans le présent chapitre, R. ne mentionne que des langues « méridionales » (grec, arabe, chinois), pour y déceler des ressemblances avec la « première langue ». Mais aux ch. IX, X et XI, R. opposera les langues du nord et celles du midi, sans leur attribuer une souche commune. L'unité linguistique ne se laisse repérer, selon Rousseau, à aucun moment de l'histoire humaine. Si, au sortir de l'animalité, les moyens de communication entre individus avaient quelque similitude générale, ils ne constituaient pas une langue, pas plus que les hommes n'étaient réunis

en une « société générale ». Ni la généralité du mot, ni celle de la loi n'étaient encore fixées. Au ch. II de la Ire version du *Contrat social,* c'est l'absence d'une « langue universelle » qui permet de réfuter l'hypothèse de la « société générale du genre humain ».

L'article LANGUAGE de la *Cyclopaedia* de Chambers (1741) parle de la dispute entre Arabes et Hébreux, sur la priorité de leur langue respective. Quant aux langues-mères, ce dictionnaire en distingue deux (ou deux couples) : l'hébreu et l'arabe à l'est, le teutonique et le « sclavonique » à l'ouest. Il mentionne l'opinion de ceux qui voient dans le gothique une langue primitive nordique, mère de toutes les « langues teutoniques ». L'article LANGAGE de l'*Encyclopédie* par Jaucourt, oppose plus nettement langues du nord et langues du midi, et place les français « au centre des deux extrémités ». L'article LANGUE (1765), par Beauzée, reprend systématiquement tous les problèmes, et comporte une critique des passages du *Discours sur l'inégalité* consacrés à l'origine du langage. Cf. S. Auroux, *L'Encyclopédie : « Grammaire » et « Langue » au XVIIIe siècle.* Paris, 1973.

Dans le second *Discours,* R. se déclare « convaincu de l'impossibilité presque démontrée que les langues aient pu naître et s'établir par des moyens purement humains » (*O.C.*, Pléiade, tome III, p. 151). La seconde partie du *Discours sur l'inégalité* ne paraît pas avoir retenu l'hypothèse de la révélation d'une langue telle que l'hébreu, encore identifiable aujourd'hui : « Des cris inarticulés, beaucoup de gestes, et quelques bruits imitatifs, durent composer pendant longtemps la langue universelle » (*O.C.,* Pléiade, tome III, p. 167). Mais dès qu'intervient l'articulation, c'est-à-dire le travail surajouté du système consonantique, l'on entre dans la « convention » et dans le domaine des « langues particulières » : l'universalité du « cri » et de la « voix inarticulée » se perd. Mais l'universalité du concept va poindre.

Cf. Arno Borst, *Der Turmbau von Babel,* Stuttgart, 6 vol. ; 1957-1962 ; Daniel Droixhe, *La Linguistique et l'appel de l'histoire* (1600-1800), Genève, 1978 ; Maurice Olender, *Les Langues du Paradis,* Paris, 1989.

Voltaire, notamment à l'article ABC des *Questions sur l'Encyclopédie,* a tourné en dérision le débat sur la langue-mère.

2. Diderot (art. ENCYCLOPÉDIE de l'*Encyclopédie*) discute longuement la question des *radicaux* : « un radical » est « par sa nature le signe ou d'une sensation simple et particulière, ou d'une idée abstraite et générale ». Cf. Turgot, art. ÉTYMOLOGIE de l'*Encyclopédie.*

3. Cf. l'art. ONOMATOPÉE de l'*Encyclopédie,* dû à Beauzée : « C'est le nom de l'une des causes de la génération matérielle des mots expressifs des objets sensibles, et cette cause est l'imitation plus ou moins exacte de ce qui constitue la nature des êtres nommés ». Le livre du président de Brosses, *Traité de la formation mécanique des langues* (2 vol., Paris, 1765), généralise l'idée de la formation du langage à partir de l'interjection et de l'onomatopée. Les travaux du président de Brosses étaient connus des encyclopédistes bien avant la publication de son livre. Turgot les a consultés pour rédiger l'article ÉTYMOLOGIE. Sur l'ensemble de ces problèmes, cf. G. Genette, *Mimologiques,* Paris, 1976.

4. Chardin, dans son ouvrage sur la Perse, insiste dans les mêmes termes sur la richesse du vocabulaire arabe. Cf. *Voyages* [...] 1735, t. III, p. 143. Il est loin d'être le seul ; ainsi, selon George Sale, les Arabes déclarent que leur langue est « si abondante qu'aucun homme à moins d'être inspiré ne saurait la posséder parfaitement » (*Observations historiques et critiques sur le Mahométisme,* Genève, 1751, pp. 73-74). La langue arabe, qui est « l'une de celles qui se disputent l'honneur de la maternité », « offre souvent le choix de cinq cents mots pour exprimer une seule et même chose », lit-on à l'article ARABE de l'*Encyclopédie.*

Page 72.

1. L'expression *persuader sans convaincre* est chère à R : Cf. *Contrat social,* l. II, ch. VII, « Du Législateur » : ... « Ainsi donc le Législateur ne pouvant employer ni la force ni le raisonnement, c'est une nécessité qu'il recoure à une autorité d'un autre ordre, qui puisse entraîner sans violence et persuader sans convaincre » (*O.C.,* Pléiade, t. III, p. 383.)

2. La langue chinoise avait retenu l'attention de nombreux

érudits (Vossius, Kircher, Leibniz, B. Lamy). On trouve un exposé très complet dans J. B. Du Halde, *Description géographique, historique, chronologique, politique et physique de l'Empire de la Chine*, Paris 1735, t. II, pp. 224-238. Ainsi pp. 224-225 : « Elle paraît pauvre, car elle n'a guère qu'environ 330 mots, qui sont tous monosyllabes et indéclinables [...]. Cependant ce peu de mots suffit pour s'expliquer sur toutes sortes de matières ; parce que, sans multiplier les paroles, le sens se multiplie presque à l'infini par la diversité des accents, des inflexions, des tons, des aspirations et d'autres changements de la voix [...]. Il ne faut pas s'imaginer, comme quelques auteurs l'ont avancé, qu'ils chantent en parlant, et qu'ils forment une espèce de musique, qui ne manquerait pas de choquer l'oreille et d'être très désagréable ».

3. Bernard Lamy (*La Rhétorique*, 4e éd., 1701) évoque également (p. 15) le *Cratyle* de Platon ; et, aux pp. 50-51, il parle successivement du chinois, du grec et de l'arabe. Mais Lamy n'y cherche pas les caractères d'une première langue : il a admis l'antécédence de l'hébreu. L'une des thèses défendues (puis combattues) dans le *Cratyle* fait de la parole l'image *naturelle* de la chose nommée : « Il existe une rectitude originelle de dénomination appartenant de nature à chaque réalité » (383 *a*).

V. DE L'ÉCRITURE

Page 73

1. Chez B. Lamy, le problème de l'invention de l'écriture est traité au ch. V du 1er livre de *La Rhétorique*, à partir de la 4e éd. (1701). On y trouve l'opposition entre parole vive et écriture : « Un discours écrit est mort ». Cependant l'écriture est nécessaire au perfectionnement des langues : « Les langues ne se sont perfectionnées qu'après qu'on a trouvé l'écriture, et qu'on a tâché de marquer par quelques signes permanents ce que l'on avait dit de vive voix, ou ce que l'on avait seulement pensé » (p. 17).

Lamy considère l'écriture alphabétique comme tardive. Il

évoque successivement l'écriture idéographique des Américains, des Chinois, puis les hiéroglyphes des Egyptiens. Le savoir et les interprétations, dont Lamy se fait l'écho, se retrouvent dans l'*Histoire du ciel* (1739) de Pluche, puis dans la *Divine Legation of Moses* (1737-1741) de William Warburton (1698-1779), qui fut partiellement traduite en français par Léonard de Malpeines sous le titre *Essai sur les hiéroglyphes des Egyptiens* (1744). Condillac, dans l'*Essai sur l'origine des connaissances humaines* (1746) y fait largement référence. R. pourrait également avoir pris connaissance d'une traduction des articles ALPHABET, CHARACTER LETTER, HIEROGLYPHIC, VOICE, WORD de la 5e édition de la *Cyclopaedia* de Chambers (1741).

Sur ces problèmes, cf. James G. Février, *Histoire de l'écriture*, nouv. éd., Paris, 1959; M. V. David, *Le débat sur les écritures et l'hiéroglyphe aux XVIIe et XVIIIe siècles*, Paris, 1965; A. Leroi-Gourhan, *Le geste et l'écriture*, Paris, 1965; J. Derrida, *De la Grammatologie*, Paris, 1967; I. J. Gelb, *A Study of Writing*, Chicago, 1952, trad. fr. *Pour une théorie de l'écriture*, Paris, 1973.

Page 74

1. L'idée de « double convention » est formulée par Diderot à l'article ENCYCLOPÉDIE de l'*Encyclopédie* (*O.C.*, Club français du livre, t. II, 1969, p. 382). On la retrouve dans le fragment « Prononciation » de R. (*O.C.*, Pléiade, t. II, p. 1149) : « La parole représente la pensée par des signes conventionnels, et l'écriture représente de même la parole; ainsi l'art d'écrire n'est qu'une représentation médiate de la pensée ».

2. On lit dans l'*Essai analytique sur les facultés de l'âme* (1760) de Charles Bonnet, ch. XV, § 220 : « Toutes nos idées [...] ont été représentées par des termes. Ces termes ont été représentés à l'œil par des lettres, et rendus à l'oreille par des sons articulés. On a peint la parole, et on a parlé aux yeux ». L'expression est quasi proverbiale. Elle est citée plus complètement par Jaucourt, à l'article « Ecriture » de l'*Encyclopédie*, avec l'attribution à Brébeuf : les vers cités proviennent de la traduction (1682) de la *Pharsale* de Lucain (III, 220-222) :

... Cet art ingénieux
De peindre la parole et de parler aux yeux,
Et par les traits divers des figures tracées,
Donner de la couleur et du corps aux pensées.

Cf. Etudes annexes, I, « Les pérégrinations de Cadmus », p. 149.

3. Le lien du commerce et de l'écriture a été sommairement indiqué par Francis Bacon, qui appelle les mots « *numismata rerum intellectualium* » (*De Augmentis scientiarum*, l. VI, ch. I).

4. Sauvages, barbares, peuples policés : R. reprendra cette subdivision au ch. IX. Elle correspond à peu près aux stades indiqués dans la 2e partie du *Discours sur l'inégalité*. On sait que la distinction des stades historiques d'après le degré d'évolution technique et le mode de production joue un rôle considérable chez Adam Ferguson et Adam Smith.

Pour Montesquieu (*Esprit des lois*, l. XVIII, ch. 11 à 17), l'usage de la monnaie n'appartient qu'aux peuples policés qui cultivent les terres. Dans *De l'Homme* (1772, posthume), Helvétius établit la gradation historique : sauvages (chasseurs), pasteurs, cultivateurs (section V, ch. IV). Il insiste, contre R., sur la cruauté du sauvage, sans poser la question du langage et de l'écriture. Cf. Ronald L. Meek, *Social Science and the Ignoble Savage*, Cambridge, 1975.

Page 75

1. On peut conjecturer qu'il s'agit ici de l'Histoire Sainte, et de l'antiquité attribuée à la langue hébraïque. Cf. le débat autour de l'expression « écarter tous les faits », qu'on rencontre au préambule du second *Discours* (*O.C.*, Pléiade, t. III, p. 132).

2. Tchelminar : nom persan de l'ancienne Persépolis. Chardin fut le premier à relever les inscriptions du palais de Darius.

3. Ectype : « Terme d'antiquaire. Copie, empreinte d'une médaille, d'un cachet, ou copie figurée d'une inscription » (*Dict. Acad.*, 1762).

4. R. cite ici et dans la note suivante des extraits des pp. 167-168 du t. II de l'ouvrage de Chardin (Amsterdam, 1735). Il abrège en plusieurs endroits le texte original.

Page 76

1. Même affirmation, au sujet de l'alphabet copte, chez Fourmont l'aîné, *Réflexions sur l'origine, l'histoire et la succession des anciens peuples*, Paris, 1747, t. II, l. III, ch. 23, pp. 502-503. R. a pu rencontrer cet érudit dans le salon de Mme Dupin. Cf. *Confessions*, l. VII, *O.C.*, Pléiade, t. 1, p. 292.

Page 77

1. Cf. Hérodote, V. 58. L'ample littérature ancienne sur Cadmus et sur l'invention de l'alphabet est rassemblée par S. Bochart au ch. XX du livre I de sa *Geographia Sacra* (*Opera omnia*, Leyde, 1712, t. II, col. 448-454). La plupart des auteurs du XVIIIe siècle s'y réfèrent.

2. R. reparle de l'écriture par sillons dans sa *Lettre au docteur Burney*. Cf. *O.C.*, Pléiade, t. V.

3. Il s'agit du l. 5, ch. 17, al. 6 de la *Description de la Grèce*. R. connaissait la traduction française de Pausanias par l'abbé Gédoyn (2 vol., 1731). Dans son *De prima scribendi origine* (1616 ; nouv. éd. 1738), Hermann Hugo assigne également une priorité à l'écriture de type hébraïque — de droite à gauche — et la fait suivre par le « boustrophédon », ou écriture par sillons. Il en est fait mention dans l'ouvrage de J. G. Wachter, *Naturae et scripturae concordantia* [...] Leipzig et Copenhague, 1752, p. 261.

4. L'étymologie agraire du mot *versus*, que je n'ai pas trouvée dans l'*Ars Grammatica* de Marius Victorinus, est proposée par Isidore de Séville (*Etymologies*, l. VI, 14, 7) : *Versus vulgo vocati sunt : quia sic scribebant antiqui sicut aratur terra*. Avant R., cette tradition a été maintes fois évoquée, notamment par J. G. Vossius, le P. Thomassin, Jean Leclerc, Muratori, B. Lamy ; elle le sera encore par l'*Encyclopédie*, A. Y. Goguet, Ch. de Brosses...

Page 78

1. Sur le nombre des lettres du premier alphabet grec, la source antique est surtout Pline, *Histoire naturelle*, VII, 56 (57 dans l'éd. Littré) ; accessoirement, Tacite, *Annales*, l. XI, 14, Marius Victorinus, *Ars grammatica*, l. IV, 95-97 ; et Isidore de Séville, *Etymologies*, l. I, 3-4. Ces connaissances sont vulgarisées

au XVIIIe siècle grâce à des ouvrages scolaires tels que le *Dictionarium antiquitatum romanarum* de Pierre Danet, dont l'article *litera* est très développé. (Paru en latin en 1698, ce dictionnaire est publié en français en 1701 et connaît de nombreuses rééd.)

2. Lustre : cérémonie religieuse, qui avait lieu à Rome tous les cinq ans. Cf. Tite-Live, *Ab Urbe condita,* l. I, 44. Cf. article « Clou » de l'*Encyclopédie.*

3. Martianus Capella : *De Nuptiis Philologiae et Mercurii,* l. III : « Les voyelles étaient au nombre de 7 en grec ; Romulus en compte 6 ; mais plus tard, l'usage n'en mentionne que 5, une fois rejeté l'y, comme grec » (p. 87 de l'éd. Dick-Préaux, Stuttgart, Teubner, 1969).

4. *Grammaire générale et raisonnée,* I, II.

5. *Remarques sur la Grammaire générale et raisonnée* (1754), part. I, ch. I.

Page 79

1. Cf. Bernard Lamy, *La Rhétorique,* l. III, ch. II (4e éd., 1701) ; et Diderot, article ENCYCLOPÉDIE de l'*Encyclopédie.*

2. Bernard Lamy, lui aussi, attribue à l'écriture la fonction de *suppléer :* « C'est l'écriture qui fait apercevoir ce qui manque à une langue pour être claire : on voit en écrivant ce qu'il y faut suppléer, ce qu'il y faut changer » (*La Rhétorique,* 4e éd., 1701, l. I, ch. V, p. 18). Lamy considère aussi la brièveté comme un signe de force, l'allongement des mots comme un indice de corruption : « Lorsque les langues ont commencé à se corrompre, les mots se sont pour l'ordinaire allongés » (l. I, ch. VI, p. 27). Cf. Les notes de R. sur la prononciation, (*O.C.,* Pléiade, t. II, p. 1248-1252). Sur l'intérêt de la notion de supplément, cf. J. Derrida, *De la Grammatologie,* Paris, 1967. On remarquera que chez R. le mot *suppléer* ne désigne pas toujours une substitution, ou un pis-aller *ultérieur,* destiné à combler un manque. Le terme est employé pour désigner ce qu'un état plus ancien comportait à la place de plus récents artefacts. On lit dans le *Principe de la mélodie :* [...] « Chaque langue à sa naissance doit suppléer à des articulations moins nombreuses par des sons plus modifiés » (*O.C.,* Pléiade, t. V).

Page 80

1. Duclos, *Remarques sur la Grammaire générale et raisonnée*, part. I, ch. IV et V ; ainsi que l'article PONCTUATION de l'*Encyclopédie*, dû à Beauzée. Ch. Porset a rappelé, à ce propos, l'un des « projets » de l'abbé de Saint-Pierre : *Projet pour perfectioner l'ortografe des langues d'Europe* (Paris, 1730).

VI. S'IL EST PROBABLE QU'HOMÉRE AIT SU ÉCRIRE

Page 81

1. L'exception que constituent les *sêmata lugra* confiés à Bellérophon, dans l'*Iliade* (VI, vers 167 et suiv.), est relevée dès l'antiquité par Flavius Josèphe, *Contre Apion*, I, 10-14. Tous les érudits ont reparlé du problème, jusqu'à l'époque contemporaine.

2. Jean Hardouin (1646-1729), érudit et polygraphe, niait l'authenticité de la plupart des ouvrages de l'antiquité, prétendant qu'ils avaient été composés au moyen âge. Ses supérieurs de l'ordre de Jésus le forcèrent à se rétracter. Son *Commentaire sur le Nouveau Testament* fut mis à l'*Index*. Ses doutes systématiques sur l'authenticité des documents et des textes, ses attaques contre l'incroyance de Pascal et de Malebranche firent de lui, pour la génération suivante, le type même du critique que le soupçon fait délirer. Ch. Porset rappelle les jugements portés sur lui par Montesquieu (*Mes pensées*, N°. 1249, in *Œuvres complètes*, éd. R. Caillois, Pléiade, t. I, p. 912) et par Voltaire (*Lettre au docteur Pansophe*).

Page 82

1. Cf. *Dictionnaire de Musique*, art. BARCAROLLE (*O.C.*, Pléiade, t. V), qui figurait déjà dans l'*Encyclopédie*. L'image du gondolier chanteur de poèmes épiques était courante, et se répandra dans la poésie, autour de 1800. (Cf. André Chénier, *Œuvres*, Pléiade, 1940, p. 509). Les *Remarks on Italy* (1704) d'Addison ont considérablement contribué à la réputation

littéraire des gondoliers de Venise. Goethe en reparlera dans son *Voyage en Italie.*

VII. DE LA PROSODIE MODERNE

Page 83

1. Il faut se reporter, entre autres, au *Traité de la prosodie française* (1736), de l'abbé d'Olivet. A l'article second, il distingue successivement l'accent prosodique, l'accent oratoire, l'accent musical, l'accent national, l'accent imprimé. Il écrit notamment : « Peut-être y a-t-il des gens qui croient que l'accent imprimé devrait suffire pour marquer l'élévation ou l'abaissement de la voix. Mais non : car il ne répond point en français à l'accent prosodique ; et quoiqu'il se marque de même, il n'en fait point l'office [...]. L'accent imprimé, lors même qu'il influe, non pas sur une voyelle seulement, mais sur la syllabe entière, ne sert qu'à en marquer la longueur. Or la longueur et la brièveté de la syllabe ne font point l'objet de l'accent ». Cf. l'article ACCENT du *Dictionnaire de musique*. Est-il besoin de rappeler l'importance que Diderot attribue à l'accent, soit dans le *Salon de 1767*, soit dans *le Neveu de Rameau* ?

2. Allusion à Du Marsais et à son article « Accent » de l'*Encyclopédie* (article qui figurera dans l'ouvrage posthume *Logique et principes de grammaire,* Paris, 1769). Voici la traduction libre que Du Marsais donne du passage de Cicéron : « Les anciens ont voulu qu'il y eût dans la prose même des intervalles, des séparations, du nombre et de la mesure, comme dans les vers ; et par ces intervalles, cette mesure, ce nombre, ils ne veulent pas parler de ce qui est déjà établi pour la facilité de la respiration et pour soulager la position de l'orateur, ni des notes ou signes des copistes : mais ils veulent parler de cette manière de prononcer qui donne de l'âme et du sentiment aux mots et aux phrases, par une sorte de modulation pathétique ». Le passage d'Isidore de Séville est traduit de la façon suivante : Il y avait « encore de certaines notes qui étaient en usage chez les auteurs célèbres, et que les anciens avaient inventées pour la

distinction de l'écriture, et pour montrer la raison, c'est-à-dire le mode, la manière de chaque mot et de chaque phrase ». R. cite plus longuement Cicéron et Isidore que ne le fait Du Marsais. Il est donc revenu au texte original. Dans le manuscrit, la note est un brouillon supplémentaire, qui constitue la p. 117a. Cette note est mise au net par le copiste Jeannin (p. 117), qui y joint une p. 117b, où figure la copie complète des textes latins.

Mersenne, dans son *Harmonie universelle* (1636), consacre une partie du Sixième Livre (« Art de bien chanter ») aux propositions relatives à l'accent (IX à XVI, sous le titre « De la musique accentuelle »).

Page 84

1. Traduction du passage de Cicéron, *De l'orateur,* III, XLIV, éd. Belles-Lettres, Paris, 1961, t. III, p. 70. Trad. de E. Courbeaud et H. Bornecque :

« Après ce travail minutieux, vient encore le rythme et le tour harmonieux de la phrase, dont je crains bien, Catulus, qu'ils ne te semblent puérils. Quelque chose d'analogue aux vers, c'est-à-dire une sorte de nombre, devait en effet, selon les anciens maîtres, se rencontrer dans ce genre de prose dont nous nous occupons. Des points d'arrêts déterminés non par la respiration, par l'essoufflement ou par des signes de ponctuation, mais par le nombre à observer dans les mots et les idées étaient, à leur sens, indispensables dans nos discours. Isocrate, dit-on, fut le premier qui, pour flatter l'oreille, selon l'expression de Naucrate, son disciple, établit la règle d'assujettir à un rythme la prose, jusque-là sans règles. En effet, les musiciens qui autrefois étaient en même temps poètes, inventèrent, pour plaire, ces deux procédés le vers et le chant, afin que le rythme des mots et l'harmonie des sons prévinssent toute satiété de l'oreille. Ces deux nouveautés, je veux dire l'art de régler la voix et celui de ramasser les mots en une étendue déterminée, ils pensèrent devoir les faire passer de la poésie à l'éloquence, dans toute la mesure où le discours, œuvre sérieuse, pouvait le permettre. »

2. Traduction d'Isidore de Séville (ch. XXI de l'éd. Lindsay, Oxford Classical Texts) :

« En outre il y a des signes qui se rencontrent chez les plus célèbres écrivains et les anciens les introduisirent dans les vers et les récits en prose pour ponctuer leurs écrits. Le signe est une marque particulière placée à la façon d'une lettre pour indiquer à chaque fois pour les mots l'agencement logique des phrases et des vers. Le nombre des signes introduits dans les vers est de 26 et ils se trouvent au-dessous des mots écrits. »

3. Part. I, ch. IV, des *Remarques sur la Grammaire générale et raisonnée* de Duclos (1754). Duclos se trompe. Denys d'Halicarnasse dit que toutes les variations de la voix parlée s'effectuent à l'intérieur d'une quinte. Cf. *Synthesis,* 15 : « La mélodie du langage parlé est mesurée par un seul intervalle qui vaut à très peu près ce qu'on nomme quinte » (tr. G. Anjac et M. Lebel, Paris, 1981).

Page 85

1. Les remarques sur l'accent pour l'œil distinguant *où* et *ou, a* et *à,* semblent avoir été inspirées par d'Olivet (*Traité de la prosodie française,* Paris, 1736, art. 2).

2. Sur ce point, voir le mémoire de Denis Dodart que nous avons déjà mentionné, p. 223.

3. Benedetto Buommattei (1581-1647), grammairien italien, est l'auteur de *Della lingua toscana* (1643) qui connut des rééditions nombreuses. Dans l'édition de Florence, 1714, le « Trattato sesto » traite : « De gli accenti ». Le ch. IX de cette section s'intitule « D'un segno che è creduto accento, e non è » ; on y lit : « E verbo si segna a distinzion di E congiunzione » (p. 85). Le titre de la section est lui-même l'illustration de son contenu !

Page 86

1. L'expérience alléguée ici doit être rapprochée de ce que R. dira au chap. XX sur la difficulté de se faire entendre d'un large auditoire lorsqu'on parle en français. Cf. Condillac, *Essai sur l'origine des connaissances humaines* (1746), part. II, sect. I, ch. II, § 13 : ... « Les inflexions sont si nécessaires que nous avons quelque peine à comprendre ce qu'on nous lit sur un même ton.

Si c'est assez pour nous que la voix se varie légèrement, c'est que notre esprit est assez exercé par le grand nombre d'idées que nous avons acquises, et par l'habitude où nous sommes de les lier à des sons. Voilà ce qui manquait aux hommes qui eurent les premiers l'usage de la parole ». R. avait déjà parlé d'une expérience de ce genre dans la *Lettre sur la musique française* : « Faites [...] réciter à quelqu'un qui sache lire les quatre premiers vers de la fameuse reconnoissance d'Iphigénie ; à peine reconnoîtrez-vous quelques légères inégalités, quelques foibles inflexions de voix, dans un récit tranquille qui n'a rien de vif ni de passionné, rien qui doive engager celle qui le fait à élever ou à baisser la voix »... (*O.C.*, Pléiade, t. V).

2. Cf. *Lettre sur la musique française,* où Rousseau oppose au français, langue sourde, les qualités sonores de la langue italienne. Dans cet écrit paru en 1753, lors de la Querelle des bouffons, Rousseau attribue à l'italien moderne la musicalité qui, dans l'*Essai,* est l'apanage des langues primitives du midi.

3. Cf. *Prononciation, O.C.,* Pléiade, t. II, p. 1251.

Page 87

1. *Remarques sur la Grammaire générale et raisonnée* (1754), part. I, ch. IV.

2. C'est ce qui est affirmé, entre autres, par le P. Thomassin, dans la *Praefatio* de son *Glossarium Universale Hebraicum* (Paris, 1697) et par B. Lamy (*La Rhétorique,* 4e éd., 1701), l. I, ch. V. Il s'agit là d'un vieux débat où, dès le XVIe siècle, chaque hébraïsant avait tenu à formuler son opinion. Le caractère récent des points a été surtout soutenu par le protestant Louis Cappelle (ou Cappel) de Saumur, dans son *Arcanum punctuationis revelatum* (1624), contre Buxtorf. Les érudits s'étaient généralement ralliés à Cappelle. Cf. François Laplanche, *L'Ecriture, le sacré et l'histoire. Erudits et politiques protestants devant la Bible en France au XVIIe siècle.* Amsterdam et Maarssen, 1986.

VIII. DIFFÉRENCE GÉNÉRALE ET LOCALE DANS L'ORIGINE DES LANGUES

Page 89

1. Les différences entre les langues font l'objet d'une conjecture dans le *Discours sur l'inégalité* (*O.C.*, Pléiade, t. III, pp. 168-169). Cf. les fragments rassemblés au t. III des *O.C.*, Pléiade, pp. 529-533.

Sur la théorie de l'influence des climats au XVIIIe siècle, voir Robert Shackleton, *Montesquieu. A critical Biography*, Oxford, 1961, pp. 302-319 ; tr. fr. : *Montesquieu. Biographie critique*, Grenoble, 1977. Cf. B. Lamy, *La Rhétorique*, 4e éd., 1701, l. IV, ch. VI ; Du Bos, *Réflexions critiques* [...], 1719, 2e partie, sect. 14-18 ; F.-I. Espiard de la Borde, *Essais sur le génie et le caractère des nations*, Bruxelles, 1743.

2. Cf. *Discours sur l'inégalité*, note X, *O.C.*, Pléiade, t. III, p. 132 et p. 212 sq. ; voir aussi la *Lettre à M. Philopolis*, *ibid.*, t. III, p. 234 ; ainsi que la lettre XVI de la 2e partie de *la Nouvelle Héloïse* (*O.C.*, Pléiade, t. II, p. 240-245).

Page 90

1. Cette phrase a été relevée par Claude Lévi-Strauss comme l'une des affirmations qui font de R. le fondateur de l'ethnologie. Cf. *Anthropologie structurale deux*, Paris, 1973, p. 47.

2. Sur la notion de *réaction*, cf. p. 104 et n. 3.

IX. FORMATION DES LANGUES MÉRIDIONALES

Page 91

1. Cf. *Discours sur l'inégalité*, *O.C.*, Pléiade, t. III, pp. 161 et 166-167 ; *Contrat social* (1re version), ch. II, *ibid.*, t. III, p. 288 ; et surtout le fragment sur l'*Etat de guerre*, *ibid.*, t. III, pp. 601-602. Le groupement par familles correspond à un stade déjà distinct du « premier état de nature » ; c'est le stade de la « société

commencée », selon la terminologie du second *Discours*. Ce second état de nature prend fin par « le plus horrible état de guerre » (p. 176), qui rend nécessaire l'établissement de conventions et de lois — par quoi commence la société civile. Selon l'*Etat de guerre*, R. ne voit s'élever, dans l'état de nature, que des « querelles sans arbitre » (p. 602) ; l'état de guerre ne s'établit qu'entre les Etats : l'homme « ne devient soldat qu'après avoir été citoyen » (pp. 601-602).

2. Comme Condillac, Goguet et bien d'autres auteurs, Rousseau se mettra en règle avec l'Histoire Sainte en assignant ces « premiers temps » à l'âge post-diluvien. Il est évident, toutefois, que R. parle en lecteur de la Bible. Cf. *Confessions*, livre XI, *O.C.*, Pléiade, t. I, p. 580.

3. Dans le *Discours sur l'inégalité*, Rousseau s'est employé à démontrer que le langage qui pourrait s'être développé entre mère et enfant, dans l'état de nature, reste éphémère et ne se fixe pas (*O.C.*, Pléiade, t. III, p. 147). Mais dans la 2e partie du *Discours*, il fait entrevoir « comment l'usage des langues s'établit ou se perfectionna au sein de chaque famille » (*ibid.*, p. 168).

Page 92

1. Ce passage, jusqu'à « c'est dans lui que nous souffrons », se retrouve presque textuellement au l. IV de l'*Emile* (*O.C.*, Pléiade, t. IV, pp. 505-506).

Dans le *Discours sur l'inégalité* (*O.C.* Pléiade, t. III, et coll. Folio), la Préface met sur pied d'égalité l'amour de soi et la pitié, « principes antérieurs à la raison » et déclare : « C'est du concours et de la combinaison que nôtre esprit est en état de faire de ces deux Principes, sans qu'il soit nécessaire d'y faire entrer celui de la sociabilité, que me paroissent découler toutes les régles du droit naturel ; régles que la raison est ensuite forcée de rétablir sur d'autres fondemens, quand par ses développemens successifs elle est venue à bout d'étouffer la nature » (pp. 125-126). Dans la première partie du *Discours* (p. 154), R. déclare que la pitié précède en l'homme « l'usage de toute réflexion ». Les animaux mêmes « en donnent quelquesfois des signes sensibles ». R. en fait découler « toutes les vertus sociales » que Mandeville « veut disputer aux hommes » (p. 155). La clémence, l'humanité, la bienveillance et l'amitié sont les « productions d'une pitié constante, fixée sur un point particulier ». La pitié perd de sa force dans l'état social qui fait suite à l'état de nature, mais elle ne disparaît pas : elle cesse d'être purement instinctive. « Quand il seroit vrai que la commisération ne seroit qu'un sentiment qui nous met à la place de celui qui souffre, sentiment obscur et vif dans l'homme sauvage, développé mais foible dans l'homme civil, qu'importeroit cette idée à la vérité de ce que je dis, sinon de lui donner plus de force ? » Dans l'état de nature, poursuit R., l' « identification a dû être infiniment plus étroite que dans l'état de raisonnement » (pp. 155-156). La raison et la réflexion ont introduit l'amour-propre qui se compare aux autres et rivalise avec eux, tandis que l'amour de soi ne tend qu'à la seule conservation de l'individu. Et l'amour-propre, loin de favoriser l'identification compatissante, sépare l'homme « de tout ce qui le gêne et l'afflige ». La seconde partie du *Discours sur l'inégalité,* en retraçant les progrès de la raison, marque aussi les étapes d'un déclin de la pitié (pp. 170-171, 176, 178). Lorsque les sociétés couvrent « toute la surface de la terre », les conventions tacites du droit des gens suppléent « à la commisération naturelle, qui, perdant de société à société presque toute la force qu'elle avoit d'homme à homme, ne réside plus que dans quelques grandes âmes cosmopolites »...

La théorie qui fait de la réflexion la source des « passions haineuses » reparaît dans le deuxième *Dialogue.* La compassion appartient aux mouvements immédiats et irréfléchis dont seuls un petit nombre d'initiés (parmi lesquels, bien sûr, figure Jean-Jacques) sont capables (*O.C.,* Pléiade, t. I., pp. 861-864).

Dans l'*Etat de guerre,* toutefois, la réfutation de Hobbes prend à témoin la compassion que nous éprouvons à l'égard de nos semblables, au sein de la société civile. Cette compassion n'existerait pas, ou devrait être tenue pour monstrueuse, si la vraie nature originelle de l'homme avait été violente. « L'état de société qui contraint toutes nos inclinations naturelles ne les sauroit pourtant anéantir ; malgré les préjugés et malgré nous-mêmes, elles parlent souvent au fond de nos cœurs »... (*O.C.*, Pléiade, t. III, p. 611).

Le double statut de la pitié chez R. — tantôt antérieure à la réflexion et indemne de son influence, tantôt « mise en jeu » par la réflexion et l'imagination — tient à l'ambiguïté même de la réflexion et de l'imagination. Ces deux facultés, dont l'essor est plus tardif, contribuent à la perte de l'immédiateté naturelle; mais une fois l'homme séparé de ce qui fut l'unité première, il ne peut faire appel qu'au bon usage de la réflexion et de l'imagination pour rendre habitables le monde de la loi civile et le monde de la rêverie. C'est le principe du remède dans le mal, tel que j'ai tenté de l'analyser (cf. *Le remède dans le mal*, Paris, 1989).

Se mettre à la place, s'identifier : ce mouvement est inséparable, pour R., de la pitié, au point d'en constituer la définition. Les voies peuvent en être différentes pour l'homme « sauvage » et pour l'homme « civil ». L'un des derniers témoignage que nous trouvions sous la plume de R. apparaît dans la neuvième *Rêverie*. R. s'y déclare sensible aux signes « de douleur et de peine ». Et il ajoute : « L'imagination renforçant la sensation m'identifie avec l'être souffrant et me donne souvent plus d'angoisse qu'il n'en sent lui-même » (*O.C.*, Pléiade, t. I, p. 1094). On notera que R., ici, ne fait pas intervenir la réflexion.

Dans l'*Emile*, « la seule passion naturelle à l'homme est l'amour de soi-même » (l. II, *O.C.*, Pléiade, t. IV, p. 322). La pitié n'est pas aussi première; elle est une expansion de « l'amour de soi-même ».

Dans le bref article PITIÉ de l'*Encyclopédie*, Jaucourt écrit : « Il n'est pas vrai que la pitié doive son origine à la réflexion [...]; parce que c'est une passion que les enfants et les personnes incapables de réfléchir sur leur état ou sur l'avenir sentent avec le plus de vivacité. Aussi devons-nous beaucoup moins les actions nobles et miséricordieuses à la philosophie qu'à la bonté du cœur. »

L'étude de la théorie de la pitié chez Rousseau, qui a retenu l'attention de nombreux interprètes (Burgelin, Derathé, Rang, Fetscher, Shklar, Goldschmidt, Derrida, Reale, Burgio, etc.), gagne à être élargie au débat qui a traversé tout le siècle, et où les philosophes anglais, dans leurs accords et leurs désaccords, ont joué un rôle important de Hobbes à Hume et Smith, en passant par Wollaston, Mandeville, Hutcheson, etc.

2. Rousseau met en parallèle la généralisation du concept, produite par la réflexion, et la généralisation de la pitié, où le « sentiment naturel » est mis en œuvre par l'imagination. Cf. *Emile,* l. IV, *O.C.,* Pléiade, t. IV, p. 548, et p. 571 : « Comparer, c'est juger. »

Page 93

1. Cf. Hobbes, *De cive,* I, ch. I, X, et R., *Ecrits sur l'abbé de Saint-Pierre, O.C.,* Pléiade, t. III, pp. 600-603. Cf. aussi Montesquieu, *De l'Esprit des lois,* l. I, ch. II.

Page 94

1. Goguet fait succéder l'élevage à la chasse, et parle de l'agriculture comme de « l'un de ces arts que le Déluge n'a point abolis entièrement [...] L'Ecriture [...] nous dit que Noë en était instruit, et qu'il cultivait la terre au sortir de l'arche. Il est vraisemblable que ce patriarche fit part de cette connaissance à ses descendants ». (*De l'origine des lois, des arts et des sciences* [...], Paris, 1758, t. I, l. II, p. 79 et p. 82.) Sur Caïn, cf. *Genèse* IV, 2 ; et sur Noé, *Genèse* IX, 20.

2. On lit dans *Huetiana* [...], nouv. éd., Amsterdam, 1723, pp. 233-235 : « Leur vie pastorale [sc : des Scythes] était une disposition prochaine à la vie militaire : car ils étaient toujours en campagne, toujours errants, toujours à cheval, ou sur des chariots couverts pendant la nuit de quelque légère tente [...]. Les Turcs et les Tartares, qui sont sortis d'eux, retiennent encore beaucoup de leurs manières ». L'information provient d'Hérodote (l. IV) et d'Hippocrate *(Des eaux, des airs, des lieux).*

3. Cf. Porphyre, *De Abstinentia,* IV, § 22; Jean Leclerc, *Bibliothèque universelle et historique,* t. VI (1687), pp. 55-127; *Bibliothèque raisonnée,* t. XXXVII; Fénelon évoque Triptolème au l. XIV de *Télémaque.* Cf. les considérations de diététique développées par R. aux l. I et II de l'*Emile.*

Page 95

1. La question de la nourriture (carnée ou végétale) est traitée par Buffon en relation avec le problème de la compassion. Cf. la dissertation générale sur les *Animaux carnassiers* (1758). Il y a tout lieu de croire qu'ici encore Rousseau a consulté Buffon. Cf. également, chez Buffon, le chapitre du *Bœuf;* et R., *Discours sur l'inégalité, O.C.,* Pléiade, t. III, p. 199 et n. 1. Rousseau a dû lire également, dans l'*Encyclopédie,* les articles ABSTINENCE (Mallet, Diderot) et CARNACIER (Tarin).

2. Abraham : *Genèse,* XVIII, 7.

3. Eumée : *Odyssée,* XIV, vers 72-80. Il s'agit non de chevreaux, mais de gorets.

4. Rebecca : *Genèse,* XXVII, 9.

5. Cf. *Emile,* l. II, *O.C.,* Pléiade, t. IV, pp. 411-414 et n. 1 p. 1402; *Discours sur l'inégalité, O.C.,* Pléiade, t. III, pp. 198-199 et note V, p. 198-199. La « férocité » des Anglais, liée à leur goût pour la viande « rouge », est un lieu commun. Cf. La Mettrie, dans *l'Homme machine,* in *Œuvres Philosophiques,* nouv. éd., Amsterdam, 1774, t. 3, pp. 12-13. Au ch. XXVI de l'*History of the Decline and Fall of the Roman Empire,* Gibbon réplique (à propos des Huns) : « The skilful practitioners of the medical art will determine (if they are able to determine) how far the temper of the human mind may be affected by the use of animal or of vegetable food; and wether the common association of carnivorous and cruel deserves to be considered in any other light than that of an innocent, perhaps a salutary prejudice of humanity ». En note, après avoir cité la phrase de l'*Emile* sur les Anglais, il ajoute : « Whatever we may think of the general observation, *we* shall not easily allow the truth of his example. »

Page 96

1. Dans son *Dictionnaire de la Bible* (2e éd., 1730), t. II, p. 777, Dom Calmet fait de Job un contemporain de Moïse. Quant au livre de Job et à sa date, il mentionne une infinité de conjectures. Même opinion chez Sir William Temple (*Les Œuvres mêlées,* Utrecht, 1693, 2e part., pp. 382-383), chez Robert Lowth (*De*

sacra poesi Hebraeorum, 1753, lectio XXXII). Ch. Porset rappelle que cette opinion a été soutenue par St. Ephrem et St. Jérôme, et qu'elle a été reprise au XVIIIe siècle par Michaëlis et Voltaire *(Essais sur les mœurs).*

2. C'est l'hypothèse de Lucrèce (chant V, 780-792, et 801-836) et de Diodore de Sicile (I, 7, 8). L'idée de l'autochtonie, attribuée à l'orgueil des Grecs, est combattue par le P. Thomassin dans la *Praefatio* de son *Glossarium* (1697). Voir également la *Geographia sacra* (1646) de S. Bochart et les *Origines Sacrae* (Londres, 1662) d'Edward Stillingfleet, pour qui les Pélasges sont les descendants du Peleg biblique, comme la langue grecque descend de l'hébreu.

Le P. Lamy, dans sa *Rhétorique,* émet d'abord l'hypothèse d'une génération spontanée de l'espèce humaine, pour en conjecturer les conséquences. Mais il se retourne contre cette hypothèse et la condamne sans réserve (l. I, ch. XV). R. critique à son tour la prétention à l'autochtonie des peuples anciens (*Emile,* l. V, *O.C.,* Pléiade, t. IV, p. 830).

Page 97

1. Cf. *Discours sur l'inégalité,* pp. 175-176, et *Emile,* l. V, p. 831. Sur les guerres, chasses d'hommes, cf. Aristote, *Politique,* I, 8, § 12 et VII, 2, § 15.

2. Cf. F. X. de Charlevoix, *Histoire de l'Isle Espagnole ou de S. Domingue,* Paris, 1731, part. II, 1. VII, t. II, pp. 50-51 ; et surtout A. O. Oexmelin, *Histoire des aventuriers flibustiers* [...], Trévoux, 1744, part. I, ch. VII, t. I, pp. 98-99. Selon ces deux auteurs, la population des boucaniers a décru parce que les Espagnols ont fait un massacre général du gibier et des bœufs, afin de priver les boucaniers de leur subsistance.

Page 98

1. Cf. *Exode* XXVI, 7-14 et XXXVI, 14-19.

2. Cette application aux « arts » du mythe de l'Arbre qui donne la science du bien et du mal (*Genèse,* III, 17 et 23) apparaît chez Grotius : « Avec le temps, les hommes, las de cette vie simple et innocente, s'adonnèrent à divers arts, dont le

symbole était l'arbre de la science du Bien et du Mal, c'est-à-dire la connaissance des choses dont on peut bien ou mal user » (*Droit de la guerre et de la paix*, l. II, ch. II, § 1). *Cf. Discours sur l'inégalité, O.C.*, Pléiade, t. III, pp. 171-174.

3. Il s'agit de Caïn (*Genèse*, IV, 2 : « Abel fut berger, et Caïn fut laboureur »).

Xénophon (*Helléniques*, VI, 3) parle de Triptolème comme d'un Athénien qui initia les héros de Sparte, Héraklès, Castor et Pollux, aux « mystères de Démèter ».

4. Sur le rôle que jouent ces notions socio-économiques chez Adam Smith et chez ses disciples écossais, cf. Ronald L. Meek, *Social Science and the Ignoble Savage*, Cambridge, 1975 ; P. Salvucci, *Adam Ferguson : sociologia e filosofia politica*, Urbino, 1972. Sur cette distinction des « modes de production », cf. *Du contrat social*, III, 8, *O.C.*, Pléiade, t. III, pp. 415-416 ; et *Fragments politiques*, *ibid.*, p. 532. Chez Montesquieu, l'opposition entre sauvages (chasseurs) et barbares (pasteurs) est clairement marquée (*De l'Esprit des lois*, XVIII, II). Cf. également Turgot, *Plan du premier discours sur la formation des gouvernements* [...] (1751), in *Œuvres*, éd. G. Schelle, Paris 1913, t. I, pp. 277--283.

Page 99

1. Le printemps perpétuel est, selon Ovide, l'un des caractères de l'âge d'or : *Ver erat aeternum* (*Métamorphoses*, I, vers 107). L'inégalité des saisons intervient avec l'âge d'argent, où les hommes sont contraints de chercher des abris et de construire des demeures (I, vers 116-122).

2. Cf. *Fragments sur l'influence des climats, O.C.*, Pléiade, t. III, p. 351. R. évoque la théorie exposée par Th. Burnet dans sa *Telluris theoria sacra* (1684-1690), dont le n° 146 du *Spectator* fait l'éloge ; il pense peut-être aussi aux théories de la « grande année », reprises en 1716 par le chevalier de Louville. Ces théories ont suscité un débat prolongé ; contentons-nous de mentionner : Pluche, *Le Spectacle de la nature*, 1732-1750, t. III, p. 527 ; Legendre de Saint-Aubin, *Traité de l'opinion*, Paris, 1735, t. I, pp. 533-537 ; Fontenelle, *Eloge de M. de Louville*, in *Œuvres*, Paris, 1742, t. VI, pp. 553-554 ; Voltaire, article « Axe » *des*

Questions sur l'Encyclopédie ; Nicolas Fréret, *Défense de la chronologie* [...], Paris, 1758, pp. 346-351 ; et les articles AN, ÉCLIPTIQUE et PRÉCESSION dans l'*Encyclopédie*. Cf. J. Ehrard, *L'Idée de nature en France dans la première moitié du XVIII*[e] *siècle,* Paris 1963, t. II, pp. 621-625. Cf. *supra,* Etudes annexes, II : « L'inclinaison de l'axe du globe », pp. 165-189.

3. Cf. *Discours sur l'inégalité, O.C.,* Pléiade, t. III, pp. 143-144, et p. 192 ; *Etat de guerre, ibid.,* t. III, p. 605. Cette idée est souvent exprimée dans les *Avantures du Sieur C. Le Beau* (2 vol., Amsterdam, 1738), que R. connaissait bien, notamment au t. I, p. 307, et au t. II, pp. 18-19.

Page 100

1. L'opinion citée et combattue par Rousseau est celle de Montesquieu, *Esprit des lois,* l. XVIII, ch. 3 : « Il est naturel qu'un peuple quitte un mauvais pays pour en chercher un meilleur »...

Page 101

1. Cf. *Huetiana,* Amsterdam 1723, pp. 130-131 : « J'ai souvent fait réflexion que presque tout l'ancien monde est aujourd'hui gouverné par les peuples du Nord [...]. Cela fait voir l'avantage de la force et de la férocité, par-dessus l'esprit, la politesse et le savoir [...] »

2. L'expression « fabrique du genre humain » — *officina gentium* — est de Jornandès (*Histoire des Goths,* ch. IV). Elle est reprise par Montesquieu au livre XVII, ch. 5, de l'*Esprit des lois.*

3. Cf. *Fragments politiques* (*O.C.,* Pléiade, t. III, p. 533) et *Discours sur l'inégalité* (*ibid.,* t. III, p. 168).

4. Cf. n. 2, p. 96.

Page 102

1. Cf. p. 95 et n. 1, et la note du *Discours sur l'inégalité* (*O.C.,* Pléiade, t. III, pp. 198-199).

2. Cf. *Discours sur l'inégalité,* note X (*O.C.,* Pléiade, t. III, pp. 210-211) ; *Emile,* II (*ibid.,* IV, pp. 408-415) ; IV (*ibid.,* IV, p. 582) : « Qu'on me montre un autre animal sur la terre qui

sache faire usage du feu. » Sur le rôle du feu, cf. Lucrèce, *De rerum natura,* V, 1091-1104 et Vitruve, *De Architectura,* I, 1.

3. Comme l'a relevé Ch. Porset, l'expression « société fugitive » se trouve dans le Discours premier, ch. I, de *De l'Esprit* (1758) d'Helvétius. La note de R. vise également Montaigne et Charron, qui avaient attribué aux animaux une sociabilité et une intelligence identiques à celles de l'homme. Cf. George Boas, *The Happy Beast,* Baltimore, 1933.

Page 103

1. Abruver : l'orthographe de R. n'est pas une inadvertance. Richelet (1680) donne *abruver* à côté d'*abreuver,* et remarque : « Quelques-uns prononcent *abruver,* et principalement le petit peuple de Paris [...] » Féraud (1787) remarque : « La Touche prétend qu'on écrit et qu'on prononce abruver. Il se trompe. »

2. *Genèse,* 21, 25 : « Mais Abraham fit des reproches à Abimélec au sujet d'un puits d'eau, dont s'étaient emparés de force les serviteurs d'Abimélec [...] Et Abraham prit des brebis et des bœufs qu'il donna à Abimélec ; et ils firent tous deux alliance. »

Page 104

1. Sur le concept d'équilibre au XVIIIe siècle, cf. les textes de Linné et de ses disciples traduits par B. Jasmin, introd. et notes de C. Limoges, *L'équilibre de la nature,* Paris, Vrin, 1972. La théorie des « molécules organiques » permet à Buffon de maintenir un bilan stable de la vie, par simple redistribution d'une quantité constante de matière vivante. Il se peut que R. fasse ici référence aux considérations de Buffon, au début du chapitre sur le *Bœuf.* Mais les termes de l'argumentation ne sont pas tout à fait les mêmes.

2. R. a trouvé une partie de son information dans la *Théorie de la terre* (1749) de Buffon. Cf. également Buffon, *Les Epoques de la Nature,* éd. critique par Jacques Roger, Paris, 1962. Cet ouvrage très tardif de Buffon (1779) a paru après la mort de R.

3. Cette théorie est exposée par Buffon dans les considérations générales sur les *Animaux carnassiers* (1758, t. VII de l'éd. in-

4°). Buffon y critique au passage le *Discours sur l'inégalité.* Voir encore Charles Bonnet, *La Contemplation de la nature,* 1764, 5e part., ch. XVI : « Il est entre les animaux des guerres éternelles ; mais les choses ont été combinées si sagement que la destruction des uns fait la conservation des autres, et que la fécondité des espèces est toujours proportionnelle aux dangers qui menacent les individus. » Cet équilibre, expression d'une sage providence, avait été évoqué par W. Derham (*Théologie physique,* trad. fr., Rotterdam, 1736, l. IV, ch. 10). L'action conservatrice du travail humain est le thème de l'une des *Lettres physiques et morales sur l'histoire de la terre* [...] par J. A. de Luc (6 vol., La Haye et Paris, 1779), t. II, pp. 115-142. R. avait rencontré J. A. de Luc à Genève en 1754, et visité le Valais en sa compagnie.

Page 106

1. Sur l'Egypte ancienne et ses canaux, l'information provient d'Hérodote (l. II), de Diodore de Sicile (I, 50-52), de Strabon, relayés par des historiens modernes tels que Rollin (*Histoire ancienne,* l. I, 1re partie, ch. 2, 39). L'article CANAL de l'*Encyclopédie,* dû à Bellin, mentionne la Hollande et la Chine.

2. Ch. Porset rappelle les critiques que Cl. B. Petitot, dans son *Essai sur l'origine et la fortune de la langue française* (1809), dirige contre les hypothèses formulées ici par Rousseau. Andrieux, à son tour, critiqua Rousseau dans un superficiel Mémoire académique intitulé *De l'origine, de la formation et de la variété des langues* [...], recueilli dans ses *Œuvres choisies,* Paris, 1862.

Page 107

1. Cf. *Discours sur l'inégalité, O.C.,* Pléiade, t. III, pp. 169-170. La description des premières fêtes doit sans doute quelques-uns de ses traits à Lucrèce, *De natura rerum,* V, vers 1390-1402. Sur l'union primordiale du chant et de la danse, cf. Condillac, *Essai sur l'origine des connaissances humaines,* partie II, sect. I, ch. VIII, où l'auteur distingue les peuples du nord et ceux du midi, comme l'avait fait l'abbé du Bos ; voir aussi Batteux, *Les Beaux-Arts réduits à un même principe,* 1754, 3e part. sect. III, ch. V, « Sur

l'union des Beaux-Arts », p. 359. Ovide, au chant IV des *Fastes* (vers 107-114), fait de l'attrait du plaisir — de Vénus — la cause première de la poésie et de l'éloquence. Cf. les fragments de Turgot publiés en 1807 par Du Pont de Nemours, et insérés par G. Schelle au t. I (1913) de son édition, pp. 305-306. Les « plans » de Turgot datent de 1751.

2. Ovide, au chant I des *Métamorphoses,* présente Deucalion et Pyrrha comme un couple de frère et sœur : « O soror, o conjux »... Montesquieu (*Lettres persanes,* Lettres LXVII) relate une passion incestueuse entre frère et sœur (Aphéridon et Astarté), autorisée par la religion des Guèbres, « peut-être la plus ancienne qui soit au monde ». Le héros parle de « ces alliances saintes [...] qui sont des images si naïves de l'union déjà formée par la nature ». L'article INCESTE, dans l'*Encyclopédie,* déclare qu' « au commencement du monde, et encore assez longtemps depuis le déluge, les mariages entre frères et sœurs [...] ont été permis ». Ch. Porset signale un passage de *La Basiliade* de Morelly, 1753, t. I, pp. 32-34, qui a pu inspirer plus directement R. Il est tout aussi vraisemblable que Rousseau se soit souvenu de la discussion du problème de l'inceste chez Pufendorf, *Le Droit de la nature et des gens,* trad. Barbeyrac, Amsterdam, 1706, l. I, chap. II, § 6, et chez Grotius, *Le Droit de la guerre et de la paix,* trad. Barbeyrac, l. II, chap. V, § 12. Cf. G. Benrekassa, *Le concentrique et l'excentrique. Marges des lumières,* Paris, Payot, 1980, pp. 183-209.

X. FORMATION DES LANGUES DU NORD

Page 109

1. Cf. *Emile,* l. II : « [...] Il paraît constant par la comparaison des peuples du nord et de ceux du midi qu'on se rend plus robuste en supportant l'excès du froid que l'excès de la chaleur [...] » (*O.C.,* Pléiade, t. IV, p. 374).

Page 110

1. Cf. Montesquieu, *De l'Esprit des lois,* l. XVIII, ch. IV : « La stérilité des terres rend les hommes industrieux, sobres, endurcis

au travail, courageux, propres à la guerre ; il faut bien qu'ils se procurent ce que le terrain leur refuse. »

2. Aidez-moi, aimez-moi : l'analyse phonique s'impose ici : le surcroît d'articulation est marqué, dans une chaîne sonore identique quant au reste, par la différence entre la dentale occlusive *d* et la bilabiale nasale *m*. Le *d* est assurément plus dur ; le *m* plus tendre, doué de plus de « mollesse ». Mais que penser de ce recours au français pour marquer la distinction entre la première langue du nord et la première langue du midi ?

Sur la propension à la volupté chez les peuples du Midi, cf. Montesquieu, *De l'Esprit des lois,* l. XIV, ch. II. Rappelons que les considérations sur le rapport entre le climat et les propensions morales remontent au traité hippocratique *Des airs, des eaux, et des lieux,* dont une partie importante (12-24) est consacrée à une comparaison de l' « Asie » (incluant une partie de l'Afrique) et de l'Europe.

Page 111

1. Bernard Lamy parle à maintes reprises de la rudesse des langues du Nord ; cf. *La Rhétorique,* 4ᵉ éd., 1701, l. I, ch. XV, p. 82 ; l. III, ch. IV, p. 217. L'idée est devenue courante : on la retrouve notamment chez d'Espiard de la Borde (*Essai sur le génie et le caractère des nations,* Bruxelles, 1743, t. I, p. 109) : « Ceux qui approchent le plus du septentrion prononcent du fond de la poitrine et d'une manière rude les consonnes, et ne mettent presque jamais de voyelles ; ils font de continuelles aspirations. » Condillac approuve cette idée, en insistant surtout sur le « défaut d'accent » des peuples du Nord (qu'il définit comme « froids et flegmatiques »), cf. *Essai sur l'origine des connaissances humaines,* 1746, part. II, sect. I, ch. V, § 55. L'idée deviendra lieu commun au XIXᵉ siècle. Ainsi Hugo, dans *l'Homme qui rit* (l. II, ch. II) : « La langue française [...] commençait à être choisie par les peuples entre l'excès de consonnes du nord et l'excès de voyelles du midi. »

XI. RÉFLEXIONS SUR CES DIFFÉRENCES

Page 113

1. Jaucourt, dans l'article LANGAGE de l'*Encyclopédie,* exprime l'opinion générale : « L'esprit pénétrant et actif des orientaux, leur naturel bouillant, qui se plaisait dans de vives émotions, durent les porter à inventer des idiomes dont les sons forts et harmonieux prirent de vives images des objets qu'ils exprimaient. De là ce grand usage de métaphores et de figures hardies, ces peintures animées de la nature, ces fortes inversions, ces comparaisons fréquentes, et ce sublime des grands écrivains de l'antiquité. » R. renchérit en déclarant cette éloquence incompatible avec l'écriture. Goethe, dans le poème liminaire du *West-östlicher Diwan* (1819), écrira ces vers : « Sauve-toi, va dans le pur Orient/Pour y savourer l'air des patriarches »...

Wie das Wort so wichtig dort war,
Weil es ein gesprochen Wort war.
Où le mot avait si haute importance,
Car ce mot était parole proférée.

2. Il convient d'insister sur l'importance de la notion de *rapport* chez R. Cf. *La Nouvelle Héloïse,* II, 16 : « Mon objet est de connaître l'homme, et ma méthode de l'étudier dans ses diverses relations » (*O.C.*, Pléiade, t. II, p. 242, et, dans un autre contexte, p. 1245). Voyager, pour Emile, c'est se considérer « par ses rapports physiques avec les autres êtres, par ses rapports moraux avec les autres hommes » (*O.C.*, Pléiade, t. IV, p. 833). Cf. la notion de rapport dans *De l'Esprit des lois.*

3. Mahomet est considéré par R. comme un législateur. Cf. *Contrat social;* l. II, ch. VII, et l. IV, ch. VIII (*O.C.*, Pléiade, t. III, p. 384 et p. 462).

Le « fanatisme » évoqué par R. est celui que Voltaire a imputé au Prophète dans son *Mahomet* (1743), dont le titre initial était : *Le Fanatisme ou Mahomet.* Cf., dans la *Profession de foi,* l'exposé d'idées analogues (*O.C.*, Pléiade, t. IV, pp. 632-633 et pp. 1597-1598), et les remarques de P.-M. Masson, dans son édition critique de la *Profession de foi,* Fribourg-Paris, 1914, pp. 453-457. Cf. *Encyclopédie,* article SUPERSTITION, par Deleyre.

Mahomet a su conquérir les esprits par son éloquence. Cette remarque est fréquente : et selon la valeur que l'on attribue à l'éloquence, la remarque peut avoir un sens favorable ou défavorable. Cf. George Sale, *Observations historiques et critiques sur le Mahométisme,* Genève, 1751, sect. III, ch. V, p. 171 : « Il ne paraît pas que Mahomet ait ignoré cette opération enthousiastique de la Rhétorique sur les esprits des hommes. »

Il est très probable qu'en parlant de « nos fanatiques », R. pense aux convulsionnaires jansénistes.

XII. ORIGINE DE LA MUSIQUE

Page 114

1. Il est fréquent, depuis l'Antiquité, de voir affirmer l'origine commune de la poésie et de la musique (cf. Présentation).

Plus près de R., Condillac explique dans l'*Essai sur l'origine des connaissances humaines* (1746) pourquoi les anciens n'ont pas développé une musique sans paroles (part. II, sect. I, ch. V, § 46). Et, tout en affirmant que c'est improprement qu'on pourrait « donner le nom de chant » à la première langue, il ajoute : « Dans l'origine des langues, la manière de prononcer admettait [...] des inflexions de voix si distinctes, qu'un musicien eût pu la noter en ne faisant que de légers changements » (part. II, sect. I, ch. II, § 14 et pages suivantes). Rousseau avait repris cette idée dans le *Principe de la mélodie* (cf. *O.C.*, Pléiade, t. V). Dans les *Eléments de physiologie,* écrits entre 1778 et 1784, Diderot note : « La bonne musique est bien voisine de la langue primitive » (*O.C.*, Club français du livre, t. XIII, p. 800).

Page 115

1. La question est posée par Aristote (*Problemata,* XIX, 28) à propos du double sens du mot *nomos*. On pourrait également rappeler ce que César dit sur les Druides, qui « apprennent un

grand nombre de vers » qu'il leur est interdit d'écrire (*De Bello Gallico*, l. VI, 14). Cf. l'article CHANSON dans le *Dictionnaire de Musique*.

2. Strabon, *Geographica*, I, 2, 6. Le passage a été rapporté par Bernard Lamy (*La Rhétorique*, 4e éd., 1701, l. I, ch. XIX, p. 108).

3. Le passage cité par R. se trouve en I, 10, 17-18 de l'*Institution oratoire* : « Architas et Aristoxène pensaient que l'étude de la grammaire était comprise dans celle de la musique. C'étaient aussi les mêmes maîtres qui enseignaient l'une et l'autre science [...] Eupolis confirme ce témoignage en mettant en scène Prodamus, qui enseigne à la fois la musique et les lettres ; et Maricas, c'est-à-dire Hyperbolus, avoue que, de toutes les parties de la musique, il ne connaît que la grammaire proprement dite. »

Page 116

1. Montesquieu avait consacré à ce sujet le ch. VIII du livre IV de l'*Esprit des lois*, en citant la plupart des sources antiques. Rousseau, lors de ses travaux de secrétaire chez Madame Dupin, avait esquissé une note ironique contre Montesquieu (cf. A. Sénéchal, « J.-J. R. secrétaire de Madame Dupin », *Annales J.-J. R.*, t. XXVI, p. 203).

L'effet extraordinaire de la musique chez les Grecs était une idée répandue ; cf. Jacques Bonnet, *Histoire de la musique et de ses effets depuis son origine jusqu'à présent*, Paris, 1715, ch. III et VI.

Cf. *Observations sur l'Alceste de Gluck ;* et *Lettre au docteur Burney* (*O.C.*, Pléiade, t. V).

Cf. surtout, à l'article MUSIQUE du *Dictionnaire de Musique*, le passage où R. parle du « mépris que nous avons » pour la musique « des anciens ». « Mais ce mépris est-il lui-même aussi bien fondé que nous le prétendons ? » Rousseau ajoute à ce propos une allusion à l'*Essai sur l'origine des langues* : « J'ai jeté là-dessus quelques idées dans un autre écrit non public encore »...

2. Pierre Jean Burette (1665-1747), fils du harpiste Claude Burette, fut d'abord musicien, puis étudia la médecine et devint professeur de chirurgie. Il collabora au *Journal des savants*. Membre de l'Académie des Inscriptions et Belles-Lettres dès

1705, il y présenta quatorze dissertations sur la musique et la danse des Anciens, publiées dans les t. I à XVII des *Mémoires* de cette Académie. Son savoir en musique doit beaucoup à Mersenne et à Kircher.

Cf. article BURETTE, dans le *New Grove Dictionary,* par E. H. Sanders, 1980. Dans l'*Harmonie universelle* (1636), de Mersenne, la proposition XXIV du livre VI transcrit une ode de Pindare *(Ariston men hudor)* et une ode d'Horace : contrefaçons modernes.

3. Jean Terrasson (1670-1750), professeur de philosophie grecque et latine au Collège de France, était un partisan résolu des modernes. Il a critiqué Homère, en s'opposant tout ensemble au couple Dacier et à La Motte. Il affirme la supériorité des sciences et des arts de son époque sur tout ce qu'ont produit les anciens. Son roman politique et moral, *Séthos* (1732), connut un succès durable. R. cite ici un texte caractéristique de ce théoricien du progrès. Il est extrait d'un ouvrage posthume, préfacé par d'Alembert, paru en 1754 : *La Philosophie applicable à tous les objets de l'esprit et de la raison,* pp. 179-180. Dans une autre réflexion de ce livre, Terrasson loue Rameau et attaque ses adversaires : « La musique de Rameau est un des exemples des beautés neuves toujours rejetées par quelques-uns. C'est le newtonisme de la musique, qui essuie les mêmes contradictions, et qui remportera peut-être les mêmes victoires » (p. 30). R. mentionne Terrasson dans l'*Emile* et dans les *Lettres morales* (*O.C.,* Pléiade, t. IV, p. 676 et n. 2 ; p. 1113 et n. 1). Les mérites comparés de la musique ancienne et de celle des modernes sont déjà débattus dans la querelle entre Vincenzo Galilei et son maître Zarlino. Cf. V. Galileo, *Dialogo della musica antica e moderna,* Florence 1581. Cf. E. Fubini, *L'estetica musicale dall' antichità al settecento,* Turin, 1976. Cf. *infra,* ch. XVIII.

XIII. DE LA MÉLODIE

Page 118

1. Toutes les idées que R. avance dans ce chapitre doivent être rapprochées des articles IMITATION et MUSIQUE du

Dictionnaire de Musique, ainsi que de la lettre XLVIII de la 1re partie de *La Nouvelle Héloïse* (*O.C.*, Pléiade, t. II, pp. 131-135). Rappelons aussi le projet d'une « morale sensitive », dont R. parle au livre IX des *Confessions* (*ibid.*, t. I, p. 409).

2. R. reste attaché à la théorie mimétique de l'art : nous ne pouvons être touchés qu'à travers une représentation, ou une imitation. Les couleurs par elles-mêmes, les sons non déployés en mélodie ne constituent au mieux qu'un matériau. R. a de l'intérêt pour la gravure ; fort peu pour la peinture. Cf. Marian Hobson, *The Object of Art,* Cambridge, 1982.

Sur le dessin et la couleur, cf. Aristote, *Poétique,* VI, 20. L'opposition du dessin et de la couleur a donné lieu, en France, à de longs débats, dès le XVIIe siècle, notamment dans les conférences de l'Académie Royale de Peinture et de Sculpture. Cf. *Conférences de l'Académie Royale* [...], recueillies par H. Jouin, Paris, 1883 ; André Fontaine, *Les Doctrines d'art en France* [...] *de Poussin à Diderot,* Paris, 1909 ; Julius von Schlosser Magnino, *La letteratura artistica* [...], Florence-Vienne, 1964, pp. 627-637 (bibliographie) ; trad. fr. *La littérature artistique,* Paris, 1984. Dans l'article DESSEIN (sic) de l'*Encyclopédie,* Watelet n'omet pas de rappeler qu'il « s'est élevé des disputes assez vives dans lesquelles il s'agissait d'établir une subordination entre le dessin et la couleur ». La querelle des rubénistes (partisans de la couleur) et des poussinistes (défenseurs du dessin) a été évoquée par tous les critiques et théoriciens, jusqu'à Baudelaire (témoin de la confrontation entre Ingres et Delacroix). Cf. Jacqueline Lichtenstein, *La Couleur éloquente,* Paris, 1989.

La comparaison de la musique et de la peinture était fréquente au temps de R. : on peut se référer à Du Bos, *Réflexions* [...], 1719, part. I, ch. 49 ; à Batteux, *Les Beaux-Arts réduits à un même principe,* 1746, part. III, sect. III, § 3-4, ou au P. Castel, *L'Optique des couleurs,* Paris, 1740. Castel a suscité un très vif intérêt. Cf. Diderot, *Lettre sur les sourds et muets* (1751). L'Encyclopédie consacre un article au CLAVECIN OCULAIRE.

Page 119

1. Cf. *Examen de deux principes avancés par M. Rameau,* et *Observations sur l'Alceste de M. Gluck* (*O.C.*, Pléiade, t. V).

2. *Nuer* est primitivement un terme de tapisserie et de peinture : « Assortir des couleurs dans des ouvrages de laine ou de soie, de manière qu'il se fasse une diminution insensible d'une couleur à l'autre [...] » *Dict. Acad.*, 1762. L'histoire sémantique du mot a donné lieu à une étude inspirée par Leo Spitzer : Eleanor Webster Bulatkin, « The french word *Nuance* », in *PMLA*, LXX, mars 1955, pp. 244-273.

3. Le raisonnement de Rousseau prend ici la forme d'une série proportionnelle : les fragments des mélodistes grecs sont pour nous ce que seraient les vestiges de notre peinture (guidée par les règles du dessin) pour un peuple qui ne connaîtrait que de subtiles combinaisons de couleurs.

Page 120

1. Cf. l'article COULEUR de l'*Encyclopédie :* « Les rayons du soleil traversant un prisme triangulaire, donnent sur la muraille opposée une image de différentes couleurs [...] Cette expérience simple et néanmoins décisive, est celle par laquelle M. Newton leva toutes les difficultés [...] L'étendue proportionnelle de ces sept intervalles de couleurs répond assez juste à l'étendue proportionnelle des sept tons de la musique : c'est un phénomène singulier; mais il faut bien se garder d'en conclure qu'il y ait aucune analogie entre les sensations des couleurs et celles des tons : car nos sensations n'ont rien de semblable aux objets qui les causent. » Batteux critique une musique qui ne ferait que l'effet du prisme. Cf. *Les Beaux-Arts* [...], 1746, part. III, sect. III, ch. 3. L'expérience du prisme remplit ici, analogiquement, le rôle que Rameau attribue à l'expérience physique du « corps sonore ». Rameau, dans les *Erreurs sur la musique dans l'Encyclopédie,* 1755, avait évoqué les idées du P. Castel, pour les corriger et les préciser : « Ce n'est que de l'Harmonie, mère de cette mélodie, que naissent directement les différents effets que nous éprouvons en musique [...] Si le R.P. Castel s'en fût tenu à l'harmonie pour constater son analogie avec les couleurs, je crois qu'il aurait eu autant de partisans que de lecteurs » (pp. 46-47).

Les lignes qui suivent sont une parodie du ton emphatique que prend Rameau quand il s'élève aux considérations générales. Ainsi, dans les *Nouvelles réflexions sur sa démonstration du principe de l'harmonie*, Paris, 1752, pp. 49-50, on lit : « Les beaux édifices des anciens Grecs et Romains [...] sont fondés sur toutes les proportions tirées de la musique, ce qui justifie bien l'idée que j'ai depuis longtemps, que dans la musique réside le plus certainement le principe de tous les arts de goût [...] », cf. J. Ph. Rameau, *Complete Theoretical Writings (C.T.W.R.)*, ed. by E. R. Jacobi, 6 vol., American Institute of Musicology, t. V, 1969, pp. 123-124. Le coloriste qui dit « Voyez mes teintes » est le portrait reconnaissable de Rameau citant ses réussites, notamment le beau chœur *L'Amour triomphe* de son *Pygmalion*.

2. La thèse, on le sait, est d'origine pythagoricienne. Cependant l'affirmation de l'universalité des rapports n'empêche pas la dispute sur le domaine où le « type original » des proportions est révélé. Rameau est persuadé que le système fondamental des proportions ne se manifeste, dans sa pureté, que dans le domaine acoustique (cf. *Code de musique pratique*, Paris, 1760, pp. 189-190). R., ici, s'amuse à montrer qu'avec la chaleur de l'enthousiasme, on peut attribuer ce même rôle fondamental à l'harmonie des couleurs, qui nous donnerait « les seuls rapports exacts qui soient dans l'univers ». En parodiant le style de Rameau, il développe une idée tout ensemble analogue (« tout est rapport ») et contraire (les vrais rapports sont ceux du prisme) à celle que défend obstinément le compositeur. Diderot a soutenu de façon constante une esthétique définissant le beau par la « perception des rapports ». Cf. l'article BEAU de l'*Encyclopédie* ; les « Principes généraux d'acoustique », dans les *Mémoires sur différents sujets de mathématique* ; et la *Lettre sur les Sourds et Muets*.

XIV. DE L'HARMONIE

Page 122

1. Cf. l'article HARMONIE du *Dictionnaire de Musique*, et l'*Examen de deux principes (O.C.*, Pléiade, t. V).

« Aliquote, adj. fém. : Il n'est d'usage que dans cette phrase, *Parties aliquotes*, qui se dit d'une partie contenue un certain nombre de fois juste dans un tout. *Trois est une partie aliquote de douze* [...] Il se prend parfois substantivement. *Deux est une aliquote de six* » (*Dict. Acad.* 1762). Divisée en parties égales, la corde vibrante émet les sons secondaires — les harmoniques.

2. « Le tout ensemble » est une expression courante de la théorie picturale des XVIIe et XVIIIe siècles, qui désigne l'effet général d'un tableau.

3. Nous dirions qu'il s'agit, en écoutant le chant, de reconnaître le rapport entre signifiant et signifié — rapport comportant une part de convention, mais où la convention concerne les signes du *sentiment*. R., comme tous ses contemporains, n'admet pas que la musique puisse ne signifier qu'elle-même. Si la musique a besoin d'un dictionnaire, c'est qu'elle est, comme toute langue, « de convention ».

4. Comment se fait-il que l'harmonie n'ait « que des beautés de convention », alors que « la beauté des sons est de la nature » ? R. s'en explique dans l'*Examen de deux principes :* « Il y a une infinité de ces aliquotes qui peuvent échapper à nos sens, mais dont la résonance est démontrée par induction, et n'est pas impossible à confirmer par expérience. L'art les a rejetées de l'harmonie, et voilà où il a commencé de substituer ses règles à celles de la nature » (cf. *O.C.*, Pléiade, t. V). Et plus loin : « Quoique le principe de l'harmonie soit naturel, [...] le principe qui le développe est acquis et factice, comme la plupart de ceux qu'on attribue à la nature. » Il faut donc distinguer entre deux sortes de convention : la convention instituante, qui définit un peuple, une langue, un « accent » ; la convention instituée, produite par le calcul, le raisonnement, l'artifice oublieux de la nature.

5. « Bruit ». C'est un terme souvent repris par R., et qui exaspère Rameau : « Le mot de *bruit* trop familier à l'auteur [i.e. R.], en fait d'harmonie, ne peut guère être prononcé que contre une mauvaise harmonie, sinon c'est à l'oreille de celui qui la taxe de la sorte qu'il faut s'en prendre. » (*Erreurs sur la musique dans l'Encyclopédie,* Paris, 1755, pp. 21-22.) Cf. *C.T.W.R.*, t. V, pp. 207-208. Pour R., le tempérament altère les « proportions naturelles ».

Page 123

1. Même argumentation à l'article HARMONIE du *Dictionnaire de Musique :* [...] « La seule bonne harmonie est l'unisson. »

2. Tout cet alinéa figure dans le *Dictionnaire de Musique,* à l'article HARMONIE. L'opinion attribuée à Rameau se trouve, bien que formulée un peu différemment, dans le *Traité de l'harmonie* (1722), l. III, ch. 40, p. 313, *C.T.W.R.*, t. I, p. 343 ; dans le ch. X du *Nouveau système de musique théorique* (1726), *C.T.W.R.*, t. II ; dans la *Génération harmonique* (1737), ch. XVIII, art. 2, *C.T.W.R.*, t. III ; dans les *Réflexions [...] sur la manière de former la voix* (1752), *C.T.W.R.*, t. VI, pp. 298-302.

3. Cf. le paragraphe final de l'article HARMONIE du *Dictionnaire de Musique,* ainsi que l'article IMITATION, qui renvoie à Batteux. On lit en effet chez ce théoricien : « Les expressions [...] ne sont d'elles-mêmes ni naturelles, ni artificielles : elles ne sont que des signes [...] » *Les Beaux-Arts réduits à un même principe,* 1746, nouv. éd., 1764, part. III, sect. III, ch. III, p. 333.

Page 124

1. Cf. *Dictionnaire de Musique :* art. CHANT et MUSIQUE.

2. Cf. *Dictionnaire de Musique,* art. RÉCITATIF : « Les Grecs pouvaient chanter en parlant ; mais chez nous il faut parler ou chanter ; on ne saurait faire à la fois l'un l'autre. » Les « deux seuls modes » sont le majeur et le mineur.

3. Les cygnes qui meurent en chantant, tels que Platon les avait évoqués, étaient devenus l'exemple type de la fiction poétique que l'on répète sans y croire. Cf. Rollin, *Histoire ancienne,* Paris, 1730, l. I, 1re part, ch. III : « Ce qu'on dit des cygnes [...] n'est fondé que sur une erreur populaire, et cependant est employé non seulement par les poètes, mais par les orateurs et même par les philosophes. »

Page 125

1. Cf. *Dictionnaire de Musique,* art. IMITATION et OPÉRA ; et *Examen de deux principes* [...]. R. développe une idée formulée par d'Alembert dans le « Discours préliminaire » de l'*Encyclopédie.*

R., le 26 juin 1751, l'approuvait chaleureusement : ... « Je trouve votre idée sur l'imitation musicale très juste et très neuve. En effet, à un très petit nombre de choses près, l'art du musicien ne consiste point à peindre immédiatement les objets, mais à mettre l'âme dans une disposition semblable à celle où la mettrait leur présence. Tout le monde sentira cela en vous lisant; et sans vous, personne peut-être ne se fût avisé de le penser » (*C.C.*, t. II, p. 160).

2. Le trait vise Rameau, qui avait fait coasser un chœur de grenouilles dans *Platée* (1745).

XV. QUE NOS PLUS VIVES SENSATIONS AGISSENT SOUVENT PAR DES IMPRESSIONS MORALES

Page 126

1. Cf. *Examen de deux principes* [...] : ...« Des accords ne peuvent qu'imprimer aux nerfs un ébranlement passager et stérile. » Sur le sens de l'ouïe, cf. Le Cat, *Traité des sens,* Rouen-Paris, 1742, nouv. éd., 1767, t. II, pp. 259-297 ; ainsi que Buffon, *Histoire naturelle de l'homme* (1749), « Du sens de l'ouïe ».

2. Cf. *Dictionnaire de Musique,* art. MUSIQUE. Des airs liés à l'enfance sont des « signes mémoratifs ».

Cf. *Emile,* l. IV (*O.C.*, Pléiade, t. IV, p. 672) : « Il importe d'observer qu'il entre du moral dans tout ce qui tient à l'imitation » et la note mise en bas de page par Rousseau : « Cela est prouvé dans un essai sur *le principe de la mélodie* qu'on trouvera dans le recueil de mes écrits. » Cf. notes (b), 1 et 2, pp. 1618-1619 du t. IV des *O.C.,* Pléiade. Cf. aussi La lettre du premier juillet 1754 à G.-L. Le Sage.

Page 127

1. Cf. *Dictionnaire de Musique,* art. MUSIQUE. Cf. Jacques Marx, « Du mythe à la médecine expérimentale : le tarentisme au XVIIIe siècle », in *Etudes sur le XVIIIe siècle,* Bruxelles 1975, éd. par R. Mortier et H. Hasquin, t. II, pp. 154-165. R. estime que

la guérison qui intervient dans ces cas n'est pas un effet physique, mais résulte d'une « socio-thérapie ». Le phénomène est aujourd'hui abordé sous cet angle : cf. E. De Martino, *Terra di Rimorso,* Milan, 1961. La question de la « force médicatrice » de la musique dépasse celle du seul tarentisme. Elle a provoqué une ample littérature : cf. Henry E. Sigerist, *Civilization and Disease,* New York, 1945 ; Jean Starobinski, *Histoire du traitement de la mélancolie,* Bâle 1960, pp. 72-80.

2. Nicolas Bernier (1664-1734) composa surtout de la musique religieuse ; il fut le successeur de M. A. Charpentier à la Sainte Chapelle, et celui de La Lande à la Chapelle de Versailles. Rousseau avait pratiqué les cantates de Bernier à Chambéry. Cf. *O.C.,* Pléiade, t. I, p. 184. Rousseau cite à nouveau l'anecdote du musicien guéri, dans l'art. MUSIQUE du *Dictionnaire de Musique.* Rapportée initialement dans l'*Histoire de l'Académie des sciences, année 1707* (Paris, 1708), pp. 7-8, cette histoire avait été maintes fois évoquée au cours du siècle. Du Bos en fait état dans ses *Réflexions* [...] (1719, part. I, 46). Diderot la mentionne à l'art. AME de l'*Encyclopédie,* et renvoie à TARENTULE !

3. R. se plaît à évoquer les gorges. Cf. *Nouvelle Héloïse,* I, 23, *O.C.,* Pléiade, t. II, p. 82, et notes (a), (b), 2 et 3, pp. 1392 et 1393. Cf. Roger Kempf, « Sur le corps de Julie », in *Sur le corps romanesque,* Paris, 1968, pp. 59-60 ; Marc Eigeldinger, *J.-J. Rousseau et la réalité de l'imaginaire,* Neuchâtel, 1962 ; P.-P. Clément, *J.-J. Rousseau : de l'éros coupable à l'éros glorieux,* Neuchâtel, 1976.

Page 128

1. Cf. *Emile,* livre II, *O.C.,* Pléiade, t. IV, pp. 409-410.

2. Sur tous ces points, R. prend le contre-pied de Rameau, qui recourt cependant à la même opposition de l'oreille et de l'âme (ou du cœur) : « Tout chœur de Musique qui est lent, et dont la succession harmonique est bonne, plaît toujours sans le secours d'aucun dessin, ni d'aucune mélodie qui puisse affecter d'elle-même : et ce plaisir est tout autre que celui qu'on éprouve ordinairement d'un chant agréable, ou simplement vif et gai :

l'un se rapporte directement à l'âme, l'autre ne passe pas le canal de l'oreille (*Erreurs sur la musique* [...], Paris, 1755, pp. 48-49).

3. Il convient de rapprocher ces phrases des attaques portées par R. contre le matérialisme, « cette commode philosophie des heureux et des riches », *3ᵉ Dialogue* (*O.C.*, Pléiade, t. I, p. 971). Sur tous les points traités dans ce chapitre, Denis Dodart, dans la « Suite de la première partie du supplément du mémoire sur la voix et les tons », paru dans l'*Histoire de l'Académie royale des sciences, année 1706* (Paris, 1707), exprimait des idées très proches de celles de R. Parlant de « l'imitation moderne », il écrivait : « C'est encore imiter le bruit d'une tempête, ou d'un fracas, ou du tonnerre, ou l'agitation de la mer et des vents, quelques chutes et quelques vols qui sont choses si étrangères à tout ce qu'il peut y avoir de moral dans la musique, que rien au monde n'est plus propre à le faire perdre de vue [...] Tout cela ne va point au cœur, et n'est capable que de plaire à l'oreille et de la surprendre ; ce qui paraît [...] être le principal but de la musique moderne. Il n'y a donc nulle apparence [...] d'espérer le rétablissement de la musique morale des Anciens pour la composition du chant et pour la culture politique des bonnes mœurs [...]. »

XVI. FAUSSE ANALOGIE ENTRE LES COULEURS ET LES SONS

Page 129

1. R. reprend une question déjà traitée au ch. XIII. L'idée de l'analogie des couleurs et des sons se trouve chez Cardan (*Opus novum de proportionibus*, Bâle, 1570, propositio 167), et surtout chez Athanase Kircher (*Musurgia universalis*, Rome, 1650). Dans l'*Optique* de Newton, des correspondances sont suggérées, p. ex. au l. II, part. I , XIV. Voltaire y fera allusion dans les *Eléments de la philosophie de Newton*. Sur la question dans son ensemble, cf. l'article FARBENMUSIK, dû à Albert Wellek, dans le dictionnaire

Musik in Geschichte und Gegenwart, Cassel-Bâle, 1954, t. III, col. 1811-1822. Cf. dans ce même dictionnaire l'article consacré au P. Castel.

2. L'idée du « clavecin oculaire » a été exposée par Castel dans le *Mercure de France* (1725), dans les *Mémoires de Trévoux,* et dans l'*Optique des couleurs* (Paris, Briasson, 1740). L'instrument suscita une large curiosité. Diderot en parle au chapitre XIX des *Bijoux indiscrets,* et lui consacre un article spécial dans l'*Encyclopédie.* Rameau, qui avait rencontré le P. Castel, évoque ses théories dans les *Erreurs sur la musique.* Sur les rapports personnels de R. et de Castel, cf. *Confessions,* liv. VII (*O.C.,* Pléiade, t. I, p. 283 et n. 3; pp. 288-289 et 326). R. attaque Castel sur un problème capital, que celui-ci avait lui-même très nettement formulé à la p. 302 de l'*Optique des couleurs :* « Le propre du son est de passer, de fuir, d'être immuablement attaché au temps, et dépendant du mouvement [...] La couleur assujettie au lieu est fixe et permanente comme lui. » Le P. André pose le problème dans les mêmes termes dans son « Discours sur le beau musical », inclus dans l'*Essai sur le Beau* (1741). Ces différences une fois constatées, Castel n'hésite pas à postuler néanmoins une analogie totale entre la « génération harmonique » et la « génération des couleurs ». R. souligne, avant Saussure, la linéarité du langage musical et de la parole. Mais Condillac (*Essai sur l'origine des connaissances humaines,* 1746; *Grammaire,* 1769), Diderot, Lessing, ont insisté sur la « succession » des sons avant la publication de l'*Essai* de Rousseau en 1781.

Page 130

1. Il s'agit de l'un des fameux automates construits par Vaucanson (1709-1782). Il publia en 1738 son *Mécanisme d'un flûteur automate.* Cf. A. Doyon et L. Liargue, *Jacques Vaucanson. Un mécanicien de génie,* Paris, 1966.

2. R. aborde ici, au passage, le problème qui préoccupera Lessing dans le *Laokoon* (1766), notamment au ch. XX. Le propos de R. est de réduire le principe de l'harmonie (simultanéité de sons différents) à la même absurdité que le clavecin oculaire de Castel (successivité de couleurs différentes). Dans ses

écrits sur la peinture, Diderot a souvent répété : « Le peintre n'a qu'un instant. »

Page 131

1. Noter la ressemblance entre l'idée de la relativité des sons dans leur rapport à d'autres sons, et la notion de la langue comme « système » chez Ferdinand de Saussure, où la « valeur » des unités linguistiques dépend de leur relation à l'ensemble des autres unités. Cf. le premier sens du mot SYSTÈME dans le *Dictionnaire de Musique.*

2. *Musica mundana,* disaient les théoriciens médiévaux et renaissants, qui se réclamaient de Platon, Macrobe, Boèce. Il s'agit de l'accord musical produit par la rotation des planètes ou de leurs sphères. Cf. D.-P. Walker, « The harmony of the spheres » et « Kepler's celestial music », in *Studies in Musical Science in the Late Renaissance,* Londres et Leyde, 1978.

L'opposition entre les oiseaux qui « sifflent » et l'homme qui « chante » se trouve dans les *Réflexions* (1719) de l'abbé Du Bos (part. I, sect. XLVII), qui cite longuement G. Gravina (*Della tragedia,* 1715) ; « Le chant des humains doit imiter le langage naturel des passions humaines, plutôt que le chant des Tarins et des Serains de Canarie. » Chant musical et « langage naturel des passions », en s'unissant, font de la musique un art qui, selon l'expression conclusive du ch. XIX, a pu être « doublement la voix de la nature ».

Page 132

1. Cet alinéa se lit, à quelques différences près, à l'article OPÉRA et à l'article IMITATION du *Dictionnaire de Musique.* L'idée se retrouve dans *Le Neveu de Rameau,* quand le philosophe décrit le déploiement de la pantomime de Jean-François Rameau : c'étaient « un orage, une tempête, la plainte de ceux qui vont périr, mêlée au sifflement des vents, au fracas du tonnerre; c'était la nuit avec ses ténèbres ; c'était l'ombre et le silence, car le silence même se peint par des sons » (éd. Jean Fabre, Genève, 1963, p. 85 et n. 273). Cf. supra n. 3, p. 123. L'idée s'esquisse chez Du Bos (*Réflexions critiques* [...], 1719, part. I, sect. XLVI) :

« Ce n'est point le silence qui calme le mieux une imagination agitée [...] Il est des bruits beaucoup plus propres à le faire que le silence même. »

2. Cf. Du Bos, *Réflexions critiques* [...], à la même p. 652 que l'observation sur le silence : « Un homme qui parle longtemps sur le même ton endort les autres, et la preuve que leur assoupissement vient de la continuation d'un bruit qui se soutient [...] c'est que l'Auditeur se réveille en sursaut si l'Orateur cesse tout à coup de parler. »

XVII. ERREUR DES MUSICIENS NUISIBLE À LEUR ART

Page 134

1. Le bref chapitre XVII constitue, par une mise en évidence à la manière de Montesquieu, la conclusion du chapitre précédent. En même temps, il annonce les considérations historiques qui vont suivre.

XVIII. QUE LE SYSTÈME MUSICAL DES GRECS N'AVOIT AUCUN RAPPORT AU NÔTRE

Page 135

1. Cf. article HARMONIE du *Dictionnaire de Musique :* « ... Il est bien difficile de ne pas soupçonner que toute notre harmonie n'est qu'une invention gothique et barbare. »

2. Cf. article MUSIQUE et les exemples cités en annexe. Le parallèle entre Grecs et sauvages américains a fait l'objet d'un ouvrage de Lafitau, *Mœurs des sauvages amériquains comparées aux mœurs des premiers temps* (Paris, 1724). Cf. Marcel Detienne, *L'Invention de la mythologie*, Paris, 1981, pp. 15-49.

3. Cf. les articles, CONSONNANCE, DIAGRAMME, ÉCHELLE et surtout TÉTRACORDE du *Dictionnaire de Musique*.

Page 137

1. Cf. art. ENHARMONIQUE dans le *Dictionnaire de Musique*.

Ce ch. est la dernière pointe contre Rameau. C'est lui qui avait prétendu « trouver le sistême des Grecs dans le nôtre » ; c'est donc lui qui « se moque de nous ». Dans ses premiers écrits, souligne Samuel Baud-Bovy (*O.C.*, Pléiade, t. V), Rameau admettait que les Anciens ignoraient l'harmonie : « Ils ne se guidaient que par la Mélodie » (*Traité de l'harmonie*, 1722, p. 146 ; *C.T.W.R.*, I, p. 176). Autant dire qu'ils ignoraient la musique (*Génération harmonique*, 1737, pp. 218-219 ; *C.T.W.R.*, III, pp. 123-124). Mais dès 1750, Rameau s'ingéniera à retrouver dans la musique antique (c'est-à-dire dans les écrits des théoriciens gréco-latins), les principes harmoniques qu'il considérait comme des fondements absolus. Dans ses *Observations sur notre instinct pour la Musique* (1754), où il réplique à la *Lettre sur la Musique française*, il écrit : « Nos Modernes ont donc eu tort de conclure, sur la fausseté du système de Pytagore, que les Anciens ne pratiquaient pas l'harmonie » (p. 21 ; *C.T.W.R.*, III, p. 277). A quoi R. rétorque que les « consonances parfaites » *(sumphoniai)* admises par les Grecs — c'est-à-dire l'octave, la quinte juste et la quarte juste — ne permettent pas de développer une musique où pourraient intervenir des successions harmoniques. Cette impossibilité résulte de l'exclusion des tierces et des sixtes, qui n'appartiennent donc pas aux consonances.

Le diagramme est la table de l'ensemble des notes, constituée par un groupement de tétracordes. Le tétracorde se définit comme la « succession mélodique [descendante] de quatre sons dont les extrêmes sont en rapport de quarte juste. Cet intervalle de quarte [...] fournit les deux sons fixes du tétracorde à l'intérieur duquel viennent s'ajouter deux notes complémentaires mobiles. Selon l'emplacement de celles-ci, il en résulte trois genres différents : diatonique, chromatique, enharmonique » (Serge Gut, in *Dictionnaire de Musique. Science de la Musique*, sous la dir. de Marc Honegger, Paris, 1976). Cf. aussi Théodore Reinach, *La Musique grecque*, 1926 ; Jacques Chailley, *La Musique grecque antique*, 1979 ; Samuel Baud-Bovy, *J.-J. R. et la musique*, éd.

J. J. Eigeldinger, 1988 ; « Le genre enharmonique a-t-il existé ? », *Revue de musicologie,* LXXII/1, 1986, pp. 5-21 ; A. Barker, *Greek Musical Writings : I. The Musician and his Art,* 1984 ; A. Bélis, *Aristoxène de Tarente et Aristote : Le Traité d'harmonique,* 1986.

XIX. COMMENT LA MUSIQUE A DÉGÉNÉRÉ

Page 138

1. Cette phrase, qui constitue un ajout, résume le début du chapitre XLIV du *De Musica* du Pseudo-Plutarque. Burette l'avait traduit et commenté.

R. évoque également la comédie de Phérécrate à l'article MODE du *Dictionnaire de Musique.*

Voici le texte de Plutarque, dans la traduction de Burette : « Le poëte-musicien Ménalippide [...] ne s'en tint pas à cette musique ancienne, non plus que Philoxène et Timothée. Celui-ci ajouta de nouvelles cordes à la lyre [...] Le jeu de la flûte devint aussi beaucoup plus varié, de simple qu'il était auparavant. Car anciennement, et cela jusqu'à Menalippide, poëte dithyrambique, les joueurs de flûte recevaient des poëtes mêmes leur salaire : la poësie étant considérée comme la principale actrice, et les joueurs de flûte ne passant que pour des ministres qui lui étaient subordonnés. Mais cet usage se pervertit dans la suite ; et de là vient que le poëte comique Phérécrate fait paraître sur la scène la Musique en habit de femme, et le corps déchiré de coups. »

Page 139

1. Cf. Platon, *République,* X, 599 *c-e* ; Diogène Laërce, *Vies des philosophes,* l. III, « Platon », 6-8.

2. Néron est le « joueur de flûte » que dénonce, dans le premier *Discours,* la parole accusatrice de Fabricius (*O.C.*, Pléiade, t. III, p. 14, et n. 4). Le trait pouvait s'appliquer aussi bien à Frédéric II.

Page 140

1. La source est Julien, *Misopogon,* 337, c. Il ne parle pas de « croassement des grenouilles », mais de « croassement des oiseaux enroués ». Voltaire, à la section III de l'article « Langues » de son *Dictionnaire philosophique,* écrit [...] » C'était un croassement de corbeaux, comme l'empereur Julien dit du langage celte [...] » Dans l'Avant-propos de l'*Essai sur les mœurs,* Voltaire utilise la même expression : « Les dialectes du langage celtique étaient affreux : l'empereur Julien [...] dit dans son *Misopogon* qu'il ressemblait au croassement des corbeaux. »

L'abbé Du Bos (*Réflexions* [...], 1719, part. I, sect. 42, p. 570) parle aussi de « l'inondation des nations barbares ». De fait, R., une fois de plus, s'inspire de l'*Essai* de Condillac (1746) : « Quand ces barbares eurent inondé l'empire Romain [...] le latin confondu avec leurs idiomes perdit son caractère. Voilà d'où nous vient le défaut d'accent que nous regardons comme la principale beauté de notre prononciation : cette origine ne prévient pas en sa faveur » (part. II, sect. I, ch. 5, § 55).

2. Cf. l'article PLAIN-CHANT du *Dictionnaire de Musique,* où R. fait allusion à l'*Essai sur l'origine des langues :* « Le temps où les chrétiens commencèrent d'avoir des églises [...] fut celui où la musique avoit déjà perdu toute son ancienne énergie par un progrès dont j'ai exposé ailleurs les causes. »

Page 141

1. R. a lu attentivement à la Bibliothèque du Roi le texte attribué autrefois à Jean de Muris, *Speculum musicae,* rendu aujourd'hui à Jacques de Liège (env. 1260-après 1330) qui fut l'adversaire de l'*Ars Nova.*

2. Giovanni Andrea Angelini, dit Bontempi, vécut à Pérouse et y publia une *Istoria musica nella quale si ha piena cognizione della teorica e della pratica antica della musica armonica* [...] (1695). Rousseau avait pratiqué cet ouvrage dès son séjour aux Charmettes. Cf. *Confessions,* l. VI (*O.C.,* Pléiade, t. I, p. 246 et n. 3),

3. Comme l'a signalé M.-E. Duchez, cette note résume la fin de la seconde partie de l'*Examen de deux principes.* Cf. Rameau,

Génération harmonique, 1737, ch. XII, et *Démonstration du principe de l'harmonie,* 1750, pp. 19-32 et pp. 62-84. D'Alembert, dans les *Eléments de musique* [...], 1752, expose cette idée à la p. 14 (article 23), puis aux pp. 54-55 (article 78).

4. Giuseppe Tartini (1692-1770), violoniste, compositeur et théoricien. Son *Trattato di musica secondo la vera scienza dell'armonia* parut à Padoue en 1754. R. exposera les idées de Tartini à la fin de l'article SYSTÈME du *Dictionnaire de Musique*. D'Alembert le discute dans l'article FONDAMENTAL du t. VII de l'*Encyclopédie,* 1757. Cf. Antonio Capri, *Giuseppe Tartini,* Milan, 1945 ; A. E. Rubeli, introd. et notes pour la trad. allemande du *Trattato,* Winterthur, 1958 ; D. P. Walker, « The musical theory of Tartini », *Studies in Musical Science in the Late Renaissance,* Londres-Leyde, 1978. Tartini expose son « expérience du troisième ton » au chap. 1 de son traité. La même constatation avait été publiée par le Français J. B. Romieu en 1752, et par le Genevois J. A. Serre en 1753.

Page 142

1. L'idée de la *séparation* de la musique et de la parole, après une période initiale d'unité, est formulée par divers auteurs. On la trouve chez Isaac Vossius, *De Artis Poeticae Natura et Constitutione,* ch. XIII, § 7 et 8 ; au début de *Della Tragedia* (1715) de Gianvincenzo Gravina, *Scritti critici e teorici,* Roma-Bari, 1973, pp. 507-508 ; chez l'abbé Du Bos, chez Vico, chez Condillac (*Essai sur l'origine des connaissances humaines,* 1746, part. II, sect. I, ch. VIII, § 73). L'idée sera très fortement exprimée par John Brown (*Dissertation on the Rise [...] and Corruptions of Poetry and Music,* 1763 ; trad. fr. 1768) et par John Gregory (*Parallèle de la condition et des facultés de l'homme avec la condition et les facultés des autres animaux,* trad. J. B. Robinet, 1769, sect. III, p. 135-140). La liste est loin d'être exhaustive : il faut y inclure Tartini (*Trattato,* p. 150)...

XX. RAPPORT DES LANGUES AUX GOUVERNEMENS

Page 143

1. Chapitre dont le titre rappelle Montesquieu, et qui reprend un problème exposé par Condillac. Cf. *Essai sur l'origine des connaissances humaines,* 1746, part. II, sect. I, ch. XV, § 142 et 143. Dans ce ch., après avoir envisagé « les causes des derniers progrès du langage », Condillac recherche aussi « celles de sa décadence [...] Ainsi que le gouvernement influe sur le caractère des Peuples, le caractère des Peuples influe sur celui des langues ». On trouve dans l'*Emile,* livre II, une formulation un peu modifiée : « Chez toutes les nations du monde la langue suit les vicissitudes des mœurs et se conserve ou s'altère comme elles » (*O.C.,* Pléiade, t. II, p. 346).

2. Littré rappelle : « Tel est notre plaisir ou notre bon plaisir, formule de lettre de chancellerie, par laquelle le roi marquait sa volonté dans les édits. Formule introduite par François Ier, pour l'imposition de la taille. » La formule attirait, de la part des philosophes, des commentaires acerbes : « Faites ce que je vous dis car tel est mon bon plaisir, serait la phrase la plus méprisante qu'un monarque pût adresser à ses sujets, si ce n'était pas une vieille formule de l'aristocratie » (Diderot, *Essai sur les règnes de Claude et de Néron,* 1782, 2e partie, § 36).

3. Dans le *Discours sur l'inégalité,* Rousseau déclare que les plus hauts pouvoirs du langage sont de « persuader des hommes *assemblés* » et d' « influer sur la société » (*O.C.,* Pléiade, t. III, pp. 148 et 151). Cf. aussi le fragment « Prononciation », *ibid.,* t. II, p. 1250.

4. Selon Voltaire, « la grande éloquence n'a guère pu en France être connue au barreau, parce qu'elle ne conduit pas aux honneurs [...] Elle s'est réfugiée dans les oraisons funèbres où elle tient un peu de la poésie » (article ÉLOQUENCE de l'*Encyclopédie*).

5. Cf. *L'État de guerre,* dans les *Écrits sur l'abbé de Saint-Pierre, O.C.,* Pléiade, t. III, p. 609 : « Le peuple ne donne ni pensions,

ni emplois, ni places d'Académie ». Id. au l. V d'*Emile* (*ibid.*, t. IV, p. 837).

6. Cf. *Emile*, l. II, *O.C.*, Pléiade, t. IV, p. 309 : « Prenez tout, usurpez tout, et puis versez l'argent à pleines mains, dressez des batteries de canon, élevez des gibets [...] » ; *La Mort de Lucrèce*, *ibid.*, t. II, p. 1040 : « On ne demande au peuple que des impôts et après cela il est libre. » Cf. *Contrat social*, l. III, ch. XV, *O.C.*, Pléiade, t. III, p. 429 : « Donnez de l'argent, et bientôt vous aurez des fers. »

Page 144

1. Cf. *Contrat social*, l. III, ch. XV, où R. compare la langue grecque, propre aux assemblées publiques, et les langues européennes modernes inaptes à cet usage (*O.C.*, Pléiade, t. III, pp. 430-431). Sur les qualités comparées du français et du latin, cf. Condillac, *Essai sur l'origine des connaissances humaines*, part. II, sect. I, ch. III, § 27-29.

Le manque d'énergie du français est une idée répandue : R. peut avoir lu dans les *Discours historiques et politiques sur Tacite*, de Th. Gordon (trad. fr. Amsterdam, 1742, t. I, pp. 78-80) : « J'ose dire de la langue française [...] qu'à cause de son peu de force et de la mollesse efféminée qui en fait le caractère, elle ne saurait se rendre propres les expressions énergiques des Anciens [...] » Dans l'*Essai sur la société des gens de lettres et des grands* (1752), d'Alembert met en rapport la frivolité croissante du langage, et la dépendance des gens de lettres à l'égard des riches et des grands. Cf. *Emile*, l. I (*O.C.*, Pléiade, t. IV, pp. 294-297) : c'est à la ville que l'on « marmote » et que l'on manque d'accent, dès l'enfance, contrairement à ce que l'on peut observer à la campagne.

2. Cf. le deuxième des *Dialogues sur l'éloquence* de Fénelon : « Rien ne semble si choquant et si absurde, que de voir un homme qui se tourmente pour me dire des choses froides : pendant qu'il sue, il me glace le sang. »

3. Voltaire, dans son art. ÉLOQUENCE (cf. *supra*), loue au contraire les discours que Mézeray prête aux personnages historiques.

4. On lit à l'article HÉRODOTE, au t. IV du *Dictionnaire* de Moréri (éd. de Bâle, 1733) : « On dit qu'ayant délibéré sur les moyens dont il se servirait pour se rendre illustre, il jugea à propos de se présenter aux jeux olympiques, où toute la Grèce était assemblée, et là il récita son histoire divisée en neuf livres avec tant d'applaudissements qu'on donna le nom des neuf muses à ses livres... » Cf. R., *Considérations sur le gouvernement de Pologne*, ch. II, *O.C.*, Pléiade, t. III, p. 958. Il y est question des « poésies d'Homère récitées aux Grecs solennellement assemblés [...] en plein air et en corps de nation ».

5. Dans *De la liberté de la musique*, XXIII, in *Mélanges de littérature et d'histoire*, nouv. éd., 1759, t. IV, p. 429 : « Si le récitatif français était aussi bien composé qu'il le peut être, on le devrait débiter à l'italienne. » Cf. *Dictionnaire de Musique*, article RÉCITATIF ; et Condillac, *Essai sur l'origine des connaissances humaines*, part. II, sect. I, ch. III, § 28. On consultera A. R. Oliver, *The Encyclopedists as Critics of Music*, New York, 1947 ; G. Snyders, *Le Goût musical en France aux XVIIe et XVIIIe siècles*, Paris, 1968 ; E. Fubini, *Gli enciclopedisti e la musica*, Turin, 1971 ; B. Didier, *La Musique des Lumières*, Paris, 1985.

Page 147

1. L'idée, déjà exprimée au ch. XIX, des liens étroits entre la liberté et l'éloquence a ses principales sources chez Tacite, *Dialogue des orateurs*, ch. 36-40, et chez le pseudo-Longin, *Du sublime*, ch. XLIV (chap. XXXV des anciennes éd. et de la trad. de Boileau). Saint-Marc, annotant la traduction de Longin par Boileau, donne encore d'autres sources antiques. Batteux (*Les Beaux-Arts réduits à un même principe*, 1746, part. III, sect. III, p. 317) et Voltaire (article ÉLOQUENCE de l'*Encyclopédie*) signalent que l'idée du rapport étroit entre éloquence et liberté est une opinion bien connue. Cela n'empêche pas Diderot de répéter après bien d'autres : « Après la perte de la liberté, plus d'orateurs ni dans Athènes ni dans Rome » (« Lettre dédicace à Grimm » du *Salon de 1763*). Sur ce problème, cf. Jean Starobinski, « Eloquence et liberté », *Revue suisse d'histoire*, 1976, pp. 549-566 ; « La chaire, la tribune, le barreau », in *Lieux de*

mémoire, III, sous la dir. de P. Nora, Paris, 1986; « Eloquence antique, éloquence future », *The Political Culture of the Old Regime*, éd. K. Baker, Pergamon Press, 1987, pp. 311-329.

2. Le texte de Duclos appartient au ch. I de ses *Remarques sur la Grammaire générale et raisonnée* (1754). L'idée directrice du dernier chapitre de l'*Essai sur l'origine des langues* est formulée par Duclos dans les lignes qui précèdent le passage cité : « Notre langue deviendra insensiblement plus propre pour la conversation que pour la tribune, et la conversation donne le ton à la chaire, au barreau et au théâtre; au lieu que chez les Grecs et chez les Romains, la tribune ne s'y asservissait pas. Une prononciation soutenue et une prosodie fixe et distincte, doivent se conserver particulièrement chez des peuples qui sont obligés de traiter publiquement des matières intéressantes pour tous les auditeurs, parce que, toutes choses égales d'ailleurs, un orateur dont la prononciation est ferme et variée doit être entendu de plus loin qu'un autre qui n'aurait pas les mêmes avantages dans sa langue, quoiqu'il parlât d'un ton aussi élevé. » Duclos n'est toutefois pas le seul, nous l'avons vu, à avoir posé les problèmes traités par R. dans ce dernier chapitre. R. se réclame ici d'un des rares hommes de lettres avec qui il soit resté assez longtemps en relations confiantes, après la brouille avec Diderot. Sur Duclos, cf. P. Meister, *Charles Duclos*, Genève, 1956; et J. Brengues, *Charles Duclos*, Saint-Brieuc, 1971.

BIBLIOGRAPHIE

Dans son étude intitulée « L' " inquiétante étrangeté " de l'*Essai sur l'origine des langues* : Rousseau et ses exégètes » (*Studies on Voltaire and the eighteenth century*, CLI-CLV : 1976, pp. 1715-1758), Charles Porset a établi une liste des travaux publiés jusqu'en 1975 sur l'*Essai*. C'est une bibliographie critique, qui a le mérite de résumer les thèses et les conclusions des auteurs cités. Je me borne ici à la seule mention des principaux travaux, en y ajoutant des titres plus récents :

Albert Jansen, *Rousseau als Musiker*. Berlin, 1884.

Alfred Espinas, « Le *système* de Jean-Jacques Rousseau », *Revue internationale de l'enseignement*, XXX, 1895, pp. 325-356 et 425-462.

Paul Fouquet, « J.-J. Rousseau et la grammaire philosophique ». *Mélanges de philologie offerts à Ferdinand Brunot*. Paris, 1904, pp. 115-136.

Gustave Lanson, « L'unité de la pensée de J.-J. Rousseau », *Annales de la Société J.-J. Rousseau*, VIII, 1912, pp. 1-31.

Pierre-Maurice Masson, « Questions de chronologie rousseauiste », *Annales de la Société J.-J. Rousseau*, IX, 1913, pp. 37-61. Repris dans *Œuvres et maîtres*. Paris, 1923, pp. 59-87.

Edouard Claparède, « Rousseau et l'origine du langage », *Annales de la Société J.-J. Rousseau*, XXIV, 1935, pp. 95-120.

Madeleine V. David, *Le Débat sur les écritures et l'hiéroglyphe aux XVII*e *et XVIII*e *siècles*. Paris, 1965.

Jean Starobinski, « Langage, nature et société selon Rousseau ». *Le Langage. Actes du XIIIe Congrès des sociétés de philosophie de langue française*. Neuchâtel, 1966, pp. 143-146. Repris et développé dans « Rousseau et l'origine des langues », *Europäische Aufklärung. Herbert Dieckmann zum 60. Geburtstag*. Munich, 1966, pp. 281-300. Inclus dans *Jean-Jacques Rousseau : la transparence et l'obstacle*. Paris, 1971, pp. 356-379.

Jean Mosconi, « Analyse et genèse : regards sur la théorie du devenir de l'entendement au XVIIIe siècle », *Cahiers pour l'analyse*, 1967, n° 4, pp. 46-82.

Jacques Derrida, *De la Grammatologie*. Paris, 1967.
« La linguistique de Rousseau », *Revue internationale de philosophie*, n° 82, 1967/4, pp. 443-462. Repris sous le titre « Le cercle linguistique de Genève », dans *Marges de la philosophie*. Paris, 1972.

Henri Grange, « L'*Essai sur l'origine des langues* dans son rapport avec le *Discours sur l'origine de l'inégalité* », *Annales historiques de la Révolution française*, XXXIX, 1967, pp. 291-307.

Michèle Duchet et Michel Launay, « Synchronie et diachronie : l'*Essai sur l'origine des langues* et le deuxième *Discours* », *Revue internationale de philosophie*, n° 82, 1967/4, pp. 421-442.

Geneviève Rodis-Lewis, « L'*Art de parler* et l'*Essai sur l'origine des langues* », *Revue internationale de philosophie*, n° 82, 1967/4, pp. 407-420.

Charles Porset, édition de l'*Essai sur l'origine des langues*, Bordeaux, 1968.

Antonio Verri, *Origine delle lingue e civiltà in Rousseau*. Ravenne, 1970. (Traduction italienne de l'*Essai sur l'origine des langues*.)

Michèle Duchet, *Anthropologie et histoire au siècle des Lumières*. Paris, 1971.

Michel Launay, *Jean-Jacques Rousseau écrivain politique*. Grenoble, 1971.

Raymond Polin, *La politique de la solitude. Essai sur Jean-Jacques Rousseau*. Paris, 1971.

Enrico Fubini, *Gli enciclopedisti e la musica*. Turin, 1971.

Marie-Elisabeth Duchez, « *Principe de la mélodie* et *Origine des langues* », *Revue de musicologie*, LX, 1974, n°s 1-2, pp. 33-86.

Robert Wokler, « Rameau, Rousseau and the *Essai sur l'origine des langues* », *Studies on Voltaire and the eighteenth century*, CXVII, 1974, pp. 179-238.

Angèle Kremer-Marietti, « Jean-Jacques Rousseau ou la double origine et son rapport au système langue-musique-politique ». Introduction à l'*Essai sur l'origine des langues*. Paris, 1974.

Victor Goldschmidt, *Anthropologie et politique. Les principes du système de Rousseau*. Paris, 1974.

Thomas M. Kavanagh, « Patterns of the ideal in Rousseau's political and linguistic thought », *Modern Language Notes*, 89, Mai 1974, pp. 560-579.

Antonio Verri, « Rousseau e Vico filosofi del linguaggio ». *Bolletino del Centro di Studi Vichiani*, 4, 1974, pp. 83-104.

J.-M. Bardez, *Les Écrivains et la musique au XVIII*[e] *siècle*, 3 vol. Paris, 1975-1980.

Jean Starobinski, « La prosopopée de Fabricius », *Revue des sciences humaines*, XLI, Lille, 1976, pp. 83-96.

Charles Porset, « Note à l'usage des grammairiens qui n'auraient pas perdu l'accent de leur province et/ou qui croient l'avoir perdu (Rousseau et Duclos). » *Annales de Bretagne et des Pays de l'Ouest*, LXXXIII, Rennes (1973), 1976, pp. 779-787.

P. Robinson, « Rousseau, music and the Ancients ». *The Classical Tradition in French Literature. Essays presented to R. C. Knight*. Londres, 1977, pp. 203-205.

Daniel Droixhe, *La Linguistique et l'appel de l'histoire (1600-1800). Rationalisme et révolutions positivistes*. Genève-Paris, 1978.

Sylvain Auroux, *La Sémiotique des Encyclopédistes*. Paris, 1979.

Paolo Rossi, *I segni del tempo*. Milan, 1979.

Léo et Michel Launay, *Le Vocabulaire littéraire et esthétique de Rousseau*. Genève, 1979.

Catherine Kintzler, « Rameau et Rousseau : le choc de deux esthétiques ». Introduction à : J.-J. Rousseau, *Ecrits sur la musique*. Paris, 1979.

Paul de Man, *Allegories of Reading, Figural Language in Rousseau, Nietzsche, Rilke, and Proust*. New Haven et Londres, 1979.

Antonio Verri, « Antropologia e linguistica in Rousseau ».

Studies on Voltaire and the Eighteenth Century, CXCII, Oxford, 1980, pp. 1205-1218.

Michel Murat, « Jean-Jacques Rousseau : Imitation musicale et origine des langues », *Travaux de linguistique et de littérature publiés par le Centre de philologie et de littératures romanes de l'Université de Strasbourg*, XVIII, 2, pp. 145-168.

Marian Hobson, « Kant, Rousseau et la musique ». *Reappraisals of Rousseau. Studies in Honour of R. A. Leigh*, éd. par S. Harvey et al. Manchester, 1980, pp. 290-307.

Bronislaw Baczko, « La Cité et ses langages ». *Rousseau after 200 Years*, éd. par R. A. Leigh. Cambridge, 1982, pp. 87-107.

Jean Starobinski, « Rousseau et l'éloquence ». *Rousseau after 200 Years*, éd. par R. A. Leigh. Cambridge, 1982, pp. 185-200.

Hans Aarsleff, *From Locke to Saussure. Essays on the Study of Language and Intellectual History*. Londres, 1982.

Roberto Salvucci, *Sviluppi della problematica del linguaggio nel XVIII secolo. Condillac, Rousseau, Smith*. Rimini, 1982.

Marc Eigeldinger, *Lumières du mythe*. Paris, 1983, pp. 35-48.

Catherine Kintzler, *J.-Ph. Rameau. Splendeur et naufrage de l'esthétique du plaisir à l'âge classique*. Paris, 1983.

Michèle Duchet, *Le Partage des savoirs. Discours historique, discours ethnologique*. Paris, 1984.

Alexis Philonenko, *Jean-Jacques Rousseau et la pensée du malheur*, 3 vol., t. I, *Le Traité du mal*. Paris, 1984.

Ulrich Ricken, *Sprache, Anthropologie, Philosophie in der französischen Aufklärung*. Berlin, 1984.

Philip E. J. Robinson, *Rousseau's Doctrine of the Arts*. Berne, 1984.

Daniel Droixhe, *De l'origine du langage aux langues du monde*. Tübingen, 1985.

Béatrice Didier, *La Musique des Lumières*. Paris, 1985.

Victor Gourevitch, Edition, traduction anglaise et annotation : *The first and second Discourses together with the replies to critics and Essay on the Origin of Languages*. New York, 1986.

Robert Wokler, *Rousseau on Society, Politics, Music and Language. An Historical Interpretation of his Early Writings*. New York et Londres, 1987.

Michel Delon, *L'Idée d'énergie au tournant des Lumières (1770-1820)*. Paris, 1987.

Samuel Baud-Bovy, *Jean-Jacques Rousseau et la musique,* éd. par Jean-Jacques Eigeldinger. Neuchâtel, 1988.

Paola Bora, Préface et traduction commentée : *Saggio sull'origine delle lingue*. Turin, 1989.

Maurice Olender, *Les Langues du Paradis,* Paris, 1989.

Andé Wyss, *Jean-Jacques Rousseau et l' « Accent » de l'Ecriture*. Neuchâtel, 1989.

Jean Starobinski, *Le Remède dans le Mal*. Paris, Gallimard, 1989.

Dominique Bourdin et Michel Launay, *Concordance de l' « Essai sur l'origine des langues »*. Collection *Etudes rousseauistes et index des œuvres de J.-J. Rousseau,* Genève.

Paolo Gozza, éd., *La musica nella rivoluzione scientifica del seicento*. Bologne, 1989.

Hans Robert Jauss, « Mythen des Anfangs : Eine geheime Sehnsucht der Aufklärung », in *Studien zum Epochenwandel der ästhetischen Moderne*. Francfort, 1989.

Pour ce qui concerne la linguistique de Rousseau, il convient de consulter les volumes de la *Bibliography of Linguistic Literature,* Francfort ; cet instrument de travail complète utilement les bibliographies annuelles d'histoire littéraire et d'histoire de la musique. On consultera aussi G. W. Hewes, *Laguages Origins. A Bibliography* (2e éd. complétée), 2 vol., La Haye-Paris, 1975.

Présentation 9

ESSAI SUR L'ORIGINE DES LANGUES

[*Projet de préface*] 57
I. *Des divers moyens de communiquer nos pensées* 59
II. *Que la p[remiè]re invention de la parole ne vint pas des besoins mais des passions* 66
III. *Que le p[remi]er langage dut être figuré* 68
IV. *Des caractères distinctifs de la p[remiè]re langue et des changemens qu'elle dut éprouver* 70
V. *De l'écriture* 73
VI. *S'il est probable qu'Homére ait su écrire* 81
VII. *De la prosodie moderne* 83
VIII. *Différence générale et locale dans l'origine des langues* 89
IX. *Formation des langues méridionales* 91
X. *Formation des langues du nord* 109
XI. *Réflexions sur ces différences* 112
XII. *Origine de la musique* 114
XIII. *De la mélodie* 118
XIV. *De l'harmonie* 122

XV. *Que nos plus vives sensations agissent souvent par des impressions morales* 126
XVI. *Fausse analogie entre les couleurs et les sons* 129
XVII. *Erreur des musiciens nuisible à leur art* 134
XVIII. *Que le système musical des Grecs n'avoit aucun rapport au nôtre* 135
XIX. *Comment la musique a dégénéré* 138
XX. *Rapport des langues aux Gouvernemens* 143

ÉTUDES ANNEXES 147

1. Les pérégrinations de Cadmus 149
2. L'inclinaison de l'axe du globe 165

VARIANTES

Avertissement sur la publication, la composition et les sources manuscrites de l'ouvrage 191
Variantes 201

NOTES 209
BIBLIOGRAPHIE 275

DU MÊME AUTEUR

Bibliothèque de la Pléiade

ŒUVRES COMPLÈTES I à IV

Dans la collection Folio

LES RÊVERIES DU PROMENEUR SOLITAIRE. *Préface de Jean Grenier. Édition établie par Samuel S. de Sacy.*

LES CONFESSIONS, I et II. *Préface de J.-B. Pontalis. Texte établi par Bernard Gagnebin et Marcel Raymond.*

DISCOURS SUR LES SCIENCES ET LES ARTS — LETTRE À D'ALEMBERT SUR LES SPECTACLES. *Édition de Jean Varloot.*

Dans la collection Folio essais

DISCOURS SUR L'ORIGINE ET LES FONDEMENTS DE L'INÉGALITÉ PARMI LES HOMMES. *Édition de Jean Starobinski.*

Impression Bussière à Saint-Amand (Cher),
le 17 janvier 1990.
Dépôt légal : janvier 1990.
Numéro d'imprimeur : 10078.
ISBN 2-07-032543-1./Imprimé en France.

BIRKBECK COLLEGE
19 0264740 3